琉球諸島の動物儀礼

シマクサラシ儀礼の民俗学的研究

宮平盛晃［著］
MIYAHIRA Moriaki

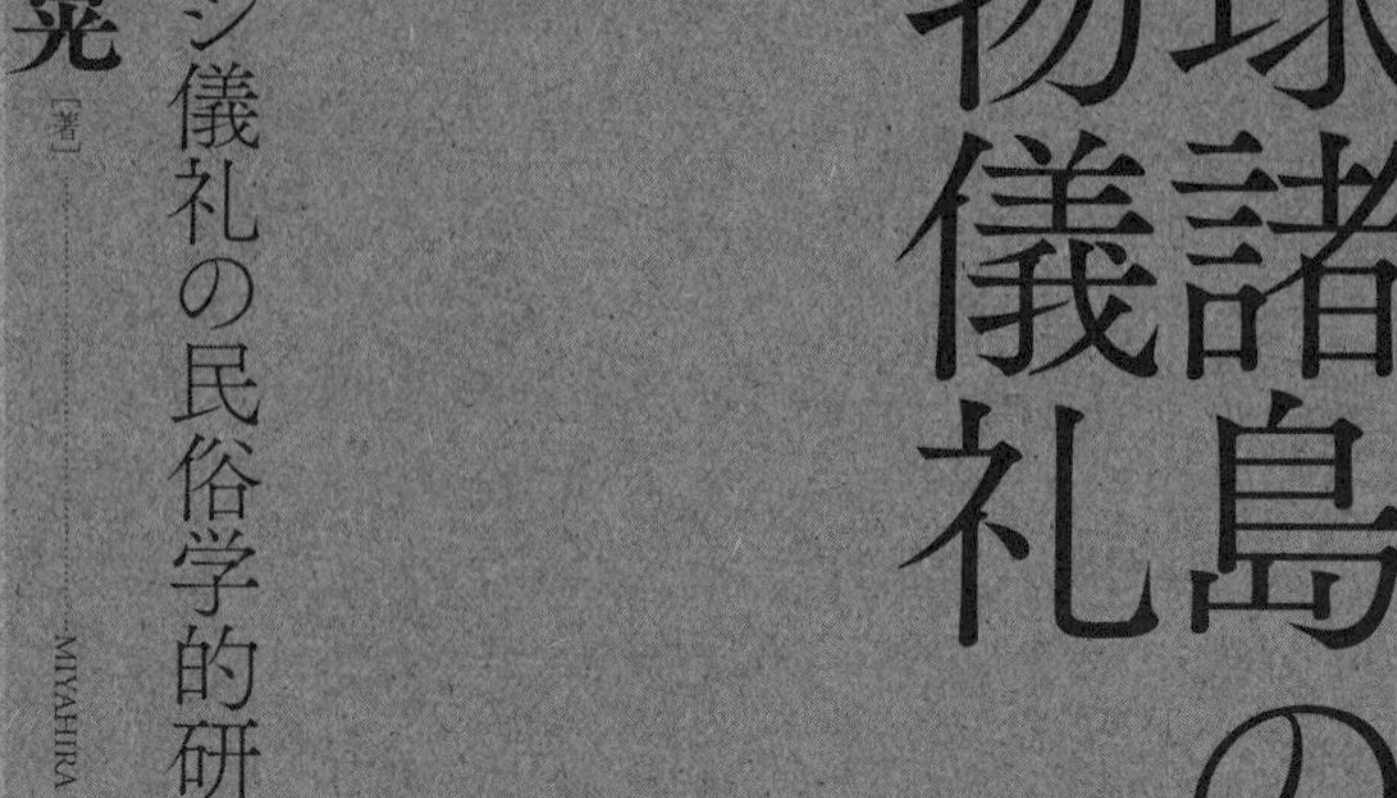

勉誠出版

目次

序章　先行研究と課題

日本の最南に位置し、大小一六〇の島々からなる琉球諸島には、古くから畜養という生活習慣があり、終戦後しばらくまで一般的な農村家庭では、牛や豚、山羊、鶏などの家畜が養われていた。

それら動物は、豊漁や豊作、魔除けの成就や感謝のための祈願、冠婚葬祭といった通過儀礼、家や墓の落成祝い、先祖祭祀などの場で、神々への供物や供犠として、そして、村人や親戚同士、家族のご馳走として要されてきた（写真1〜7）。本著では、動物を要する祭事や儀礼を動物儀礼として統一し扱う。

琉球諸島の動物儀礼の中に、村落への災厄の侵入を防ぐことを主眼としたシマクサラシと呼ばれる村レベルの年中行事がある。一般的な方法として、村入口に動物の骨を挟んだ左縄が張り渡される（写真8）。

二〇〇二年から始めた調査によって、本儀礼が琉球諸島全域に広く、かつ高い密度で分布することが分かってきた。その名称や期日、要される動物の種類や防災方法などには、多様なバリエーションや地域的特性がみられる。まず、沖縄本島中南部や先島諸島では主にシマクサラシと称されるが、沖縄本島北部や中部ではハンカやカンカーと呼ばれる。その他、フーチゲーシ（流行病返し）やフニサギー（骨下げ）といった儀礼の目的や行為に関する名称もみられる。また、儀礼の大半は実施月の定まった年中行事であるものの、地域差が大きく、一〜一二月までのすべての月に儀礼が確認できた（本著で扱う期日はすべて旧暦）。さらに、流行病の蔓延に際して、臨時に

写真１　豊作祈願での食肉
(左：沖縄本島南部 旧東風平町友寄のカシチー。2005年撮影)
(右：沖縄本島周辺離島 伊是名村勢理客の土帝君祭り。2017年撮影)
(下：沖縄本島北部 名護市安和の豚御願。2008年撮影)

写真２　豊漁祈願での食肉
(沖縄本島南部 旧知念村志喜屋のハマエーグトゥ。2006年撮影)

写真３　女性神役の就任儀礼における食肉
（沖縄諸島周辺離島 粟国村。2014年撮影。左：牛を拘束した岩。右：共食場）

写真４　先祖祭祀（清明祭）における墓前での食肉
（沖縄本島中部。2017年撮影）

写真５　結納での食肉（豚の臓物汁）（沖縄本島中部。2007年撮影）

写真6　葬儀における墓前での食肉（沖縄本島中部。2017年撮影）

写真7　33年忌での食肉（豚の顔と鶏）（沖縄本島中部。2007年撮影）

写真8　村入口に懸架された豚の肩甲骨（宮古諸島。2015年撮影）

行う事例もある。儀礼に使われる動物の種類も多様で、村落によって、牛や豚、馬、山羊、鶏などが使われる。防災の方法においても地域的特徴があり、沖縄本島中南部では、村の入口に骨を挟んだ左縄を張り渡す方法が一般的であるのに対して、北部では左縄は使わず、骨や肉だけが路上に並べられる。先島諸島でも、宮古では肉や骨を縄に挟む方法が多く、八重山は縄に動物の血をぬり、塩やニンニクを吊る例が多い。

このような、主にシマクサラシやカンカーと呼ばれ、動物を用い、防災を目的とする村落レベルの儀礼を本著では「シマクサラシ儀礼」として扱う。

本著は、悉皆調査により確認できたシマクサラシ儀礼の整理分析を行い、儀礼の実態を明らかにした上で、儀礼に関する問題の考察や仮説の検証を試みる。さらに、それらの過程で展開できた新たな可能性と見解を実証的に提示するものである。

第一節　先行研究

琉球諸島のシマクサラシ儀礼を全国のいわゆる防災儀礼の一つとして捉え、儀礼の名称、期日、意識される災厄、動物、吊されるものの意味などに関し、様々な指摘や仮説を提起したのが小野重朗（一九一一～一九九五）である。

まず、小野は、奄美の加計呂麻島と喜界島の多くの村落に分布するカネサルという旧暦の六月や一〇月の庚申の日に行われ、動物の骨肉を村落のある場所に吊し悪病の侵入防止を願う、あるいは、カーサ餅を家に吊り子供の健康を願う儀礼に着目した。そして、奄美のカネサルと沖縄のシマクサラシとムーチーの内容が類似し、沖縄の二儀礼は期日（一二月八日）が共通していることから、これら三つを同系の儀礼と捉えた［小野一九七〇：三二―三三］。

さらに、期日や目的、方法などの類似点から、南九州のトキ、北九州から本州に広く分布するコトなども、シマクサラシやカネサルと同系の儀礼とした。小野が挙げた具体的な類似点は、（一）みな病気などの厄、厄神を除けようとする傾向がある。（二）二月と一二月の八日という期日が、シマクサラシとコトで一致する。（三）部落や家の入口に食物、またはそれに関与したものを吊り下げる。例えば、骨、ムーチーの葉、箸、竹籠、藁苞。（四）吊り方がすだれ状という四点である［小野一九七〇：三四］。

これらを防災儀礼と捉え、儀礼の名称、期日、儀礼に意識される来訪神、防災方法、農耕との関係という五つの項目毎に分析した。単純で具体的な呼称で、流行病という具体的な災厄を意識し、餅ではなく肉を吊し、南九州のような農耕との関係性がみられないという特徴から、沖縄のシマクサラシを日本における防災儀礼の古形と捉えた［小野一九七九：二〇―二七］。

全国の防災儀礼の調査と分析を踏まえ提示された実証的な仮説や指摘は、シマクサラシ儀礼を研究する上で重要である。

では、本著の論点である「シマクサラシ儀礼の供犠性」、「期日と定期化説の検証」、「要される動物の変遷と意味」に関する先行研究をテーマごとに整理する。

シマクサラシ儀礼をめぐる供犠論の問題の考察を試みた研究者として、山下欣一が挙げられる。山下は、奄美諸島から琉球諸島までの南島の動物供犠を、（一）ユタが司祭する系列、（二）年中行事として、部落共同体が行う系列、（三）新築儀礼に関する系列、（四）葬制と関連する系列、（五）悪疫が流行した際、動物の血を塗った左縄を部落の入口や門に張る系列の計五系列に分類した。計二一例のシマクサラシ儀礼を地域や村落ごとに整理し、定期的なものを（二）系列、不定期を（五）系列とし、本儀礼を南島の広い範囲にみられる共同体が行う動物供犠のひとつと捉えた［山下 一九六九：七〇―七二］。

さらに山下は、琉球諸島の動物供犠には、動物の儀礼的畜殺、動物の様体を象徴する肉の供え方、動物の聖地での畜殺、聖地への肉の供進という四つの行為がみられるとした［山下 一九八二：二四一―二四三］。ウシヤキ（名護市世富慶、安和）、ワーコンコロスニガイ（旧伊良部町佐良浜、旧平良市池間）、結願《キツガン》（石垣市川平）、節《シチ》（八重山諸島）、神祝《カンヨ》い（石垣市四箇）、竜宮祭（竹富町竹富）、九月大願い《クンガチフウニガイ》（竹富町竹富）の計七種類（九村落）の具体例を挙げた。旧伊良部町東区と佐良浜のシマクサラシ儀礼を取り上げたものの、その具体的な供犠的要素は指摘していない。

浜田泰子は、『文化人類学事典』の「動物などを儀礼的に畜殺し、これを神霊その他に捧げる行為」という供犠の定義［佐々木 一九八七：二二一―二二二］を踏まえ、守護神や祖先神に肉を供える行為（旧玉城村中山）と、動物を儀礼的に殺す行為（瀬戸内町西阿室）がみられる事例を分析し、シマクサラシ儀礼を動物供犠と捉えた［浜田 一九九二：二三〇］。

萩原左人は、一般に供犠の儀礼は、①対象動物の死、②神霊への供献、③参会者による共食・饗宴などの要素により構成されるという渡辺欣雄の指摘［渡辺 一九七七：八七―八九］を引用し、奄美や沖縄には防災、先祖祭祀、竜宮神祭祀、治病、葬送など、様々な供犠の事例があるとした［萩原 二〇〇九：二六〇］。防災を主眼とした儀礼については奄美のカネサルや沖縄のシマクサラシ、先祖祭祀は沖縄本島北部のウシヤキ、竜宮神祭祀は宮古のヒダガンニガイ、治病は沖永良部のワートートー、葬送は沖縄において豚や牛を要する死者儀礼を動物供犠の具体例として挙げた。

写真９　村入口に懸架された豚の骨
（沖縄本島南部 旧知念村知念。2008年撮影）

旧玉城村糸数のシマクサラシ儀礼を事例に、村落レベルの防災のための牛の畜殺（要素①）、旧家や拝所、村入口への牛肉の供進（要素②）、村人たちによる肉料理の共食（要素③）から、本儀礼を供犠と捉えた［萩原 二〇〇九：二四四―二四八、二六〇］。

これまでの研究者はシマクサラシ儀礼を動物供犠と把握したが、唯一、供犠ではないと考えた研究者が小野重朗である。

小野は、全国の防災儀礼で懸架されるものの意味を考察し、シマクサラシ儀礼の供犠性を分析した。村落や家の入口に懸架される餅を包んでいた葉、お箸、目籠、骨（写真9）、血をぬった枝葉などは、災厄に引き返してもらうために表示された、肉や餅を食べて守り固める祭りを済ませたという単なる証拠の品であり、骨や血にも供犠性はみられない［小野 一九七〇：三八―三九］。後に、神観念の変化と共に、神への供物と考えるようになり、南九州のトキやコト八日、春ゴトにおいて、団子や餅など、食物を吊る例が出てきたという［小野 一九七九：二六］。

村入口に吊るものが、骨から餅を包む葉へ変わったという事例（加計呂麻島須子《すこ》）と、供物が牛肉から餅（大島郡喜界町小野津）、あるいは豆腐（竹富町竹富）に変わった事例を挙げ、防災儀礼に懸架あるいは供進される骨や肉は、供犠性がないからこそ、餅や葉、豆腐に変わったと捉えた［小野 一九七〇：三七］。

籠の目の多さをみて一つ目の災厄が驚いて逃げ出す、動物の部位をみて災厄が驚く、その臭いで逃げるといった理解は、後の人々の思いつきとした［小野 一九七〇：三八―三九］。肉ではなく骨を吊すことも、それが災厄神へ

表1　シマクサラシ儀礼の実施月表[小野 1979：15]

	1月	2月	3月	4月	5月	6月	7月	8月	9月	10月	11月	12月
事例数	2	12	3	0	0	3	0	9	7	13	4	12

の供物ではなく、動物を使う儀礼が終了したことの標示物である証左であるという［小野一九八二b：四五四］。

さらに、奄美において火災のあったときや、ユタが祭司となり病人の身代わりのために臨時に行われる、牛、豚、鶏を儀礼的に畜殺する儀礼について、これらは古くは単に動物の肉を供物とする儀礼が、とくにユタによって深刻に意味づけされ、供犠へと変化したものと考えた［小野一九七〇：三九］。

シマクサラシ儀礼を含めた、奄美や沖縄の動物を使う儀礼は、単に肉を供物にし、共食するというだけで、餅を使う儀礼と本質的には変わりなく、動物の生命を捧げるといった供犠的意味はないものの、動物供犠へと変化する傾向がみられる。儀礼における骨や血といった動物の要素は、肉を重視する古い食生活の残留と捉えた［小野一九七〇：三九］。

次に、シマクサラシ儀礼の期日については、小野重朗は、期日の実態やバリエーションの意味を考察した。

最初に、六五例のシマクサラシ儀礼の実施月を月別に整理し表1を作成した。儀礼が年中ほとんどの月に行われているとした上で、「二月、一〇月、一二月が特に多い。六月、八月も前後の月に比べては明らかに多い。つまり、四月を除けば二月から一二月まで偶数の月が皆多くなっている」とした［小野一九七九：一五］。これは、主に旧暦二月で、それ以外の月もあるという他の報告とも合致している［島袋一九四一：二〇七］［比嘉一九五九：一三〇］［琉球政府文化財保護委員会編一九七二：一七八―一七九］［リーブラ一九七四：一九八―一九］［沖縄大百科事典刊行事務局編一九八三：中巻三

二七］［大城二〇〇三：一〇四四―一〇四七］。

偶数月に多い理由については、古くは年六回（六〇日ごと）の庚申の日に行われていたものが、一〇月頃の庚申だけに略化して、現在のカネサルになったと推測した。根拠として、奄美大島のカネサルは一〇月頃の庚申の日に行うが、一〇月に限らず、年に六度ある庚申の日には山の神やケンムンの活動する日だから山に行ってはいけないという瀬戸内町西古見の事例を挙げた。そして、沖縄のシマクサラシ儀礼も奄美のカネサルと同様に、年六回が減少し、偶数月の二カ月毎となり、さらに農繁月が略されて、現在の期日が成立したと考えた［小野一九七九：一六］。

それから、シマクサラシを含めた防災儀礼は、定期より臨時の方が古く、定期化していったという、いわゆる定期化説を提示した。まず、臨時の防災儀礼は沖縄、奄美、南九州に多く、本州にはみられないという分布形態は、古い形は周縁に残るという民俗周圏論の視点から、定期より臨時が古いことを示しているとした［小野一九七九：二三］。また、熊本県の天草下島における防災儀礼のコトを例に、臨時が多いなか、村落によっては定期的に行われるのは、本来は臨時であったコトの定期化傾向を意味しているとした。東日本のコト八日が定期的なものだけなのは、かつて村落によって臨時、あるいは定期の防災儀礼が行われる状態を経て、臨時の儀礼が消失した結果と考察した［小野一九七九：四―五］。

防災儀礼に意識される災厄の種類の変化の過程について、次のような見解を述べている。災厄の中で最も古いのは、疫病や火災といった具体的な災厄で、臨時の防災儀礼に意識されているが、定期化すると、死霊や餓鬼仏といった霊的な災厄神が加わるとした。難破や鮫による海難者といった死霊を意識する沖縄本島の北中城村熱田の定期的なシマクサラシ儀礼を例に挙げた［小野一九七九：二四―二五］。一二月八日のムーチー儀礼に意識される鬼も、厄病神や死霊がさらに抽象化された新しい災厄であるという。

最後に、シマクサラシ儀礼において牛が使われる意味や、肉を食べる意味について小野重朗は、シマクサラシ儀礼などの奄美や沖縄の防災儀礼に牛が使われるのは、農耕などの使役に重要であるためではなく、聖なる動物と考えられていたためという。そして、牛肉には、外からの危害を防ぎ、身を守る不思議な力があると認識されていたとした［小野 一九八二b：四五三、四五六］。

牛が聖なる動物である傍証として、南九州の盆や八月に牛のツクリモノが出現すること、奄美のオムケ、オホリという祭りに、海の他界から怪牛が現れ活動する伝承があること、宮古島には海や地下の他界にいる怪牛が人界に現れ、神・祖神として活動する説話があることを挙げた［小野 一九八二b：四五六］。牛から豚、山羊、鶏などに変化した事例があるものの、それらは牛の入手が困難という理由からの単なる代用で、聖なる動物とは考えられていなかったという［小野 一九八二b：四五五］。

また、小野は、全国の防災儀礼に食される肉と餅を力が付与された食べ物と捉えた。肉の方が古いが、狩猟民的な古い生活から畑作民、稲作民の生活へと、食べ物の価値転換によって餅へという変化が起こったという［小野 一九八二b：四五五］。例証として、九州本土の防災儀礼におけるチカラ餅やハガタメ餅という餅の名称や、牛肉からカーシャモチ（餅米の団子）へ変化した奄美の防災儀礼（シマガタメ）を挙げた。

第二節　課題

本著の第一の課題として、シマクサラシ儀礼の実態把握が挙げられる。本儀礼は、名称、期日、動物の種類、防災方法などに、多様な地域的特性があるにも関わらず、先行研究では、それが把握されないまま、琉球諸島の一地域あるいは少ない事例を根拠にして議論が進むことが多かった。儀礼内容の普遍性や特殊性を把握した上で議論を進める必要がある。

悉皆調査により確認できた事例群の分布形態、名称、期日、目的、災厄の種類、祈願、動物の種類、畜殺方法、供犠的要素などの分析を行い、それらの実態を把握した上で、シマクサラシ儀礼に関する問題の検討や仮説の検証を行う。

明らかにしなければならない課題を論点ごとに整理するとまず、シマクサラシ儀礼の供犠性については、前項で整理したように、本儀礼を動物供犠と捉える研究者が多いが、その根拠は十分ではなかった。

山下欣一は、シマクサラシ儀礼が動物供犠である根拠として、四つの行為を挙げたが［山下 一九八二：二四一―二四三］、それらの要素がみられるシマクサラシ儀礼の具体例は提示していない。

浜田泰子は、二つの供犠的要素を挙げ、それがみられるシマクサラシ儀礼を供犠と捉えた［浜田 一九九二：二三〇］。実例として挙げた六例のシマクサラシ儀礼のうち、供犠的要素がみられるのは二例のみで、うち一例は奄美諸島の事例であった。

萩原左人は、対象動物の死、神霊への供献、参会者による共食・饗宴の三つの要素を持つ儀礼を供犠と捉えている［萩原 二〇〇九：二六〇］。ただ動物を畜殺し、神に供え、共食する儀礼は琉球諸島に多い。農耕儀礼や豊作祈願、先祖祭祀、通過儀礼など、様々な祭事にも上記の三要素はみられる。琉球諸島のような畜養文化の根付く地域において動物供犠を定義する場合には、より限定した要素の設定が必要と考えられる。

これまでシマクサラシ儀礼の供犠性に関する研究は、限られた地域の少ない事例の分析から考察する傾向がみ

写真10　通過儀礼で食される中身汁（豚の臓物汁）
（左：結納［沖縄本島中部。2007年撮影］。右：葬儀［沖縄本島中部。2017年撮影］）

られた。もし、供犠の要素を持つ事例が稀なケースであれば、シマクサラシ儀礼を供犠という枠組みに無理にはめ込むことになる。

琉球諸島では、近代末あるいは第二次大戦後しばらくまで、一般的な農村の家庭では家畜が養われ、多くの年中行事や通過儀礼に動物が使われてきた（写真10）。その特質を考慮し、供犠的要素を再検討した上で、供犠的要素を持つシマクサラシ儀礼の普遍性や特異性、地域的特性を明確にする必要がある。

小野重朗は、シマクサラシ儀礼において吊るされるもの、あるいは供進される骨や肉が、供犠性の無い餅や葉、豆腐などに変わったという、竹富町竹富と奄美の事例を根拠に挙げ、当儀礼は、餅が供物になる儀礼と本質的には変わりなく、動物の生命を捧げるといった供犠的意味はないとした［小野 一九七〇：三九］。

小野が根拠として挙げた琉球諸島の実例は八重山諸島の一例のみと少なく、吊るすものが変わった実例は挙げていない。琉球諸島全域を対象に、吊るすものと供物の整理分析を行い、供犠性の問題を詳細に検証する必要がある。

筆者自身、二〇〇四～一二年までに発表したシマクサラシ儀礼に関する論考の中では、中村生雄の定義した、「牛・羊・豚・鶏などの動物を殺して神に供える宗教儀礼」〔中村 一九九九：五二三〕という裾野の広い供犠の考え方を踏襲し、動物の畜殺と拝所への肉の供進という二点から、シマクサラシ儀礼を供犠として扱ってきた〔宮平 二〇〇四：五九〕〔宮平 二〇〇六：一二六〕〔宮平 二〇〇八a：三三〕〔宮平 二〇〇八b：一〇三〕〔宮平 二〇一二a：二二―二三〕。

本儀礼を動物供犠と把握するための分析が不十分であり、それだけでは琉球諸島の多くの動物儀礼が動物供犠となってしまう。シマクサラシ儀礼の防災方法、畜殺の方法と場所、供犠的要素がみられる事例の詳細な分析を踏まえた、本儀礼の供犠性の考察が必要である。さらに、琉球諸島の畜養という生態的環境の特性と、供犠の実例の分析を踏まえた動物供犠の定義の構築を目指す。

次に、シマクサラシ儀礼が臨時からの定期化したという仮説に関する課題であるが、小野重朗は、全国の防災儀礼を分析し、臨時のものが沖縄、奄美、南九州に多く、本州にはみられないという分布形態や、村落によって臨時または定期的に行われる熊本県の天草下島の防災儀礼であるコトを対象に、マクロとミクロの両方の分析から、シマクサラシを含めた防災儀礼の臨時からの定期化説を提示した〔小野 一九七九：四―五、二三二〕。だが、臨時から定期化した防災儀礼の実例が挙げられていない。シマクサラシ儀礼の期日、臨時事例の分布形態、変化例の分析に基づいた仮説の検証が不可欠と考える。

そして小野は、臨時と定期の防災儀礼について、熊本県の天草下島や奄美における臨時と定期の二種類の防災儀礼を比較し、臨時が古く、後に定期化するという仮説を提示した〔小野 一九七九：一二二〕。もし、臨時と定期の防災儀礼が、単に期日が変化しただけの同系の儀礼であれば、小野の分析した下島や奄美のように、両儀礼は同じ村落に併存しないと思われる。しかし、これまでの調査で定期と臨時のシマクサラシ儀礼を併行する村落が確認できた。小野も、臨時と定期の防災儀礼が両存する村落（加計呂麻島須子茂）を把握していたが、その意味については言及していない［小野一九八二ａ：七六］。同じ村落に定期と臨時のシマクサラシ儀礼が両存する意味を、両儀礼の比較から内容の差を抽出し考察する。

最後に、シマクサラシ儀礼に使われる動物の変遷について、小野重朗は、三例の変化例を根拠に、牛が古く、豚、山羊へと略化され、終いに鶏になったとした［小野一九七〇：三二］。具体例として、豚から山羊（旧勝連町浜比嘉）、豚や山羊から鶏（座間味村座間味）、供物が牛肉から豆腐（竹富町竹富）に変化した例を挙げた。ただ、扱った事例数が少なく、牛が最も古い動物である根拠となる事例が示されていないことから、より多くの変化例の分析が必須となる。

また、防災儀礼に牛が使われるのは、農耕の使役に重要であるからではなく、神性をもった聖なる動物で、その肉に災厄から身を守り、祓いどける不思議な力があると考えられていたためとし、その傍証となる年中行事と説話を例示した［小野一九八二ｂ：四五六］。しかし、シマクサラシ儀礼の実例が挙げられておらず、要される動物の種類と地域的特性、肉を食べる意味などの分析結果を踏まえた、多角的な視点からの仮説の検証が必要と考える。

以上、「シマクサラシ儀礼の供犠性」、「臨時からの定期化説の検証」、「要される動物の変遷と変遷」に関する問題や仮説を悉皆調査により収集した膨大な事例の分析に基づき実証的に解明、検証することは、シマクサラシ儀礼が他に類を見ないほど広域的に分布する琉球諸島を代表する儀礼であり、かつ、諸外国の事例と比較できる動物儀礼でありながら、関連する研究が限られている点、そして、琉球諸島における様々な民俗事象に関する研究に、広域的な調査の余地が残されているという問題提起を行う上でも有意義と考える。

第三節　研究方法

一　調査対象

本著の調査対象は、琉球諸島において主にシマクサラシやカンカーと呼ばれ、動物を用い、防災を目的とする村落レベルで実施される、いわゆるシマクサラシ儀礼である。儀礼の地域的特性の抽出と実態の解明を目指し、沖縄諸島、宮古諸島、八重山諸島からなる琉球諸島全域のほぼすべての村落を調査対象地とした。各地の特性を明らかにするため、事例群を沖縄本島北部、中部、南部、周辺離島、宮古諸島、八重山諸島の六つに分けて分析する。

二　データ収集法

データは、琉球諸島全域を対象とした聞取り調査、市町村史や字誌といった民俗誌、歴史的史料や研究論文などの文献資料、そして、儀礼観察によって収集した。本儀礼に関する資料や先行研究が限られていたため、聞取り調査が事例収集のための有効な方法となった。

筆者の聞取り調査によるデータには［聞］と付し、本著の末尾に、調査年、話者の頭文字、年齢、性別などを記した［凡例：M（八〇代男性）、T（八〇代女性）↓M（八M）、T（八W）］。

三　データの整理・分析方法

第一章では、分布、儀礼名称、目的、祈願という項目ごとの分析によって、儀礼の諸相を明らかにする。その中で、本儀礼の分布及び名称に関する重要課題である、シマクサラシ儀礼の非分布地域の意味と、シマクサラシやカンカーの語意についての考察を試みる。

第二章で、儀礼の防災方法、村入口に吊されるものとその意味、畜殺の方法と場所を整理分析した上で、研究者によって肯定または否定されるシマクサラシ儀礼の供犠性の問題を検討する。先行研究で指摘された供犠性の根拠となる要素の普遍性と特殊性、そして、供犠性が無いことの根拠とされた肉と餅との互換性の問題を事例群の分析を通して明らかにする。

第三章では、小野重朗によって提示された、古い臨時のシマクサラシ儀礼が後に定期化したという、いわゆる定期化説の検証を行う［小野 一九七九：二三］。まず、実施月、年間実施回数、暦日、臨時、期日の変遷という項目の事例群の分析から、儀礼の期日の実態を解明する。さらに、定期化あるいは臨時化した事例の分析、そして、同じ村落に定期と臨時の儀礼が併存する意味を考察した上で、定期と臨時のシマクサラシ儀礼の新旧の問題を検証する。

第四章では、シマクサラシ儀礼に要される動物の種類と変化例の実態を把握し、小野重朗が提示した、動物の変遷過程、変遷の要因、牛が要される意味、食される肉の持つ意味に関する仮説の検証と考察を行う［小野 一九七〇：三二］［小野 一九八二b：四五六］。

これまでの琉球諸島全域での膨大な村落を対象とした調査研究によって、沖縄における人々の歴史と移動、仮面来訪神や特定の民俗祭祀の起源などに関して、四つの問題が展開され、それぞれに新たな見解や可能性を提示することができた。第五章では、これらの可能性を導出した分析を整理する。第一節では一四、五世紀頃の沖縄への鉄の流入とシマクサラシ儀礼の伝播が密接に関連していた可能性、第二節は、シマクサラシ儀礼は大きく二つの同内容の異なる儀礼が伝播する過程で緩衝し、融合が起こったという可能性を考究する。第三節では、儀礼中の除災を主眼とした祭司の行為が仮面来訪神へと変化した可能性、第四節では、沖縄におけるムーチー儀礼及び日本全国の歳時習俗における八日という暦日の起源について、新たな見解を提示する。

第一章　シマクサラシ儀礼の諸相

第一節　分布

一　分布地

二〇〇二～一八年までの悉皆調査の結果、三九市町村五三五村落（文献二六・聞取り五〇九）でシマクサラシ儀礼を確認することができた。[1] 表2は事例群を六つの地域ごとに整理したもので、表3は村落名の一覧表である。また、儀礼の確認できた村落を白地図に落とし、分布地図1、2を作成した。[2]

地域別にみると、沖縄本島北部で一〇七（文献七・聞取り一〇〇）、中部一四五（文献四・聞取り一四一）、南部一一〇（文献六・聞取り一〇四）、本島周辺離島二六（文献三・聞取り二三）、宮古諸島一一三（文献三・聞取り一一〇）、八重山諸島三四（文献三・聞取り三一）となる。

五三五という村落数が琉球諸島の村落の総数を占める割合について考えたい。ただ、戦前あるいは現時点での琉球諸島の村落数を正確に把握する

表2　シマクサラシ儀礼確認村落数（2002～18）

	事例数
沖縄本島北部	107
沖縄本島中部	145
沖縄本島南部	110
周辺離島（沖縄諸島）	26
宮古諸島	113
八重山諸島	34
合計	535

表3　シマクサラシ儀礼村落名一覧表

沖縄本島北部

1	国頭村辺戸
2	国頭村宜名真
3	国頭村宇嘉
4	国頭村佐手
5	国頭村謝敷
6	国頭村与那
7	国頭村伊地
8	国頭村宇良
9	国頭村桃原
10	国頭村奥間
11	国頭村比地
12	国頭村浜
13	国頭村奥
14	国頭村楚洲
15	国頭村安田
16	国頭村安波
17	大宜味村見里
18	大宜味村親田
19	大宜味村野国
20	大宜味村野国名
21	大宜味村屋嘉比
22	大宜味村一名代
23	大宜味村根謝銘
24	大宜味村城
25	大宜味村木下前
26	大宜味村饒波
27	大宜味村大宜味
28	大宜味村根路銘
29	東村平良
30	東村慶佐次
31	東村有銘
32	名護市源河
33	名護市済井出
34	名護市屋我
35	名護市我部
36	名護市真喜屋
37	名護市仲尾次
38	名護市川上
39	名護市親川
40	名護市田井等
41	名護市振慶名
42	名護市伊差川
43	名護市仲尾
44	名護市呉我
45	名護市我部祖河
46	名護市古我知
47	名護市山入端
48	名護市屋部
49	名護市宮里
50	名護市数久田
51	名護市幸喜
52	名護市喜瀬
53	名護市天仁屋
54	名護市嘉陽
55	名護市安部
56	名護市汀間
57	名護市瀬嵩
58	名護市大浦
59	名護市辺野古
60	名護市久志
61	今帰仁村古宇利
62	今帰仁村湧川
63	今帰仁村上運天
64	今帰仁村謝名
65	今帰仁村崎山
66	今帰仁村仲尾次
67	今帰仁村与那嶺
68	今帰仁村諸志
69	今帰仁村今泊
70	本部町具志堅
71	本部町備瀬
72	本部町浜元
73	本部町辺名地
74	本部町健堅
75	本部町石嘉波
76	本部町瀬底
77	宜野座村松田
78	宜野座村前原
79	宜野座村宜野座
80	宜野座村惣慶
81	宜野座村漢那
82	恩納村名嘉間
83	恩納村喜瀬武原
84	恩納村熱田
85	恩納村安富祖
86	恩納村瀬良垣
87	恩納村太田
88	恩納村恩納
89	恩納村馬場
90	恩納村赤崎
91	恩納村屋嘉田
92	恩納村谷茶
93	恩納村冨着
94	恩納村前兼久
95	恩納村仲泊
96	恩納村久良波
97	恩納村アジマー
98	恩納村山田
99	恩納村寺原
100	恩納村上間・垂川
101	恩納村塩屋
102	恩納村真栄田
103	恩納村宇加地
104	金武町並里
105	金武町金武
106	金武町伊芸
107	金武町屋嘉

沖縄本島中部

1	石川市石川
2	石川市嘉手苅
3	石川市伊波
4	石川市東恩納
5	石川市山城
6	読谷村宇座
7	読谷村瀬名波
8	読谷村儀間
9	読谷村渡慶次
10	読谷村長浜
11	読谷村高志保
12	読谷村上地
13	読谷村波平
14	読谷村座喜味
15	読谷村都屋
16	読谷村楚辺
17	読谷村喜名
18	読谷村伊良皆
19	読谷村比謝
20	読谷村大湾
21	読谷村渡具知
22	読谷村古堅
23	読谷村比謝矼
24	嘉手納町嘉手納
25	嘉手納町屋良
26	嘉手納町野国
27	嘉手納町野里
28	北谷町砂辺
29	北谷町砂辺ヌ前
30	北谷町浜川
31	北谷町伊礼
32	北谷町桑江
33	北谷町平安山
34	北谷町玉代勢
35	北谷町北谷
36	北谷町伝道
37	具志川市栄野比
38	具志川市川崎
39	具志川市兼箇段
40	具志川市天願
41	具志川市宇堅
42	具志川市田場
43	具志川市宮里
44	具志川市高江洲
45	具志川市喜屋武
46	具志川市仲嶺
47	具志川市具志川
48	具志川市江洲
49	具志川市上江洲
50	具志川市大田
51	与那城町伊計
52	与那城町池味
53	与那城町上原
54	与那城町宮城
55	与那城町桃原
56	与那城町平安座
57	与那城町東照間
58	与那城町西原
59	与那城町与那城
60	与那城町屋慶名
61	与那城町饒辺
62	与那城町安勢理
63	勝連町南風原
64	勝連町平安名
65	勝連町内間
66	勝連町平敷屋
67	勝連町浜
68	勝連町比嘉
69	勝連町津堅
70	沖縄市池原
71	沖縄市登川
72	沖縄市大工廻
73	沖縄市美里
74	沖縄市宮里
75	沖縄市照屋
76	沖縄市安慶田
77	沖縄市胡屋
78	沖縄市諸見里
79	沖縄市山内
80	沖縄市古謝
81	沖縄市高原
82	沖縄市泡瀬
83	沖縄市与儀
84	北中城村瑞慶覧
85	北中城村仲順
86	北中城村渡口
87	北中城村喜舎場
88	北中城村安谷屋
89	北中城村荻堂
90	北中城村和仁屋
91	北中城村大城
92	北中城村熱田
93	中城村久場
94	中城村伊舎堂
95	中城村泊
96	中城村新垣
97	中城村屋宜
98	中城村添石
99	中城村安里
100	中城村当間
101	中城村奥間
102	中城村津覇
103	中城村伊集
104	中城村和宇慶
105	西原町棚原
106	西原町翁長
107	西原町幸地
108	西原町小橋川
109	西原町内間
110	西原町掛保久
111	西原町津花波
112	西原町呉屋
113	西原町嘉手苅
114	西原町安室
115	西原町桃原
116	西原町小那覇
117	西原町小波津
118	西原町与那城
119	西原町我謝
120	宜野湾市安仁屋
121	宜野湾市伊佐
122	宜野湾市東組
123	宜野湾市喜友名
124	宜野湾市新城
125	宜野湾市野嵩
126	宜野湾市大山
127	宜野湾市真志喜
128	宜野湾市宇地泊
129	宜野湾市神山
130	宜野湾市大謝名
131	宜野湾市宜野湾
132	宜野湾市嘉数
133	宜野湾市我如古
134	浦添市牧港
135	浦添市屋富祖
136	浦添市小湾
137	浦添市城間
138	浦添市仲西
139	浦添市勢理客
140	浦添市宮城
141	浦添市内間
142	浦添市沢岻
143	浦添市仲間
144	浦添市前田
145	浦添市西原

沖縄本島南部

1	那覇市安謝
2	那覇市識名
3	那覇市上間
4	那覇市仲井真
5	那覇市国場
6	那覇市壺屋
7	那覇市古波蔵
8	那覇市鏡水
9	那覇市宇栄原
10	那覇市大嶺
11	那覇市宮城
12	那覇市高良
13	那覇市具志
14	豊見城市高安
15	豊見城市真玉橋
16	豊見城市根差部
17	豊見城市嘉数
18	豊見城市金良
19	豊見城市饒波
20	豊見城市長堂
21	豊見城市与根
22	豊見城市伊良波
23	豊見城市座安
24	豊見城市渡橋名
25	豊見城市渡嘉敷
26	豊見城市平良
27	豊見城市翁長
28	豊見城市保栄茂
29	豊見城市高嶺
30	与那原町大見武
31	与那原町与那原
32	与那原町上与那原
33	与那原町板良敷
34	南風原町宮城
35	南風原町兼城
36	南風原町与那覇
37	南風原町本部
38	南風原町津嘉山
39	南風原町照屋
40	南風原町喜屋武
41	南風原町山川
42	大里村古堅
43	大里村嶺井
44	大里村島袋
45	大里村平良
46	大里村南風原
47	大里村西原
48	大里村当間
49	大里村仲程
50	大里村真境名
51	大里村目取真
52	大里村高宮城
53	大里村稲福
54	大里村大城
55	佐敷町津波古
56	佐敷町小谷
57	佐敷町新里
58	佐敷町佐敷
59	佐敷町手登根
60	佐敷町平田
61	佐敷町外間
62	佐敷町屋比久
63	知念村安座間
64	知念村久手堅
65	知念村知念
66	知念村具志堅
67	知念村山口
68	知念村仲里
69	知念村上志喜屋
70	知念村下志喜屋
71	玉城村垣花
72	玉城村仲村渠
73	玉城村百名
74	玉城村中山
75	玉城村富里
76	玉城村當山
77	玉城村志堅原
78	玉城村奥武
79	玉城村屋嘉部
80	玉城村前川
81	玉城村糸数
82	玉城村船越
83	東風平町外間
84	東風平町宜次
85	東風平町友寄
86	東風平町小城
87	東風平町当銘
88	東風平町志多伯
89	東風平町伊覇
90	東風平町東風平
91	具志頭村新城
92	具志頭村具志頭
93	具志頭村安里
94	具志頭村与座
95	具志頭村仲座
96	糸満市武富
97	糸満市北波平
98	糸満市阿波根
99	糸満市潮平
100	糸満市座波
101	糸満市兼城
102	糸満市照屋
103	糸満市与座
104	糸満市新垣
105	糸満市名城
106	糸満市喜屋武
107	糸満市石原
108	糸満市米須
109	糸満市大度
110	糸満市摩文仁

周辺離島（沖縄本島）

1	伊江村川平
2	伊平屋村田名
3	伊平屋村前泊
4	伊平屋村我喜屋
5	伊平屋村島尻
6	伊是名村内花
7	伊是名村諸見
8	伊是名村仲田
9	伊是名村伊是名
10	伊是名村勢理客
11	渡嘉敷村渡嘉敷
12	渡嘉敷村阿波連
13	渡嘉敷村前
14	座間味村阿佐
15	座間味村座間味
16	座間味村阿真
17	座間味村阿嘉
18	座間味村慶留間
19	粟国村東
20	粟国村西
21	粟国村浜
22	渡名喜村渡名喜
23	久米島町真謝
24	久米島町嘉手苅
25	久米島町仲村渠
26	久米島町具志川

宮古諸島

1	平良市池間
2	平良市大神
3	平良市狩俣
4	平良市島尻
5	平良市大浦
6	平良市荷川取
7	平良市下崎
8	平良市成川
9	平良市西原
10	平良市福山
11	平良市阿旦岳
12	平良市西添道
13	平良市東添道
14	平良市前福
15	平良市棚原
16	平良市久貝
17	平良市松原
18	平良市腰原
19	平良市富名腰
20	平良市地盛
21	平良市七原
22	平良市盛加
23	平良市細竹
24	平良市山中
25	平良市野原越
26	平良市宮積
27	平良市サワジ
28	平良市ムテヤ
29	平良市サガーニ
30	平良市北増原
31	平良市中増原・南増原
32	平良市瓦原
33	平良市土底
34	城辺町西更竹
35	城辺町山田
36	城辺町山川
37	城辺町屋敷原
38	城辺町越地
39	城辺町更竹
40	城辺町与那原・中組
41	城辺町ニシウズラ嶺
42	城辺町南ウズラ嶺
43	城辺町花切
44	城辺町最寄
45	城辺町砂川
46	城辺町友利
47	城辺町長中
48	城辺町北根間地・南根間地
49	城辺町東根間地
50	城辺町吉田
51	城辺町長間底・山底
52	城辺町イケマヤ
53	城辺町東与並武
54	城辺町西底原・中底原
55	城辺町東底原
56	城辺町比嘉
57	城辺町北加治道
58	城辺町南加治道
59	城辺町高阿良後
60	城辺町川底屋
61	城辺町西東
62	城辺町仲原
63	城辺町箕後
64	城辺町福北
65	城辺町大道
66	城辺町東嶺原・西嶺原
67	城辺町福西
68	城辺町北川久道
69	城辺町東川久道
70	城辺町西長底
71	城辺町東長底
72	城辺町大原
73	城辺町サジフ子
74	城辺町新城
75	城辺町福嶺
76	城辺町七又
77	城辺町吉野
78	城辺町東里
79	城辺町中里
80	城辺町保良
81	上野村野原
82	上野村側嶺
83	上野村屋原
84	上野村アガリテマカ
85	上野村賀阿良原
86	上野村宮国
87	上野村山根
88	上野村豊原
89	上野村西青原
90	上野村東青原
91	上野村東大嶺
92	上野村西大嶺
93	上野村ソバル
94	上野村長立
95	上野村新里
96	下地町カツラ嶺
97	下地町川満
98	下地町ツンフグ
99	下地町与那覇
100	下地町上地
101	下地町洲鎌
102	下地町嘉手苅
103	下地町皆愛
104	下地町棚根
105	下地町入江
106	下地町来間
107	伊良部町前里添
108	伊良部町池間添
109	伊良部町国仲
110	伊良部町仲地
111	伊良部町伊良部
112	多良間村仲筋
113	多良間村塩川

八重山諸島

1	石垣市平久保
2	石垣市安良
3	石垣市伊原間
4	石垣市川平
5	石垣市新川
6	石垣市大川
7	石垣市登野城
8	石垣市平得
9	石垣市真栄里
10	石垣市大浜
11	石垣市宮良
12	石垣市白保
13	竹富町干立
14	竹富町祖納
15	竹富町船浮
16	竹富町網取
17	竹富町崎山
18	竹富町古見
19	竹富町小浜
20	竹富町玻座間
21	竹富町上地
22	竹富町下地
23	竹富町保里
24	竹富町宮里
25	竹富町仲本
26	竹富町東筋
27	竹富町鳩間
28	与那国町祖納
29	与那国町比川
30	竹富町冨嘉
31	竹富町名石
32	竹富町前
33	竹富町北
34	竹富町南

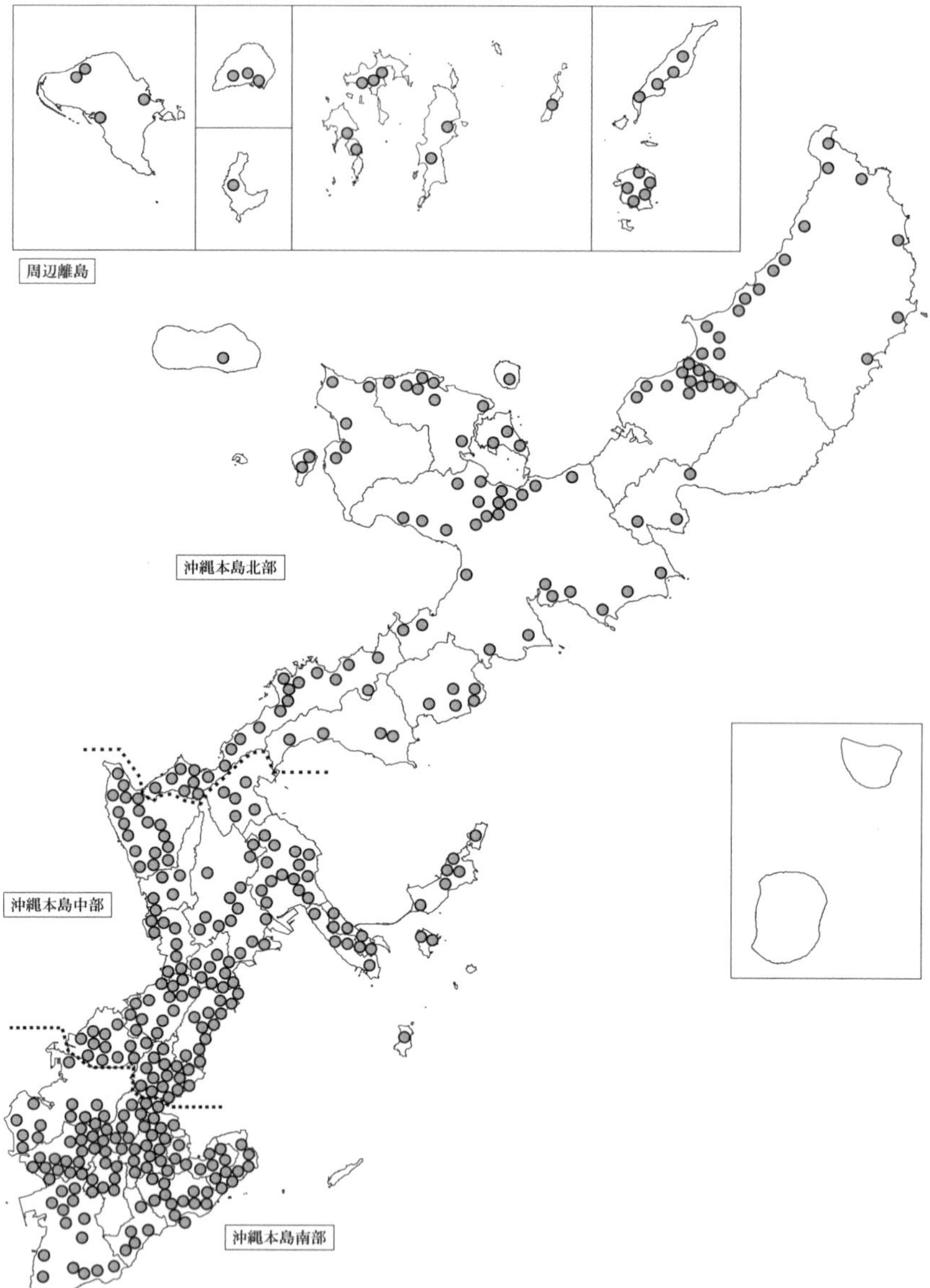

地図1　シマクサラシ儀礼分布図(沖縄諸島)

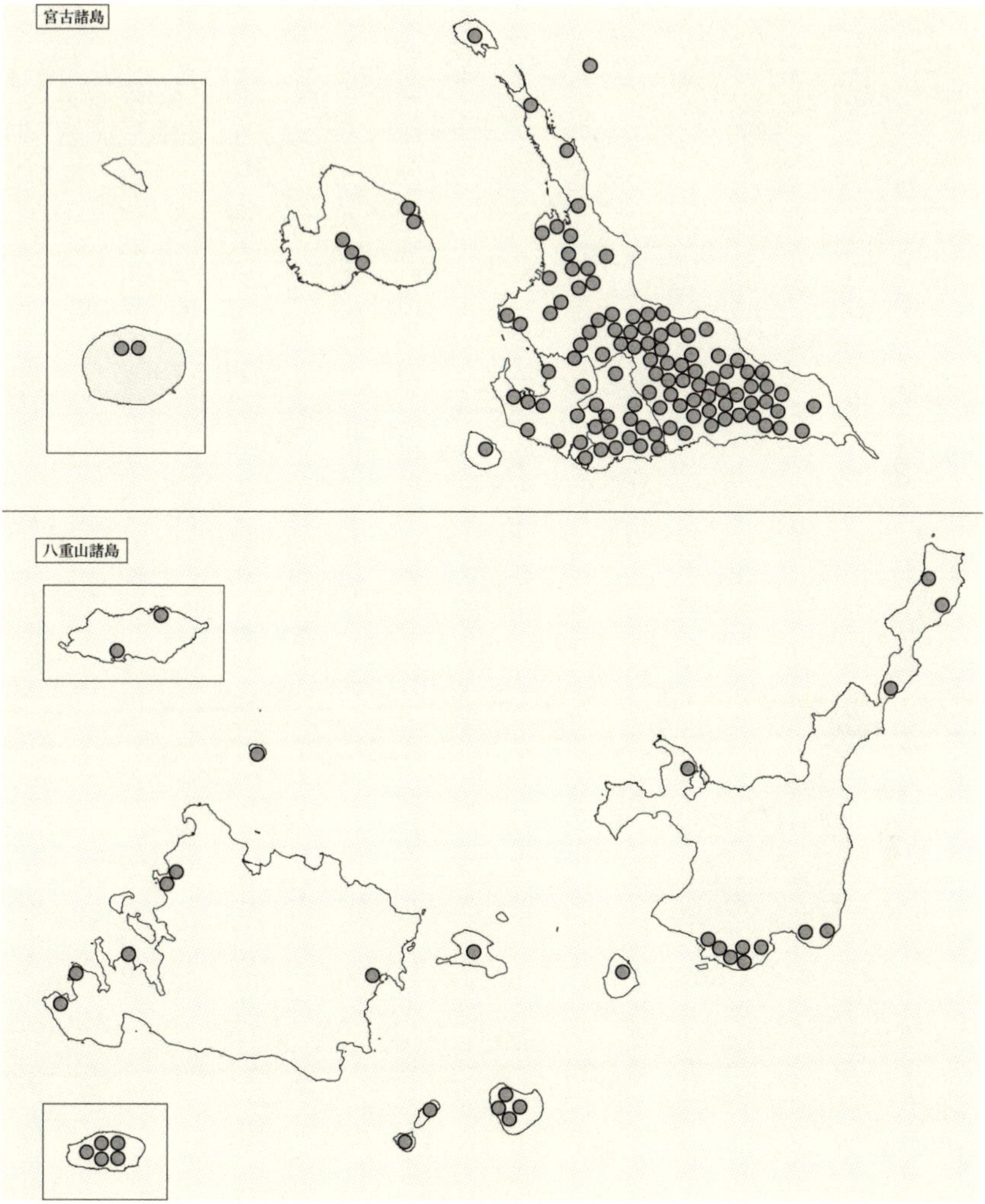

地図2　シマクサラシ儀礼分布図(先島諸島)

ことは困難である。そこで、おおよその目安になるのが、近世来の村落名を踏襲している場合が少なくない現在の字と考える。

『沖縄県市町村別大字・小字名集』を参照し、集計した結果、字の数は約七二〇あった［沖縄県土地調査事務局編 一九七六］。一つの字の中に複数の村落が含まれる場合もあるため、実際の村落数はより多いことが見込まれる。しかし、それを考慮してもシマクサラシ儀礼を確認できた五三五という数は非常に多く、琉球諸島における村落全体を占める割合は高いと言える。琉球諸島において、これほど広域的かつ多くの村落で確認できる、同じような名称で呼ばれる村落レベルの儀礼は類を見ないと思われる。

沖縄県の四一市町村中、南北大東村の二村を除く、三九市町村にシマクサラシ儀礼がみられ、地図1、2からも儀礼の分布圏の広さが分かる。地図1、2の空白地帯のほとんどは村落の無い地帯であり、表2の地域間の数の差は村落数の差と言えるほど、儀礼は琉球諸島に広くかつ高い密度で分布していることが分かった。

儀礼が確認できたのは、いわゆる古村と呼ばれるような歴史の古い村落がほとんどで、沖縄本島において屋取と呼ばれるような比較的新しい村落［田里 一九八三：一二、二四六―二九九］には少ない（一九例）。古村に比べ共同体意識が弱いとされ、村落レベルの年中行事が少なく、さらに村落の形態として散村が多いことが、村落という一つの空間の防災を目的とするシマクサラシ儀礼が根付かなかった原因となったのではないだろうか。

一般的にシマクサラシ儀礼は、戸数の多少はあれ村落が主体となり行われる。だが中には、組と呼ばれるような村落より小さな組織が主体となった例がある。沖縄本島中部、宜野湾市のアガリグミ（東組）の事例である［聞］。アガリグミは、同市の安仁屋、喜友名、伊佐などの古村の村外れなどに居を構える数軒の家々、計十数戸により構成された組織の俗称である。近隣にはナカグミ（中組）やイリグミ（西組）と呼ばれる組織があった。(3) クミを構成する家の人々はもともと古村の出身者ではなく、他所からの移住者が多かったという。屋取集落より小規模で、行政上はそれぞれの古村に属する家々から構成された組織が儀礼の主体となる例は他にない。その儀礼名や祭日、内容から安仁屋または伊佐の儀礼を参考にしたと思われる。

そして、宮古島では添村［平良 一九八四］［島尻 一九八九］という歴史的に比較的新しい、戸数が一〇に満たないような小規模な村落にも儀礼がみられることが多い。この点は他地域にみられない宮古の特徴であるとともに、その小規模村落の数の多さが宮古が沖縄本島中南部に次いで二番目に事例数の多い地域である理由となっている。

二　非分布地の意味

儀礼の存在が確認できなかった地域、つまりシマクサラシ儀礼の非分布地に目をむけたい。広域的かつ高密度で分布するのであれば、それが分布しない地域からみえてくるものもあると思われる。

沖縄県の四一市町村中、儀礼が確認できなかった市町村は南北大東村の二村のみである。これは、一九〇〇年代はじめという比較的新しい時代に開拓されたことに原因があると考えられる。

次に各市町村を細かくみると、沖縄本島南部の、北西に位置する那覇市では一三村落に儀礼を確認できたが、いずれも真和志間切（七例）と小禄間切（六例）という行政区画（市町村以前）に属していた村落であり、王都であった首里、その港町として発達した旧那覇（那覇四町、久米村、泊村）には、シマクサラシ儀礼は分布していない。地図3にみるように、那覇市の周辺市町村（浦添市［一二村落］、西原町［一五村落］、南風原町［八村落］、豊見城市［一六村落］）に儀礼が高い密度で分布する中、那覇市内のこの一帯だけに儀礼がみられない。

さらに、沖縄本島南部の東端にある旧知念村（沖縄本島南部）では、安座真、久手堅、知念、具志堅、山口、仲

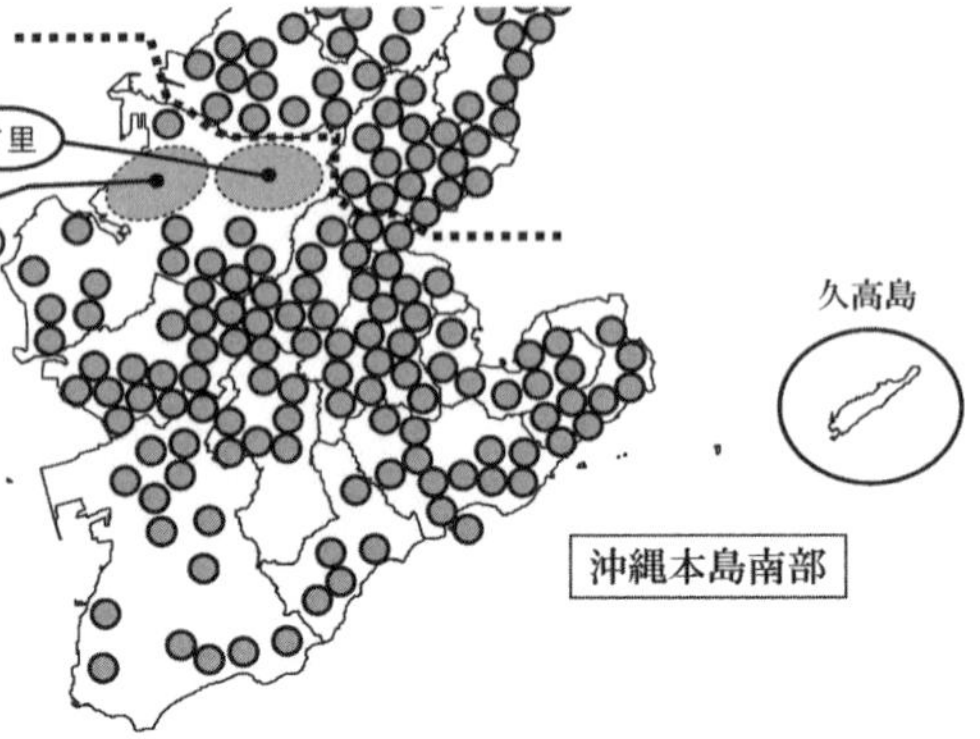

地図3　沖縄本島南部における儀礼の非分布地（首里、旧那覇、久高島）

里、上志喜屋、下志喜屋など、多くの古村に儀礼がみられる（すべて［聞］）。しかし同村の中で、歴史が古く、王府時代、国家的聖地とされ国王の参詣も行われた久高島には確認できていない（地図3）。同島のように距離的に沖縄本島から近い離島の中で、伝統的な村落のある有人島において儀礼が確認できないのは久高島だけである（伊是名島、伊平屋島、屋我地島、古宇利島、伊江島、瀬底島、瀬長島、奥武島、津堅島、浜比嘉島、平安座島、宮城島、伊計島など、計二七村落で儀礼が確認）。

久高だけに古くからシマクサラシ儀礼が無かった、もしくは、途絶あるいは他の儀礼に変化、吸収されたという二つの可能性があろう。後者の可能性が高いのではないだろうか。

琉球諸島に広く高密度に分布するシマクサラシ儀礼が、王都首里一円や王府との関係がとくに深い地域（久高島）にみられないことは、本儀礼が首里王府の規制や禁止指導の対象であったことを示唆していると考えられる。

次に、文献史料から、首里王府とシマクサラシ儀礼の関係について考察する。

一六六六〜七三年の間に王府から通達された文書を集成した『羽地仕置』には、「葬礼の時、牛共殺大酒仕候儀、前々より禁止したりといえども、頃日、猥にこれあり、弥稠敷、申付らるべく候」という条文がみられる［沖縄県教育委員編 一九八一：一六］。

そして、一六九七年に沖縄本島の各間切に布達された『法式』という文書には、「婚礼の時、肴は豚以下であるべきこと、牛は耕作の助けになる為、屠殺して祝儀に用いることは今後禁止する」とある［沖縄県教育委員編 一九八一：六一］。

王府から各間切に数回にわたって、冠婚葬祭における牛の畜殺に対する禁止令が出されていたこと、にも関わらず続けられていたこと、牛が王府にとって重要な動物であったことなどがわかる。牛が王府の貴重な税源のひとつであったことは、牛の頭数を把握したといわれる「牛改帳」の存在からもうかがえる［沖縄大百科事典刊行事務局編 一九八三：上巻八八〇］。

王府が実録風に編集した歴史書である『球陽』（一七四三～五）には、「年浴・柴指・鬼餅等の日を改定す」という条文がある［球陽研究会編球陽研究会編 一九七四：三一三］。これは、各地で日を選び行われていた年浴や柴指、鬼餅などの行事を、それぞれ六月二五日、八月一〇日、一二月八日に定めるというものである。

これらの史料から、王府から各間切村落に対し、祝儀における牛の畜殺の禁止、そして、吉日を選んでいた行事の統制化が進められていたことがわかる。

シマクサラシ儀礼において動物を使う事例は、五三五例中四九一例（文献六六例・聞取り四二五例）と、全体の九割強に相当し、動物が儀礼に不可欠な存在であったと言える。また、実施月は地域あるいは村落により大きく異なり、月による事例数の多少はあるが、すべての月に儀礼を確認できた。日にちも村落によって様々で、年に数回または臨時に行う事例もある。

一七六八年（乾隆三三）一二月、首里王府の名で宮古の在番・頭らに布達された『与世山親方宮古島規模帳』という文書がある。内容は、一七六七年（乾隆三二）三月から一〇月にかけて、王府の命をうけた与世山親方（与世山朝昌）らが宮古の行政状況を視察し、帰任後その結果を王府首脳に報告したものである。百姓の労働力と生産力を増大させ、貢賦の順調な納付を目標として、改善すべき点と対処策が個別かつ具体的に指摘されている。その中に以下の文がある［宮古島市教育委員会文化振興課編 二〇一〇：七二］。

「一、地船漲水滞船之砌、泊くさらし与て上国人数ニ而牛殺、みき・酒相調致物入候由不宜候間、向後可召留事」

地船が漲水に停泊する際、『泊くさらし』と称して上国する人々が牛を殺し、神酒や酒を準備して出費しているという。良くないことなので、今後は禁止すべきこと。

文中の「泊くさらし」をシマクサラシ儀礼と断定するには、いくつかの注意点がある。儀礼の目的が不明な点、骨肉を使った除厄方法がみられない点、また、村落の人々ではなく上国する人々が主体となり行ったようだが、そのような類例は現時点で確認されていない。だが、シマクサラシ儀礼との類似点も多い。「泊くさらし（トゥマイクサラシと推測される）」という儀礼名称は未確認であるが、一例のみ、沖縄本島南部から西に約三〇キロメートルの海上にある渡嘉敷島の渡嘉敷村落では儀礼をンナトゥクサラシ（港くさらし）と呼んだという［渡嘉敷村史編集委員会 一九八七：二三二］。泊くさらしと、同類の儀礼名称と推測される。渡嘉敷でも、史料と同じように儀礼には牛が畜殺されたという［聞］。史料で畜殺された牛も、おそらく上国する人々によって共食されたと想定される。

これらのことから、「泊くさらし」は、シマクサラシ儀礼そのものか、非常に関連性の高い儀礼と考えられる。そうであれば、現時点でシマクサラシ儀礼の文献上の初見は、一七六八年の本資料となる。

注目すべきは、牛の畜殺を伴う儀礼（泊くさらし）の禁止が指示されている点である。文書は王府首脳（摂政・三司官）の許可を得て宮古側に布達されたことから、内容は王府の意向と把握できる。まとめると、『羽地仕置』、『法式』、『球陽』等にみられる王府の意図とシマクサラシ儀礼の実態が対照的であること、そして、『与世山親方宮古島規模帳』では、本儀礼そのものと思われる「泊くさらし」の禁止が指示されていることから、シマクサラシ儀礼は、王府によって規制や禁止指導の対象であったと把握できよう。琉球諸島全域に高い密度で分布するシマクサラシ儀礼が、王都の首里一円や王府との関係がとくに深い久高島にみられないのは、王府が儀礼を禁止した結果、形成された分布形態と考えられる。

第二節　名称

儀礼の名称を計五二五村落で確認できた（文献三五・聞取り四九〇。北部一〇四、中部一四三、南部一〇九、周辺離島二四、宮古一一、八重山三四）。儀礼名称は、（一）シマクサラシ系、（二）カンカー系、（三）シマカンカー系、（四）他の儀礼と同名系、（五）目的名称系、（六）その他の六系統に分類できる。分類の基準は、（一）～（三）が儀礼を代表する名称で、（四）～（六）は名称の特徴や性格に因むものである。

事例群を系統別に整理し作成したのが表4で、村落を系統別に色分けし作成したのが地図4、5である。(4) （一）系統が白色、（二）は黒色、（三）は灰色、（四）は横縞、（五）は縦縞、（六）系統は斑点とした。×は名称不明の村落である。

表の合計が五二五例を超えるのは、同一村落で儀礼が複数の名称で呼ばれていることを意味する。例えば、儀

表4　シマクサラシ儀礼の名称（系統別一覧表）

	(1)シマクサラシ系	(2)カンカー系	(3)シマカンカー系	(4)他の儀礼と同名系	(5)目的名称系	(6)その他 (イ)行動	(6)その他 (ロ)期日	(6)その他 (ハ)特異
沖縄本島北部	23	53	6	47	35	6	5	1
沖縄本島中部	99	51	8	43	29	28	24	12
沖縄本島南部	88	7	0	33	24	25	13	4
周辺離島（沖縄本島）	9	4	0	1	10	3	0	1
宮古諸島	110	0	0	8	8	1	2	15
八重山諸島	32	0	0	9	9	1	5	0
合　　計	361	115	14	141	115	64	49	33

礼をシマクサラシやカンカー、フーチゲーシとも呼ぶ村落は、地図では白、黒、縦縞の三種類の円となっている。

（一）シマクサラシ系、（二）カンカー系、（三）シマカンカー系のいずれかで呼ばれる村落は、五二五例中四四八例と、名称を確認できた全体の八割半ばに相当する。このことから、これら三系統が儀礼を代表する名称と言える。

系統ごとに、その内容や分布的特性を見ていきたい。

表4から、（一）シマクサラシ系が最多であることが分かる（三六一例）。全体の七割弱を占め、その次に多い他の儀礼と同名系や目的名称系、カンカー系に比べ、倍以上多い。シマクサラシ儀礼のもっとも一般的な名称である。各地の割合も、北部二割強（一〇四例中二三例）、中部七割弱（一四三例中九九例）、南部八割強（一〇九例中八八例）、周辺離島四割弱（二四例中九例）、宮古一〇割弱（一一一例中一一〇例）、八重山九割半ば（三四例中三二例）と、六地域中四地域と多くの地域で最多の名称となっている。ただし、沖縄本島北部はシマクサラシ系が少なく、全体の割合は二割強と極端に低い。北部での聞取り調査で、古老の方々にシマクサラシという言葉が通用することはほぼなかった。

（二）カンカー系は、シマクサラシ系とともに儀礼を代表する名称である。主にカンカーとハンカがあるが、両語の違いは方言の地域差によるもので、沖縄本島中部ではカンカー、北部ではハンカという。沖縄本島におけるカンカーとハンカの境界となる村落は、本島北部の西海岸に位置する名護市幸喜であった。幸喜以北はハンカ、以南はカンカーといい、唯一幸喜でのみ両名称が使用されていた［聞］。東海岸でも、幸喜とほぼ同緯度の名護市辺野古のカンカー系はカンカンで、以北からハンカとなる。(5)

カンカー系はすべて沖縄諸島の事例で、先島諸島にはみられない。儀礼を代表する名称であるが、その分布圏は、琉球諸島に広域的なシマクサラシ系とは対照的である。

各地での割合は北部五割強（一〇四例中五三例）、中部三割半ば（一四三例中五一例）、南部一割未満（一〇九例中七例）、周辺離島二割弱（二四例中四例）と、沖縄本島北部が最多で、唯一カンカー系の数がシマクサラシ系より多い地域となっている。北部におけるシマクサラシ系の少なさは、カンカー系の多さに原因がある。

カンカー系の分布形態の特徴は地図4をみると分かりやすい。北部では今帰仁村以外のすべての市町村に確認でき、とくに恩納村は顕著で全村落にみられた。中部のカンカー系の七割は西海岸の市町村に集中している。東海岸は少なく、旧与那城町、旧勝連町、西原町には未確認である。南部のカンカー系は旧佐敷町にのみ確認できた。南部の聞取り調査においてカンカーという言葉が通じない中、唯一通用したのが同町であり、話者からその言葉が聞けたときは驚きであった。

周辺離島（沖縄本島）では計四例と少ない（粟国村三例、久米島一例）。伊江島のシマクサラシ儀礼は虫払いという名称であるが、儀礼に使う豚の畜殺場はハンカモー、その肉はハンカジシと呼ばれたことから、カンカー系名称であったと推測できる［伊江村史編集委員会 一九八〇：四四三］。伊江島の事例は、文献には儀礼を行っていた村落名が記されていない。聞取り調査（阿良、東江上、東江前、西江上、西江前、西崎、川平）では儀礼を知る方に合うことは

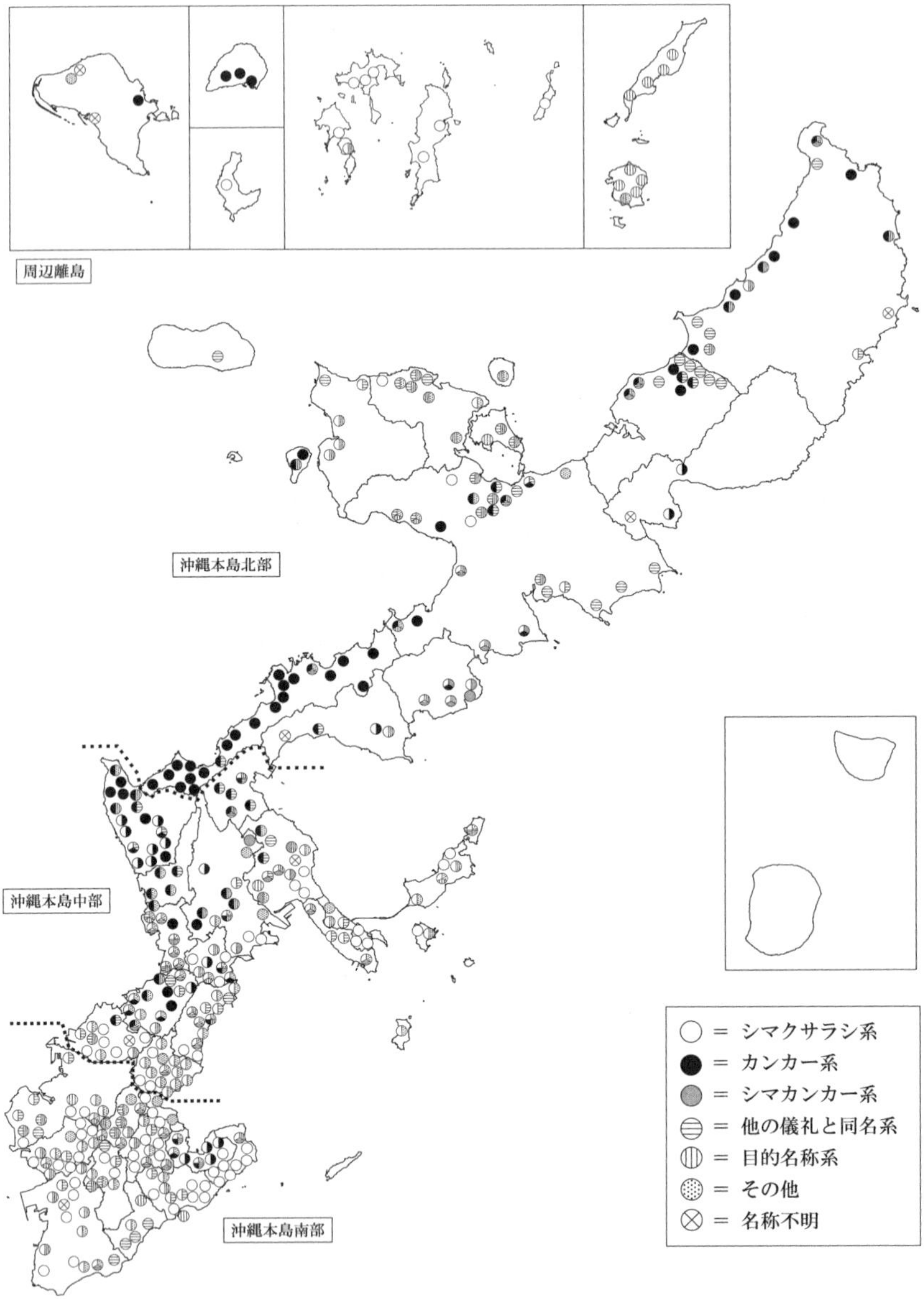

地図4　シマクサラシ儀礼系統別名称地図（沖縄諸島）

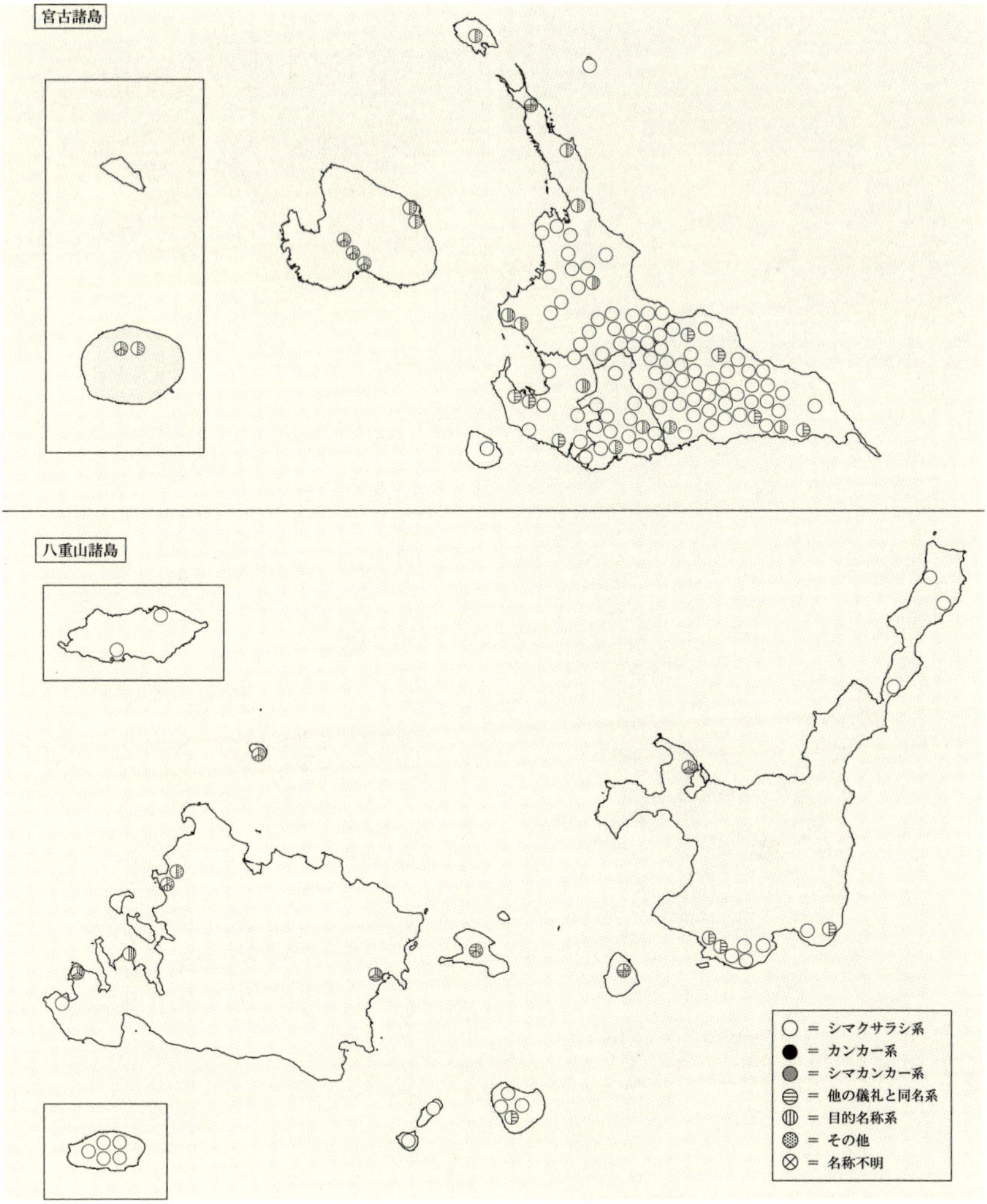

地図5　シマクサラシ儀礼系統別名称地図(先島諸島)

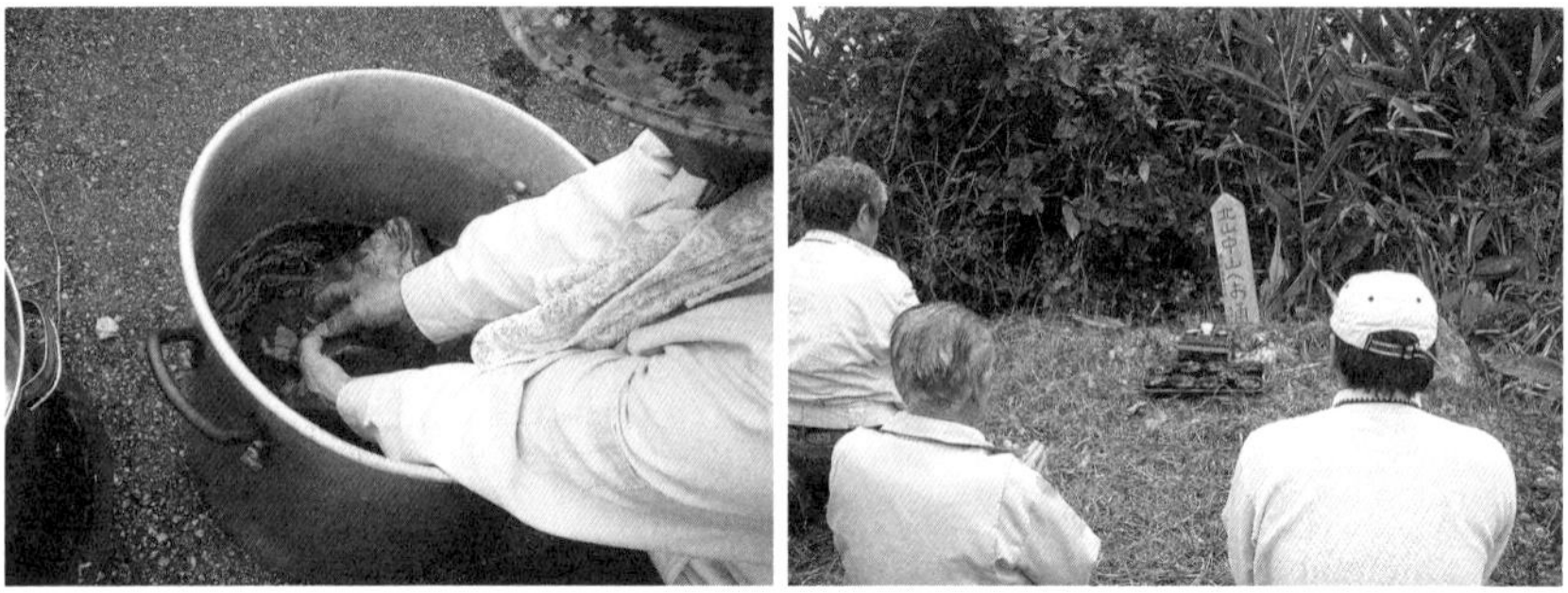

写真11　志多伯村落の御清明祭
（左：防災に使う牛の血と水。右：牛肉の供進。2006年撮影）

できなかったが、ハンカモーと呼ばれる場所が川平村落にあることが分かった。当村落の事例であったと判断できる［聞］。

（三）シマカンカー系には、シマカンカーとシマカンカンがあり、系統（一）（二）と同じく、儀礼の代表的な名称だが、その数は一四例と少なく、沖縄本島北部から中部の東海岸にのみ分布している。

次に、（四）他の儀礼と同名系とは、一般的にはシマクサラシ儀礼とは異なる村落や一族、家庭レベルで行われる農耕儀礼や除厄儀礼、祖先祭祀などの他の儀礼名称が、シマクサラシ儀礼の名称として使用されている事例である。多少複雑なので、清明祭を例に解説する。

清明祭は、毎年三月に沖縄諸島を中心として行われる家や親族が主体となる先祖の墓参りである［沖縄大百科事典刊行事務局編 一九八三：中巻五五九］。沖縄本島南部の旧東風平町志多伯では、毎年三月、シーミー・ウシーミーサイ（御清明祭）という村落レベルの年中行事がある。村レベルの防災を目的とし、動物の畜殺と共食を行い、血は家庭レベルの魔除けに用いられた（写真11）。シマクサラシ儀礼の象徴である血を使った防災方法や、その目的から、本例はシマクサラシ儀礼と把握できる［聞］。しかし、志多伯の人々は本儀礼をシマクサラシとは呼ばず、シーミーと呼んでいる。同月の家庭や一族レベルの防災儀礼も、村レベルの防災儀礼も、「清明（シーミー）」という同じ名称で呼称されるのである。

（四）他の儀礼と同名系は計一四一例と、全体の三割弱を占め、シマクサラシ系に次いで二番目に多い。各地の割合は、北部四割半ば、中部と南部は三割、周辺離島一割未満、宮古一割弱、八重山二割半ばとなっている。先島諸島に比べ、沖縄本島の割合が高い。

沖縄諸島ではムーチー（鬼餅）という名称が多く、他にクシユックィ（腰憩い）、コーヌユーエー（竈の祝い）、カシチー（強飯）などがあり、先島諸島ではムルン（虫送り）、フーツクヨーカ（鍛治屋儀礼）、二月タカビ（主に稲の成長祈願）、一〇月タカビ（主に防火祈願）といった名称がある。

シマクサラシやカンカーと併称せず、それのみで呼ぶ村落や、両儀礼を識別していない村落が多い点は興味深い。元来、本系統に含まれる儀礼群は、大多数の村落同様に異なる儀礼として別日に実施されるものであったであろう。例え同日であっても、明確に識別されていたが、同日の行事として回数を重ねるうちに、儀礼名と認識の統合が起こったと推測される。

併称される他の儀礼の種類は、北部九、中部八、南部一四、周辺離島四、宮古三、八重山三種類と、沖縄本島南部が多い。これは、シマクサラシ儀礼と他の年中行事との整理統合が当地域で多発したことを示唆している。

（五）目的名称系は、儀礼の目的そのものが名称となっている系統である。フーチゲーシ（疫病返し）、ヒーゲーシ（火返し）、ムシバレー（虫払い）、カジバレー（風払い）などがあり、儀礼に意識される災厄のバリエーションを象徴している。三番目に多い系統で、一一五例と全体の二割強を占める。各地の割合は、北部三割半ば（一〇四例中三五例）、中部二割（一四三例中二九例）、南部二割強（一〇九例中二四例）、周辺離島四割強（二四例中一〇例）、宮古一割弱（一一一例中八例）、八重山二割半ば（三四例中九例）で、周辺離島が最も高い。

フーチゲーシ（疫病返し）、ヒーゲーシ（火返し）、ムシバレー（虫払い）、カジバレー（風払い）などがあり、儀礼に意識される災厄のバリエーションを象徴している。

これまでの五系統に当てはまらない名称を（六）その他とした。内容から、（イ）儀礼にみられる行動等に関する名称、（ロ）儀礼の期日に関する名称、（ハ）他に類をみない特異な名称の三つに分けられる。（イ）にはフニサギー（骨下）、ウシグヮーフニー（牛骨）、チーチキ（血付）、（ロ）にはニングヮチウグヮン（二月御願）やジュウグヮチウグヮン（一〇月御願）、（ハ）にはザーグル、カウルガマなどがある。（イ）・（ロ）は沖縄本島中南部、（ハ）は宮古に顕著であった。計一四六例という本系統の事例数とバリエーションの多さは、シマクサラシ儀礼の名称の多様性の証左と言える。

第三節　目的

一　分類

シマクサラシ儀礼の目的は四八九例（文献三九・聞取り四五〇）で確認できた（沖縄本島北部九八、中部一四一、南部九九、周辺離島二四、宮古九三、八重山三四）。

最も多いのは、流行病やヤナムンといった災厄の村落への侵入防止であった。その数は四八九例中四七四例と、全体の一〇割弱に相当することから、シマクサラシは防災を主眼とした儀礼であると言える。

しかし、防災以外を目的とする事例がある（計七九例）。豊作（四三例）、希少な肉の摂取（八例）、新生児の祝い（六例）、農作業の骨休め（五例）、人口調査及び人口増加（四例）、豊漁と航海安全（三例）、圧搾機による無事故祈願（一例）、交通安全（一例）などである。肉の摂取など、動物の共食に着目したものや、近年に追加されたと思われる圧搾機の無事故や交通安全がある。様々な目的がみられる点は興味深いが、これらの九割弱（七九例中七一例）は防災も目的とされている点は重要である。やはり、儀礼の主眼は防災であり、それ以外は後に付加された新しい目的と捉えられよう。防災を目的としない例もみられるが、その数は八例と少ない。他の儀礼と同日に行われていくうちに、あるいは、儀礼内容の形骸化といった理由によって、本来の目的である防災が忘れられた可能性が想定できる。

豊作を目的とする事例の意味を考えたい。本章の第二節の儀礼名称で分析したが、一般的には別日に行われる農耕儀礼と同日にシマクサラシ儀礼を行う事例がある。豊作を目的とする事例の三割半ば（四三例中一五例）が、これに該当し、中部（一五例中一〇例）と八重山（五例中四例）に多い。沖縄諸島ではウンネーやクシュックィ、土帝君の例祭、八重山諸島では二月タカビなどの農耕儀礼と同日であった。

農耕儀礼と同日ではないが、ウマチーという農耕儀礼の前日（旧大里村大城［聞］）、ウマチー前の庚の日（糸満市阿波根［聞］）にシマクサラシ儀礼を行う事例に豊作という目的がみられる。農耕儀礼との関連性から追加された目的であろう。シマクサラシ儀礼と農耕儀礼を同日に行う村落でも、本来、両儀礼は明確に区別されていたと思われる。年月を重ねるうちに境目が不明確となり、目的の混合が起こったと推測される。

しかし、必ずしも農耕儀礼からの影響を受けて豊作という目的が追加されるわけではないと考える。豊作を願う七割弱（四三例中二九例）は農耕儀礼とは別日であり、豊作が自然と発想され、付加される目的であった可能性がうかがわれる。

二　災厄の種類

（一）分析

儀礼に意識される災厄の種類が確認できた、沖縄本島北部八七、中部一一〇、南部八〇、周辺離島二四、宮古五九、八重山三四例の計三九四例（文献六八・聞取り三二六）は、大きく、①流行病（三六〇例）、②霊的災厄（一三六例）、③自然災厄（四四例）、④悪人（八例）の四つに分類できる。災厄別に整理し、表5を作成した。すべての災厄の合計が三九四例を超えるのは、村落によっては複数の災厄を意識するためである。

最も多いのは①流行病であった。全体の割合も九割強（三九四例例中三六〇例）を占め、地域別の割合も、北部九割強（八七例中八〇例）、中部九割半ば（一一〇例中一〇六例）、南部八割強（八〇例中六五例）、周辺離島一〇割（二四例中二四例）、宮古九割（五九例中五三例）、八重山九割半ば（三四例中三二例）と、琉球諸島全域で最多の災厄であった。

流行病の他、風邪、悪疫、疫病などと表記されるが、方言では沖縄諸島ではフーチ（プーチ）やハナシチ（鼻ひき）、宮古ではプーツ（プークス）やパナスキ、八重山ではユートゥやパナスクという。疫病の姿形に関する伝承は未確認であるが、カラスが運んでくると伝える村落や、漂着した難破船や乗組員によってもたらされると考える村落がある。

次に多いのが②霊的災厄である（一三六例）。無縁仏、海難者の亡霊、鬼など、村人に災いをもたらす悪霊や亡霊で、イチジャマの容疑で殺

表5　災厄の種類分析表

	①流行病	②霊的災厄	③自然災厄	④悪人
沖縄本島北部	80	27	4	0
沖縄本島中部	106	31	5	1
沖縄本島南部	65	35	12	3
周辺離島（沖縄本島）	24	2	1	0
宮古諸島	53	29	9	4
八重山諸島	32	12	13	0
合計	360	136	44	8

された女性の霊、薩摩との戦いにおける亡霊という例もある。霊的災厄が全体を占める割合は三割半ば（三九四例中一三六例）で、各地での割合は、北部三割強（八七例中二七例）、中部三割弱（一一〇例中三一例）、南部四割半ば（八〇例中三五例）、周辺離島一割弱（二四例中二例）、宮古五割弱（五九例中二九例）、八重山三割半ば（三四例中一二例）であった。沖縄本島北中部の三割に比べ、本島南部と先島諸島は四〜五割と高い。周辺離島は最も低く、一割に満たない。二番目に多い災厄であるものの、流行病との数と割合の差は大きい。

③自然災厄には火や虫がある。四四例みられるが、全体を占める割合は一割強（三九四例中四四例）と低い。沖縄本島北部（四例）、中部（五例）、南部（一二例）、周辺離島（一例）、宮古諸島（九例）の事例数は一割未満から一割半ばと僅少であるのに対し、八重山は四割弱と高い（三四例中一三例）。

④の悪人は、泥棒や犯罪者などで八例と少ない。沖縄本島南部と宮古のみで、本島北部、周辺離島、八重山諸島にはみられない（沖縄本島中部一、南部三、宮古四）。

（二）流行病以外の災厄の意味

シマクサラシ儀礼に意識される主な災厄は流行病であることと、それ以外に、霊や害虫、悪人といった災厄が意識される場合があることが分かった。流行病以外の災厄に焦点を当て、その意味を考察する。

まず、流行病以外の災厄が、それのみ、あるいは流行病と一緒に意識されるのか、という点を分析した結果、霊的災厄の八割強（一三六例中一一四例）、自然災厄の八割半ば（四四例中三八例）、悪人の七割半ば（八例中六例）と、三種類の災厄とも非常に高い割合で流行病も意識されていた。流行病以外の災厄だけを意識するのは全体の一割に満たない（三九四例中三〇例）。

これは、シマクサラシ儀礼に意識される主な災厄は流行病であり、そして、霊や害虫、悪人などは、二次的にシマクサラシ儀礼に追加された災厄であることを示していると考えられる。

次に、霊的災厄のみを意識する村落は、沖縄本島北部五、中部四、南部九、宮古三、八重山一村落の計二二村落ある。南部が最多で、全体の四割を占めている（二二村落中九村落）。この結果を前掲した筆者の仮説と照合すると、霊的災厄を新たに追加する現象は本島南部で多発したことを示唆している。

さらに、悪人という災厄も沖縄本島南部に集中している（四例中三例）。新しく追加された災厄と推定される悪人や霊的災厄が、同地域に多いことは偶然ではないであろう。つまり、シマクサラシ儀礼における霊的災厄や悪人は流行病より新しい災厄であり、それらが追加される現象は主に沖縄本島南部で起こったと把握できる。

また、自然災厄であるが、前項での分析［第一章―第三節―二―（二）］で、災厄全体を占める各地の割合は、ほとんどの地域では一～二割の中、八重山諸島だけは四割弱と高いことが分かった。

目的の分析［第一章―第三節―二］で、豊作といった目的は、一般的にはシマクサラシ儀礼とは別日に行われる農耕儀礼と同日に行われた結果、意識されるようになったと考察した。同様の可能性を探るために、自然災厄の大半を占める火や害虫に焦点を当て、その意味を分析したい。

自然災厄は、虫（二四例）と火（二〇例）に分けられるが、琉球諸島には、シマクサラシ儀礼とは別に害虫や火災を対象とする防災儀礼がある。沖縄諸島ではアブシバレーやムシバレー、先島諸島ではムルンやムヌンと呼ばれる、害虫を払い除ける儀礼がある。

シマクサラシ儀礼に際し、災厄として害虫を意識する二四例（沖縄本島北部二、中部二、南部五、周辺離島一、宮古八、八重山六）のうち、五例が虫送り儀礼と同日であった（沖縄本島中部一、南部一、周辺離島一、宮古二）。

虫送り儀礼と同日ではないが、農耕儀礼との関連性を想起させる事例がある。八重山では害虫を意識する事例の半数（六例中三例）が、二月タカビという稲の成長を願う農耕儀礼と同日であった。同諸島の石垣市白保のシマフサラシでは、疫病と害虫が災厄として意識されるが、稲の成長を願うソージという行事の期間中の中頃に実施されることから、ナカヌソージとも称される［聞］。沖縄本島南部の旧大里村大城のシマクサラシ儀礼も、疫病と害虫を災厄として意識するが、その期日は二月ウマチーという農耕儀礼の前日である［聞］。

これら農耕儀礼との関連性を示す五例を含めると、虫を意識する事例の四割弱（二四例中一〇例）が、虫送り儀礼あるいは農耕儀礼と同日や前日に行われることが分かった。これらは、本来、害虫は虫送りや農耕儀礼に意識される災厄で、シマクサラシ儀礼の災厄ではなかったことを示している。つまり、シマクサラシ儀礼が農耕に関する儀礼と同日に行われるようになった後に、シマクサラシ儀礼の中で、害虫と流行病が混同して意識されるようになったと考える。

そして、沖縄諸島ではヒーゲーシ、カママーイ、ヒーマーチヌウグヮン、宮古ではピータミウグヮン、八重山ではジュウガツタカビ、オッサレーという防火儀礼がある。

シマクサラシ儀礼で災厄として火を意識する例は計二〇例確認できた（沖縄本島北部二、中部三、南部七、宮古一、八重山七）（写真12）。うち半数の一〇例が防火儀礼と同日であった（沖縄本島北部一、中部一、南部四、八重山四）。さらに、防火儀礼と同日であるかは未確認であるが、沖縄諸島や八重山諸島の防火儀礼の実施月である一〇月に行う例が三例みられる（北部一、中部一、八重山一）。実施月と火を意識する点から、防火儀礼との関連性が推測できよう(6)。

害虫や火災を意識する事例の分析の結果、それらの災厄は、農耕儀礼や防火儀礼に意識されるもので、本来は

写真12　防火を目的とした村入口での祈願
[十カ所御願]
(沖縄本島北部 名護市屋部。2017年撮影)

シマクサラシ儀礼に意識される災厄ではかったと考えられる。しかし、村落によって、シマクサラシ儀礼が農耕儀礼や防火儀礼と同日に行われるようになり、その後、災厄の混同が生じ、シマクサラシ儀礼にも意識されるようになったと考察される。農耕儀礼や防火儀礼との関連性がみられない事例については、おそらく災厄として害虫や火が連想され、新しく追加されたと思われる。

以上、流行病以外の災厄に焦点を当て、複合性や分布形態、他の年中行事との関連性について分析した。結果、シマクサラシ儀礼が防災の対象とする主な災厄は流行病であること、そして、悪霊は二次的に追加された新しい災厄であり、それは沖縄本島南部で顕著に起こったという可能性、そして、害虫や火災は、シマクサラシ儀礼が農耕儀礼や防火儀礼と同日に行われた結果、シマクサラシ儀礼に意識されるようになった可能性などが明らかになった。

第四節　祈願

本節では、シマクサラシ儀礼における祈願の実相を拝所、祭司、供物の三つに分けて明らかにする。その分析結果を踏まえ、祭司が拝所や供物を分担する事例の意味を考察する。これらは、儀礼の構造や供犠の問題を考える上で重要と考える。

一　拝所

（一）分析

シマクサラシ儀礼において拝まれる場所（以下、拝所で統一）は、沖縄本島北部九四、中部一一七、南部八二、周辺離島一三、宮古八三、八重山二八例の四一七例（文献七九・聞取り三三八）で確認できた。その数はシマクサラシ儀礼全体の八割弱に相当し、他の民俗儀礼と同様、シマクサラシ儀礼と祈願行為は不可分であると言える。

確認できた拝所は、①聖地、②村落の入口、③特定の場所に三分できる。まず、①聖地は、主に村落レベルの行事で、シマクサラシ儀礼以外にも拝される聖なる場所を指す。②村落の入口は、災厄を防ぐために動物の骨肉が掲げられる場所で、そこから村の外に向かって祈願が行われる。③は、聖地や村落の入口ではない特定の場所である。聖地のように香炉や祠が無いことが多く、シマクサラシ儀礼以外の年中行事にも拝まれず、村入口とは考えられていない点から、①や②とは分けた。本儀礼に使う動物を畜殺する場所であったり、肉料理を作り人々が共食を行う場所であることが多い。これら三つの場所は、村落によって、いずれか一つ、あるいは複数カ所が拝される。

三つの中で最も多いのは、全体の七割（四一七例中二九三例）を占める①聖地であった。各地の割合は、沖縄本島北部五割半ば（九四例中五三例）、中部（一一八例中八二例）と宮古（八三例中五七例）が七割弱、南部（八二例中六五例）と周辺離島（一三例中一〇例）が八割弱、八重山一〇割弱（二八例中二七例）となっている。沖縄本島北部以外の各地で最多となっている。聖地を拝する事例が、沖縄本島では北部で少なく、中部から徐々に多くなり、南部で最多となっている点、八重山が最も高い割合の地域である点が特徴である。

次に多いのが、②村落の入口を拝する例である（二四七例）。全体を占める割合は六割弱で、①聖地と大差はな

写真13　村入口での祈願（村の外に向かって）
（左：沖縄本島周辺離島 座間味村阿嘉。2008年撮影）
（右：本島中部 旧勝連町平敷屋。2005年撮影）
（下：本島南部 旧東風平町宜次。2004年撮影）

い。沖縄本島北部を除いた五地域で二番目に多い拝所となっている。各地の割合は、沖縄本島北部は八割強、中部が六割強で、ほか四地域は四割半ばから五割強となっている（写真13）。

沖縄本島北部の事例数の多さには、防災方法の特徴が起因していると判断される。第二章―第一節で分析するが、シマクサラシ儀礼の一般的な防災方法は、村落入口に骨肉を挟んだ左縄を張るというものである。しかし、琉球諸島の中で、唯一、その方法があまりみられない地域が、沖縄本島北部である。当地域では、動物の骨肉は左縄を用いず、村落入口に設置、あるいは供えられることが多い。頭上に懸架される左縄を用いた方法に比べ、目立たない分、骨肉を設置する際の祈願が重視され、村落の入口を拝む例の多さとなって表出したのではないだろうか。逆に、中南部では防災方法が重視され、同所での祈願が略化し消失した可能性もあろう。

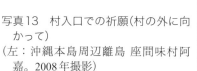

③特定の場所を拝む例は、全体の三割弱に相当する一一五例確認できている。琉球諸島全域で三番目に多い拝所である。沖縄本島の割合は、北部二割強、中部三割半ば、南部二割弱となっている。先島諸島では、宮古は四割強と琉球諸島で最も高いのに対し、八重山は一例のみであった。

前述したように、三種類に分けた拝所は、村落によって、いずれか一つ、あるいは複数が組み合わされて拝される。ここで事例群を類型化し、その複合性を分析する。

事例群は、類型①②③、類型①②、類型①③、類型②③、類型①、類型②、類型③の七つに分類できる。もっとも多いのが、①聖地と②村落の入口を拝む類型①②であった（一二九例）。次が①聖地だけを拝む類型①（二〇一例）、そして、②村落の入口のみを拝む類型②が三番目に多い（七二例）。あとは、類型①③（三六例）、類型③（三三例）、類型①②③（二七例）、類型②③（一九例）と続く。上位の三類型の合計は全体の七割強（四一七例中三〇二例）に相当し、各地でも過半数を占めている（北部七割半ば、中部六割強、南部八割強、周辺離島九割強、宮古六割弱、八重山九割半ば）。つまり、シマクサラシ儀礼における祈願は、聖地のみ（類型①）、村落の入口のみ（類型②）、その両方（類型①②）で行われることが多い。

（二）聖地の分析

儀礼において最も多く拝される聖地の種類を分析する。

シマクサラシ儀礼に拝される聖地は、村落祭祀の中心となる①御嶽（一五〇例）、トゥンやアサギなどの②祭祀場（五一例）、ニーヤと呼ばれるような村落の草分け的な家や由緒のある③旧家（一一七例）、④湧泉（五三例）、⑤その他の五つに分けられる。それぞれの内容と地域的特性などをみていきたい。

最多の聖地が①御嶽であるが、割合には地域差がある。沖縄本島各地での最多の聖地は、北部では③旧家、中南部では③旧家と⑤その他で、①御嶽ではない。御嶽は、北部と南部では三番目で、その割合も北部は四割強（五三例中二三例）、南部は四割半ば（六五例中二九例）に留まっている。中部では御嶽は五つの聖地の中で最も少なく、割合も二割弱と低い（八一例中一五例）。対して、宮古では八割半ば（五六例中四八例）、八重山では九割半ば（二七例中二六例）で、御嶽を拝する割合は先島諸島が圧倒的に高いことが分かった。

②祭祀場は、沖縄本島北中部ではカミアシャギ、中南部ではトゥンと呼ばれる。五七例みられ、沖縄諸島の割合は各地で二～三割であった。先島諸島にもザー（座）と呼ばれる祭祀場［仲松一九九〇：一七二］がみられるが、シマクサラシ儀礼に当所が拝される事例は宮古で七例と少なく、八重山では皆無であった。祭祀場を拝する例は沖縄諸島に多いと言える。(7)

③旧家は、沖縄諸島ではニーヤあるいはムートゥヤー、宮古ではムトゥ、八重山ではトゥニムトゥと呼ばれる。旧家を拝する事例の一〇割弱（一一七例中一一四例）が沖縄諸島の事例で、北部六割半ば（三五例）、中部四割半ば（三七例）、南部五割半ば（三六例）、周辺離島六割（六例）と、各地で四～六割であった。対して、先島諸島は宮古一、八重山二例と僅少である。

④湧泉を拝む例は五三例確認できたが、その割合は沖縄本島北部二割弱（一一例）、中部二割（一六例）、南部二割半ば（一八例）、周辺離島二割（二例）、宮古一割強（六例）と、各地で一～二割に留まり、五つの聖地の中で最少であった。

これまでの拝所以外を⑤その他とした（計一二三例）。具体的には、村落の火の神、ビジュル、土帝君、鍛冶屋跡、某一族の先祖の墓、洞穴、グスク、獅子舞、ガンヤー（龕屋）などがある。各地の割合は、沖縄本島北部と南部が六割弱、中部四割半ば、周辺離島と宮古が二割半ばと、沖縄本島が比較的高く、八重山にはみられない。

沖縄本島の割合の高さは、他の儀礼と同日に行われる事例が沖縄本島に多いことに原因があるのではないか［第一章―第二節―二］。土帝君は二月二日の土帝君儀礼、鍛治屋跡は一一月七日の鞴祭、ガンヤーは八月一〇日のコーヌユーエー（龕の祝い）と同日に行う村落で拝される。本来はシマクサラシ儀礼の拝所ではなかったが、同日に行われるようになり、拝所の混同が起こったと考えられる。

以上、シマクサラシ儀礼における拝所は五種類に整理でき、それぞれに地域的特性があることが分かった。

二　祭司

（一）分析

本著で言う祭司とは、シマクサラシ儀礼における祈願を司る者である。本儀礼の祭司は、沖縄本島北部八五、中部一一八、南部七九、周辺離島一四、宮古七四、八重山二八の計三九八例で確認できた（文献五一・聞取り三四七）。事例群の分析から儀礼における祭司の実態を明らかにする。

シマクサラシ儀礼の祭司は、①公的神女（一一二例）、②神女（一一五例）、③男性神役（三一例）、④門中の神役（八例）、⑤村落の役員（一二九例）、⑥ユタ（八例）、⑦旧家の戸主（一三例）、⑧一般の人々（七三例）の八つに整理できる（表6）。村落によっては、①と②、②と③、あるいは⑤と⑧といったように、合同で祭司を行う例がある点を注記しておく。

八つの祭司の特徴や地域的特性を把握した後に、類型ごとの分析に進む。

まず、①公的神女とは、沖縄諸島ではノロ、先島諸島ではツカサと呼ばれる女性神役である。王府の女神官

表6　祭司分析表

	①公的神女	②神女	③男性神役	④門中の神役	⑤村落の役員	⑥ユタ	⑦旧家の戸主	⑧一般の人々
沖縄本島北部	22	47	21	2	18	1	0	9
沖縄本島中部	15	18	2	0	58	3	5	37
沖縄本島南部	20	17	4	6	29	0	7	13
周辺離島（沖縄諸島）	2	10	0	0	2	0	0	1
宮古諸島	32	22	4	0	16	4	0	11
八重山諸島	21	1	0	0	6	0	1	2
合計	112	115	31	8	129	8	13	73

組織に組み込まれ、根神やその他の女性神役より、政治的色彩が強かったという点［沖縄大百科事典刊行事務局編 一九八三：中巻四五〇、下巻一八一―一八二］から、公的神女とした（写真14）。

合計は全体の三割を占める（一一二例）。上位三位の数はほぼ同数で、公的神女は、⑤村落の役員、②神女に次いで三番目に多い。各地の割合には地域差がある。沖縄諸島では、北部、南部、周辺離島では二番目、中部では三番目に多く、その割合は北部（二二例）と南部（二〇例）が二割半ば、中部一割強（一五例）、周辺離島が一割半ば（二例）にとどまる。対して、先島諸島では、宮古と八重山の両諸島ともに最多の祭司となっており、当域全体を占める割合は宮古は四割強、八重山は七割半ばと高い。公的神女が祭司となる割合は沖縄諸島で低く、先島諸島で高いこと、そして、中でも八重山諸島が最も高いことが分かった(8)。

王府の女神官組織には直接的には組み込まれていない女性神役を、②神女とした。ニーガン（根神）という村落の草分け的な旧家の女性神役や、特定の家筋から出自するような、役名のある女性神役が含まれる。宮古に多いが、サスと呼ばれるような、ある年齢以上の女性が加入する神役集団も含めた(9)。

全体を占める割合は三割弱（三九八例中一一五例）と、①公的神女とほぼ同率である。しかし、地域差があり、

写真14　公的神女による祈願
（左：沖縄本島北部 本部町。2017年撮影）
（右：宮古諸島 旧伊良部町。2017年撮影）

沖縄諸島では北部では五割半ば、周辺離島で七割強と高いのに対し、中部は一割半ば、南部は二割強と低い。

先島諸島では、宮古の三割（二二例）に対し、八重山は一例のみであった。これは、宮古では一定の年齢以上の女性らが加入するサズと呼ばれるような神役がシマクサラシ儀礼の祭司となる例がみられたのに対し、八重山にはそのよう例がみられなかったこと、つまり、女性神役の特徴の差異が原因と考えられる。

ただし、この理由では沖縄本島の割合の地域差は説明できない。神女は、沖縄本島の各地にみられるが、シマクサラシ儀礼の祭司となると、北部で高く、中南部で低くなるのである。その理由については、後述する神役と一般の人々が祭司となる割合の比較分析で検討したい。

③男性神役は、村落により名称や役割は異なり、ニーッチュ（根人）、シルガミ、ニーブガミなどと呼ばれる。性別は異なるが、政治的色彩が公的神役ほど強くない点や、特定の旧家などから出自する点が、②神女に類似する。

合計は三一例と、全体を占める割合は一割に満たないが、女性が神役として村レベルの祭司となる場合が多い琉球諸島においては注目すべきである。顕著なのが沖縄本島北部で、男性神役の事例全体の七割強（三一例中二一例）が北部にみられる。沖縄本島中南部と宮古はわずか数例で、周辺離島と八重山にはみられない。

④門中の神役は、門中という血縁組織から出自する女性神役が祭司となる例である。主にクディングヮや、クディと呼ばれる。一般的にはシーミー（清明）やウマチーといった門中レベルの行事の祭司となるが、シマクサラシ儀礼の祭司となる村落がみられる点で興味深い。村落内の複数の門中の神役が祭司となる場合が多い。計八例と少なく、沖縄本島北部（二例）と南部（六例）にのみみられる。南部に多いのは、門中と呼ばれる親族組織が士族層を中心に発達し、農村社会に模倣され、主に南部に整備された組織がみられることに起因していると仮定される。事例数が少なく、南部に集中していることから、本来のシマクサラシ儀礼の祭司から、何らかの原因で変化したと思われる。

⑥ユタとは、神がかりなどの状態で超自然的な存在と交流し、その過程で託宣、卜占、病気治療などを行う呪術・宗教的職能者である。ユタの他、ムヌシリ（物知り）、サンジンソーと称する地域もある。

個人的な依頼に祭祀的な対応をとることが主で、村落の年中行事で祭司となることは非常に稀である。ユタがシマクサラシ儀礼の祭司となる例は、沖縄本島北部（一例）、中部（三例）、宮古（四例）にみられ、中部と宮古に比較的多い。

⑤村落の役員は、村落の管理や運営などの職務を遂行する役員が、当年のシマクサラシ儀礼の祭司となるという事例である。ヤクミ（役目）、トウヤク（当役）、カシラ（頭）、クミガシラ（組頭）、ワカムンガシラ（若者頭）、カントク（監督）、総代などの名称があり、地域や村落によって、職務や任期は様々である。戦後、それらの多くは同じ役職に相当する区長や自治会長、書記、会計、班長などに、本儀礼の祭司は引き継がれた。

合計一二九例と、その差は十数例であるが、①公的神女と②神女を上回る最多の祭司である（写真15）。その割合は中部で五割弱（五五例）、南部では四割弱（三〇例）と高いが北部、宮古、八重山が二割強、周辺離島は一割半ばと低い。最多の祭司となっている地域は沖縄本島中南部の二地域だけで、合計数以上に地域別の割合を注視しなければならない類型である。

⑦旧家の戸主は、ムートゥヤーと呼ばれるような旧家の戸主や代表者が祭司となる例である。男性の事例が多いが、性別や年齢の規定はなく、女性の事例もある。一三例中一二例が、沖縄本島中部（五例）と南部（七例）に集中している。

写真15　村落役員による旧家での祈願
（沖縄本島南部 糸満市照屋。2017年）

旧家から出自する点は、②〜④に類似するが、神役という認識や〜ガミといった役名がないことから、それらとは区別できる。一軒ではなく、家筋が異なる複数の宗家の代表者が祭司として参加する事例が多い。その点は門中の神役の特徴と類似し、分布形態も一致する。門中の神役（祭司④）と旧家の戸主（祭司⑦）が祭司となる例が中南部に多い背景には、同様の原因があると推測できる。

⑧一般の人々は、家筋や役職などを問わず、一般の村人が祭司となる事例である。沖縄諸島ではユウシヌチャー（有志たち）とも表現される。全体の二割弱を占める四番目に多い祭司であった。各地の割合は、沖縄本島中部で三割強と最も高く、他は一割弱から二割弱であった。明確な年齢規定はないが、壮年から老年という例が多い。各戸から一名ずつといった参加義務はほ

ぼみられず、数人から一〇人ほどが任意で集まり、祈願を行う。性別はとくに決まっていないが、男性がほとんどである。

祭司の地域的特徴をより明確にするため、事例群を村落の神役か（祭司①〜③）、あるいは一般人（祭司⑤、⑧）かという視点から分析したい。

まず、①公的神女、②神女、③男性神役などの村落の神役のいずれかが祭司となる事例の割合であるが、高い順に並べると周辺離島と八重山（八割弱）、沖縄本島北部（七割弱）、宮古（六割強）、南部（四割強）、中部（二割半ば）となる。北部、周辺離島、宮古、八重山では過半数を占めるのに対し、沖縄本島中南部は二〜四割と、他地域より約二倍低く、とくに沖縄本島中部が最も低い。つまり、村落の神役が祭司となる例は、沖縄本島北部、周辺離島、先島諸島に多く、沖縄本島中南部で少ない。

次に、琉球諸島の六地域を、神役ではない⑤村落の役員や⑧一般の人々が祭司となる事例の割合が高い順に並べると、沖縄本島中部（八割半ば）、南部（五割弱）、宮古（四割強）、北部（四割弱）、八重山（三割強）、周辺離島（二割強）となる。

これを村落の神役が祭司となる例の割合と比べると周辺離島（八割弱）、八重山（八割弱）、縄本島北部（七割弱）、宮古（六割強）、南部（四割強）、中部（二割半ば）と、正反対の順番となっている。つまり、一般の人々（⑤、⑧）が祭司となる例と、村落の神役（祭司①〜③）が祭司となる事例数の分布的特徴には相関関係がみられる。

最後に、祭司の新旧と変化について考える。これまでの調査で、祭司が変化した例が北部三一、中部二七、南部二八、周辺離島一、宮古一一、八重山三例の計一〇一例（聞取り一〇一）で確認できた。

変化例の分析の結果、琉球諸島全域において最も多い変化後の祭司は⑤村落の役員であった。各地において最多で、全体の八割強（八一例）を占める。変化例の八割半ばは沖縄諸島の事例で、先島諸島は少なかった（沖縄諸島八七、先島諸島一四）。

変化前の祭司の六割半ば（一〇一例中六七例）が、村落の神役（①〜③）であった。村落の神役から直接⑤村落の役員に変化する例がほとんどであるが、⑥ユタ（一例）、⑦旧家の代表者（四例）、⑧一般の人々（二例）を経て、⑤村落の役員になった例もみられる。一般の人々から村落の神役に変わったという逆の例は二例のみであった（中部一、宮古一。いずれも祭司⑧→②）。つまり、シマクサラシ儀礼における祭司の変遷過程は、「①公的神女・②神女・③男性神役→⑥ユタ・⑦旧家の代表者・⑧村落の人々→⑤村落の役員」という大きな流れがあったと把握できる。

シマクサラシ儀礼における祭司の中では、⑤村落の役員が最も新しい可能性が明らかになったが、沖縄本島中南部では、祭司は一般人が多く、村落の神役が少ないという分析結果は、当地域で祭司の変化が多発したことを示していると考えられる。沖縄本島北部や周辺離島、先島諸島のように、村落の神役が祭司となるのが本来の形と仮定される。

以上の分析は、シマクサラシ儀礼に限ったものであるため確実ではないが、琉球諸島における村落レベルの祭司が、本来の神役から村落の役員へという変化の傾向、さらに、その変化が先島諸島より沖縄諸島で多く起こったことを示している。今後、琉球諸島全域における村落レベルの祭司の変化の実態と比較する必要があろう。また、村落の神役（祭司①〜③）をかつての祭司として同位置に並べたが、三者間の新旧や変化も今後の課題としたい。

（二）拝所の分担

シマクサラシ儀礼を行うほとんどの村落では、同じ祭司がすべての拝所を拝むが、拝所によって祭司を分ける事例がある。沖縄本島北部四、中部一、宮古四、八重山三例の計一二例（文献二、聞取り一〇）確認できた。沖縄本島北部と先島諸島に比較的多い。

一二例すべてに、公的神女（祭司①）が含まれている点と、その神役が村落の入口を拝まない点が共通していた。また、①公的神女と②神女が共に祭司となる一例を除き、ほか一一例すべては①公的神女だけが祭司であった。

さらに、全体の七割半ば（一二例中九例）が、公的神女（祭司①）が御嶽（拝所①—①）を拝み、村落の入口（拝所②）、畜殺場や共食場（拝所③）は、他の祭司（祭司②、⑤、⑧）が拝むという例であった。

拝所を分担する事例の分析から、①公的神女がシマクサラシ儀礼の核となる動物や防災に関する行為への関与を忌避していることが分かった。①公的神女が御嶽などの村落の聖地、②神女が村落の入口や畜殺場など拝んでいる事例（二例）があることを鑑みると、女性あるいは神役が避けたのではなく、①公的神女が避けていることが明らかである。

公的神女が拝まない場所での祈願を担当するのは、村落の役員（六例）、神女（二例）、男性神役（二例）、一般の人々（二例）などで、男性が多い。これは、公的神女が動物や防災に関する行為への関与を避けたという見方の一方、男性が防災を担当したという見方もできる。

その点を検討する上で、「シマクサラシ儀礼は男性だけで行うべきもの」、または、「女性は参加してはいけない」と考える事例を取り上げる。

数は限られているが、これまでの調査で、沖縄本島北部一三、中部一二、南部一、宮古六の計三二例確認できた（文献一二・聞取り二〇）。沖縄本島北部と中部に多く、南部と宮古には希少で、周辺離島と八重山は皆無である。具体的に三つの事例を概説する。

事例一　宜野座村惣慶（沖縄本島北部）
シマカンカーは九月五日に行われ、男性古老と村落の役員が祭司となり、村落の入口で祈願する。その祈願には、神役であっても女性は参加してはならない。このような村落レベルの年中行事はシマカンカーだけである［聞］。

事例二　名護市幸喜（沖縄本島北部）
一〇月頃の小雪の五日前にハンクヮという儀礼がある。女性は参加してはならず、祈願は男性役員らが行い、共食なども男性だけで行われた［聞］。

事例三　北中城村喜舎場（沖縄本島中部）
二月と一〇月に、シマクサラサー、またはニングヮチカンカーという行事があった。本儀礼は男の行事とされ、祈願にも女性が参加することは一切なかった［聞］。

このように、シマクサラシ儀礼における祈願や共食の場に女性が参加してはいけないと考える村落がある。他の村落レベルの年中行事の祭司となる女性神役であっても、一切関与しない例が象徴的である。

琉球諸島では、村落や門中、家庭レベルの様々な儀礼の祭司は女性であることが多く、その考えは、王府時代には、祭政一致体制内における女神官組織の成立までに至った。イビと呼ばれる御嶽の奥にある最も聖なる場所への出入りは女性に限られることがある。これを鑑みると、シマクサラシ儀礼における女人禁制とも言える事例は貴重である。

女性がシマクサラシ儀礼に関与してはいけない理由が確認できたのは一例と少ない。国頭村佐手では、ハンカという儀礼はアクフウ（悪風）やフーキ（流行病）の防災を目的としているが、かつては本儀礼に限り男性が祭司となったという［聞］。

次に、女人禁制の事例における拝所を分析した結果、村落の入口（一八例）、旧家（一一例）、御嶽（六例）、祭祀場（五例）と、災厄の侵入を防ぐ村落の入口を拝する例が最多であった。シマクサラシ儀礼に拝されるのは、村落の聖地が最多であるが、女人禁制の事例では村落の入口が最多となる。つまり、シマクサラシ儀礼における女人禁制の背景には、女性より男性が災厄を払い除ける力が優れているという観念があったことが想定できよう(10)。

以上、拝所によって祭司を分ける事例を分析してきた。全例に公的神女が含まれていることと、公的神女が御嶽などの村落の聖地、神女が村落の入口や畜殺場と分担して拝む事例があることから、公的神女が動物や災厄に関する行為への関与を避けたために発生した現象と考えられる。また、男性の方が災厄を防ぐ力に優れているという観念が関連しているという可能性も明らかになった。

三　供物

（一）分析

シマクサラシ儀礼における供物は、沖縄本島北部七四、中部九三、南部七二、周辺離島九、宮古五七、八重山二二例の計三二七例（文献六一・聞取り二六六）で確認でき、①肉料理、②生肉、③餅、④料理、⑤米、⑥祈願道具類、⑦その他の七つに大別できる。七つの供物を地域別に整理したのが表7である。

七種類の供物は、村落によって単体あるいは組み合わせて供えられる。供物ごとの特徴と地域的特性を把握した上で、供物の組み合わせを分析する。

①肉料理が最多で、肉だけ、あるいは少々の野菜と一緒に汁物や炒めものとして供えられる。(11) 主な料理法は湯煮、または炒め物で、味付けは塩のみ、あるいは醤油などを使ったシンプルなものが多く、全く味付けしない村落もみられた（写真16、17）。

肉料理の計二二六例は、全体の八割弱に相当する。各地の割合は、沖縄本島北部七割弱（五〇例）、中部七割強（六八例）、南部六割半ば（四六例）、周辺離島五割半ば（五例）、宮古七割半ば（四三例）、八重山六割半ば（一四例）と、琉球諸島の各地で過半数を占めている。沖縄本島の三地域と宮古で最多、周辺離島と八重山でも二番目に多い供物であった。肉料理は、事例数の多さと琉球諸島全域での割合

表7　供物分析表

	①肉料理	②生肉	③餅	④料理	⑤米	⑥祈願道具類	⑦その他
沖縄本島北部	50	5	18	11	1	44	8
沖縄本島中部	68	1	10	17	4	51	5
沖縄本島南部	46	3	7	30	2	46	14
周辺離島(沖縄諸島)	5	0	0	0	0	7	0
宮古諸島	43	13	0	2	0	40	5
八重山諸島	14	0	0	1	3	18	1
合計	226	22	35	61	10	206	33

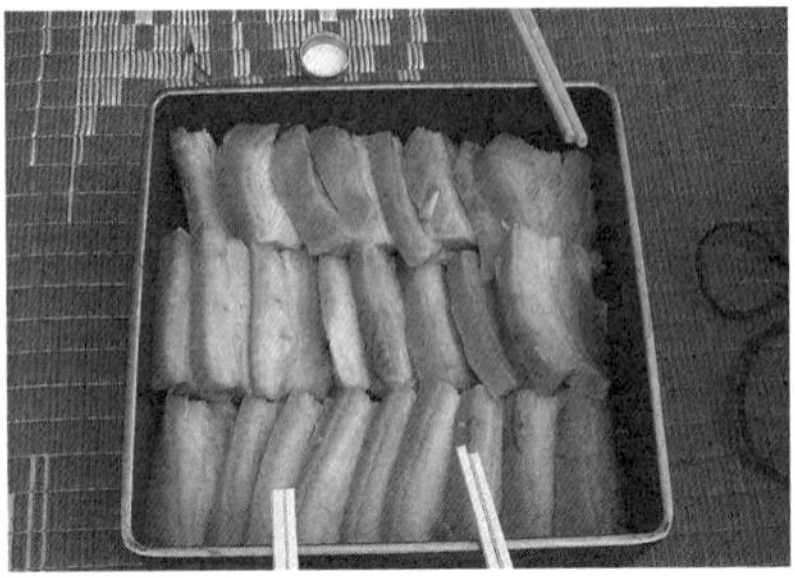
写真16　供物の茹でた豚肉
（沖縄本島中部 北中城村和仁屋。2004年撮影）

写真17　供物の牛肉
（沖縄本島南部 旧東風平町志多伯。2006年撮影）

写真18　供物の牛の生肉
（沖縄本島南部 豊見城市金良。2008年撮影）

の高さから、シマクサラシ儀礼を代表する供物と言える。

②生肉を供える例は、沖縄本島北部五、中部一、南部三、宮古一三例の計二二例確認できた。宮古に顕著で、周辺離島と八重山にはみられない（写真18）。①肉料理とは、調理をしているか否かの違いであるが、事例数には大差がある。

③餅は、沖縄本島北部一八、中部一〇、南部七例の計三五例と、沖縄本島でのみ確認できた。その八割弱（三五例中二七例）が、一二月八日のムーチー儀礼に要される桃の葉で包んだいわゆるムーチーであった（北部一五、中部一〇、南部二）。全例がムーチー儀礼と同日にシマクサラシ儀礼を実施する事例である。つまり、シマクサラシ儀礼における供物としての餅は、ムーチー儀礼と不可分の関係にある。ほか八例（北部三、南部五）は餅団子で、琉球諸島では一般的な供物ではないことから、比較的新しい供物と推測される。沖縄本島南部に多いことも、そ

のことを示唆していると考えられる。

④料理には、主に重箱料理があり、最近ではオードブル料理がみられる[12]。重箱の中身は一様ではないが、主にかまぼこ、揚げ豆腐、魚の天ぷら、ゴボウ、コンニャク、豚の三枚肉などがある。オードブル料理の中身も重箱料理とほぼ同じであるが、ミートボールや焼鳥等、より近代的な料理が加わる（写真19）。いずれにも肉が入っているが、それがメインとなっていない点が①肉料理とは異なる。①肉料理、⑥祈願道具類に次ぎ三番目に多い供物であるが、全体を占める割合は二割（六一例）に満たない。沖縄本島に事例が集中し、先島諸島は少ない（宮古二、八重山一）。本島南部が三〇例と最多で、④料理全体の約半数を占める。当域での割合も四割強に相当し、北部や中部の二〜三倍高い。南部に多いという分布形態は、③餅と同様で、④料理が儀礼に新たに追加された供物であることを示唆していると思われる。

写真19　供えられたオードブル料理
（沖縄本島南部 糸満市新垣。2017年撮影）

⑤米を供える例は、沖縄本島北部一、中部四、南部二、八重山三例の計一〇例と非常に少ない。ただ、八重山の割合は他地域に比べて三倍以上高い。計一〇例すべてが炊いた米で、内訳はご飯（四例）、赤飯（二例）、握り飯（三例）であった。少量の米が、④オードブル料理や⑥祈願道具類に入ることがあるが、それらは本分類には含めていない。八重山では、各戸から集めた生米を御膳に盛って供える事例があるが、シマクサラシ儀礼に限らず、ほとんどの村落レベルの儀礼で行われることから、⑥祈願道具類に含めた。多くの家庭で米が生産されていることが前提での徴収方法で、沖縄諸島と宮古諸島にはみられない。この点を考慮する

と、八重山における⑤米の割合の高さの背景には、米の生産力との関連性が予測される。

赤飯に関しては、いずれの実施月も八月で、うち一例は一般的にはシマクサラシ儀礼とは別日に行われるカシチーという農耕儀礼と同日であった。赤飯はカシチーを象徴する供物であることから、シマクサラシ儀礼の供物として混同されたと考えられる。

米に関連して、ウンサクの事例に触れ、シマクサラシ儀礼と農耕儀礼の統合の問題を考えたい。ウンサクは、米、芋、麦などの原料を発酵させて作る農耕儀礼を象徴する神酒である。⑦その他に含めたが、シマクサラシ儀礼にウンサクを供える例が八例ある（沖縄本島北部三、中部二、南部三）。うち北部の一例（本部町備瀬［聞］）はウンネーという農耕儀礼と同日であることから、供物の混同と理解できる。他七例は農耕儀礼とは同日ではないが、うち四例は防災の他、豊作も目的としている。第一章―第三節で述べたが、豊作はシマクサラシ儀礼の本来の目的ではなく、新しく追加されたものと考えられる。ただ、新たに付加された目的がウンサクという供物として具現化された点は興味深い。

糸満市阿波根のシマクサラシ儀礼は、流行病の防災と豊作を目的とし、二月ウマチーという農耕儀礼の約一〇日前に行われ、牛肉料理だけを供物としていた［聞］。しかし、戦後から牛肉料理は消え、新しく米で作ったウンサクだけを供えるようになったという。同日ではないにしても、期日の近いウマチーという農耕儀礼に影響され、農耕儀礼の要素が追加された例証と言えよう。

次に、⑥祈願道具類には、ヒラウコー（平御香）と呼ばれる線香や、酒、水、小銭、生米、シルカビ（白紙）、果物などである。沖縄諸島では、ビンシーと呼ばれる木製の小箱に入れて用いられることが多いが、膳に並べて供える例もある（写真20）。一式の内容は村落によって多様であるが、シマクサラシ儀礼を含めた村落レベルの年中行事に普遍的に用いられる供物である。既述したが、シマクサラシ儀礼に限らず、他の年中行事においても供えられるウチャヌクと呼ばれるような餅〔渡邉ほか編二〇〇八：五八〕や、ビンシーに入っているような少量の米は、③餅や⑤米ではなく、⑥祈願道具類に含めた。他の祈願全般にみられる米は、線香、酒、米、小銭といった形式化された供物の一部と捉えるべきで、「米を供物とする儀礼」とは把握できないと考えられる。

⑥の合計は二〇六例で、その数は最多の①肉料理（二二六例）と拮抗している。沖縄本島南部、周辺離島、八重山では最多で、本島北部、中部、宮古では二番目に多い。しかし、他の年中行事でも普遍的に供えられる点から、本儀礼における重要性は低いと思われる。

以上の六種類の供物に含まれない供物を⑦その他とした。計三三例には、ウチカビ（紙銭）、タバコ、木の枝、藁、葉などがあり、それぞれ数例ずつと少ない。[13] あと、生芋、蟹や貝、シンムイという供物もみられるが、それぞれウンネー、土帝君、クシユックヮーシーという一般的にはシマクサラシ儀礼とは異なる農耕儀礼と同日に実施されている事例である。同日に行われた結果による供物の混同と思われる。

写真20　村入口に供えられたビンシー
（沖縄本島南部 糸満市武富。2006年）

以上の七種類の供物の内容と地域的特性を踏まえ、供物間の組み合わせの実態を明らかにする。組み合わせという観点から事例群を分析した結果、シマクサラシ儀礼における供物間の組み合わせは三九種類に類型化できる。事例の集中する上位二つの類型は、肉料理と祈願道具類（類型①⑥・七九例）と、肉料理のみ（類型①・七〇例）であった。

ほぼ同数で、両類型の合計は全体の四割半ば（三二七例中一四九例）を占める。沖縄本島の三地域と宮古の計四地域において、上位二位の類型となっている。周辺離島と八重山では上から二番目と三番目の類型であった。三番目に多いのが、全体の一割強を占める祈願道具のみ（類型⑥）であった（四五例）。沖縄本島北部、中部、宮古でも三番目だが、周辺離島と八重山では最多であった。

肉という視点から類型をみると、肉料理（供物①）や生肉（供物②）を含む類型は、三九種類中二五種類と過半数を占め、その数は二三三例と全体の七割強に相当する。地域別にみても、肉料理や生肉を供える例は、全地域で過半数を超えている（沖縄本島北部・南部七割弱、中部七割半ば、周辺離島五割半ば、宮古八割強、八重山六割半ば）。

それから、供物における肉と米との関係性を、肉（供物①、②）と、餅（供物③）や米（供物⑤）が一緒に供えられるか否かという視点から分析した。その結果、餅を供える事例の六割（三五例中二一例）、また、米を供える事例の八割（一〇例中八例）が、肉（①肉料理または②生肉）と一緒に供えられることが分かった。(14) 肉とは供えられない残り一六例に関しても、半数の八例で動物の畜殺が確認でき、肉の供進を禁ずる認識はみられなかったことから、実際には、あるいは古くは肉と一緒に供えていたと想定できる。注目すべきは、ほとんどの事例で餅・米が肉とは別種のものとしてではなく、ともに並べて供えられる点でありシマクサラシ儀礼における肉の供犠性を考える上で重要な結果として把握できる。

（二）供物の分別

ここで、拝所によって供物を分別する事例の意味を考えたい。村落の入口には肉料理を供え、村落の聖地には供えないといったように、供物を分別する事例は、沖縄本島北部五、中部五、南部八、宮古一三、八重山二例の計三三例で確認できた。その数は供物を確認できた全体の一割と少ないが、琉球諸島に広くみられ、とくに宮古に顕著であった。事例群を分析した結果、肉（供物①、②）を村落の入口や共食場には供えるが、村落の聖地には供えないという村落が全体の六割強を占め最多であった（三二例中二〇例）。肉を供えない聖地の種類は、御嶽一五、旧家六、祭祀場三、湧泉一、その他六例と、御嶽が最多である。そして、御嶽に肉を供えない一五例の内訳は、北部三、中部一、南部三、宮古八例と、宮古に多い。つまり、シマクサラシ儀礼における供物の分別の背景には、御嶽に肉を供えないという観念が存在し、それは宮古諸島に顕著であることが分かった。

御嶽の次に、肉の供えられない聖地は旧家で、すべて沖縄本島にみられた（計六例。北部四、南部二）。ここで言う旧家とは、主に祝女殿内と根屋である。祝女殿内とは公的神女の住居を指し、根屋は、村落の草分け筋の家の中で最も古いとされる家である。両方とも、公的神女や親族が不在となった場合でも、旧宅や跡地は祭祀の対象となる場合が散見される。

六例を分析した結果、うち四例は村落に複数存在する旧家の中で、ある特定の家に肉を供えない事例であった。具体的には、肉料理を根屋には供えるが祝女屋や内神殿内には供えない（今帰仁村古宇利［聞］）、毎年、儀礼に使う牛を養う家に選定されるシルンヤーという家庭には供えるが、根屋と祝女殿内には供えない（本部町備瀬［聞］）、根屋には供えるが次に歴史が古いとされる旧家には供えない（豊見城市伊良波［聞］）、根屋に供えるが祝女殿内には供えないという事例（南風原町照屋［南風原町誌編集委員会編 二〇〇三：三九六―三九七］）である。つまり、すべての旧家ではなく、根屋に供え（四例中三例）、祝女屋・祝女殿内には供えない（四例中三例）という特徴がみられた。

次に、御嶽や旧家（とくに公的神女の家）に肉を供えないという事例における祭司を分析する。

まず、御嶽に肉を供えない一五例の祭司は、公的神女と村落の神役（六例）、そして、公的神女のみ（五例）が多く、他に、神女のみ、門中の神役のみ、ユタのみ、一般の人々のみなどが各一例ずつみられた。(15)事例数から、御嶽に肉を供えない背景には、とくに公的神女が関係していると推測される。根屋には肉を供え、祝女殿内には供えない三例の祭司は、公的神女と村落の神役が二例（今帰仁村古宇利、本部町備瀬）、公的神女のみが一例（南風原町照屋）であった。御嶽に肉を供えない事例の祭司とほぼ同じ結果で、公的神女の関連性が考えられる。(16)

以上、拝所ごとの供物の分別がみられる事例の供物、拝所、祭司などを分析した結果、肉を中心にして、御嶽（一五例）という聖地で、公的神女（一一例）が祭司となる事例が多いことが分かった。さらに、旧家における供物の分別では、祝女殿内という公的神女の住居には肉を供えない事例が多いことを考慮すると、肉を中心とした供物の分別は、公的神女の存在が強く関係し、誘発された現象と考えられる。

ノロやツカサといった公的神女は、王府の女神官組織に組み込まれ、祭祀内容の統制を受けたという［渡邊ほか編 二〇〇八：四〇四］。そして、本儀礼に関する文献史料や、儀礼の非分布地の分析［第一章―第一節―二］から、シマクサラシ儀礼は王府の禁止や規制の対象である可能性が明らかになった［宮平 二〇一二b］。公的神女が、王府の禁ずるシマクサラシ儀礼の祭司となること、その象徴である肉を、村落の中心的な聖地である御嶽や本人の住居（公的神女）に供えることに抵抗を覚えたために、肉を中心とした供物の分別が公的神女の近辺で発生したのであろう。

王府という外部からの圧力がきっかけにはなったものの、それは直接的な原因ではなかったと思われる。もしそうであれば、公的神女はシマクサラシ儀礼への参加自体も控えたはずである。儀礼には参加しつつ、肉の供進に関与しない、または、自家に肉を供進しないといったように、動物に関連する行為が避けられていることは、公的神女の葛藤によって内発的に起こった現象であることを意味している。

萩原左人は、宮古島友利のシマクサラシ儀礼（スマフサラ）を対象に、供犠をめぐる民俗的認識と儀礼執行者の行動についての分析を行った。儀礼中にみられる拝所や供物の分別について、次のような見解を述べている。まず、スマフサラの別称であるヤリィニガイのヤリィという言葉が、血・肉・骨の腐臭などに結びつけて説明されるのは、儀礼の不浄性を示唆しているとした。そして、ツカサが村落の聖地を巡拝し、ニガンマは村落の入口で血や肉を使った祈願を行うという両神役の儀礼行動の差異は、友利のシマクサラシ儀礼が内包している村落の安寧と不浄性という二面的性格が両神役の役割分担という形となって表出したものであるという［萩原 二〇一三：一〇二］。

萩原も友利のシマクサラシ儀礼と限定しているように、筆者の今回の分析からも、御嶽に肉を供えない傾向は宮古諸島に顕著であった。

萩原はシマクサラシ儀礼の持つ二面性が、公的神女（ツカサ）と御嶽との関係に反映されたとしている。今回の分析結果の中で、供物の分別が肉を中心にして行われていることだけを切り取ってみれば、それはシマクサラシ儀礼に対する観念の二面性を反映したものと捉えられよう。しかし、祭司の中では、主に公的神女が肉への関与を避けていることと、公的神女の住居に肉を供えることが回避されていることが多いことを鑑みれば、その可能性は低いと考えられる。供物の分別や拝所の分担は、萩原の言うようなシマクサラシ儀礼の持つ性格の二面性からではなく、一部の公的神女がシマクサラシ儀礼を二面的に捉えた結果、表出した現象と考えられる。それは、琉球諸島の中でもとくに宮古諸島にみられ、女性神役の中でも公的神女を中心に発生した現象である点が肝要である。

筆者の仮説通りであれば、シマクサラシ儀礼以外の動物儀礼にも、公的神女と肉を中心とした拝所の分担と供物の分担はみられるはずである。その調査分析は今後の課題としたい。[17]

最後に注意しなければならないのが、御嶽や公的神女の住居に肉を供える事例数と割合である。御嶽への祈願における供物が確認できた九三例中、八割に相当する七五例で肉が供えられる（沖縄本島北部一一、中部一二、南部一六、周辺離島四、宮古一九、八重山一三）。公的神女の住居（祝女殿内）への供物も、肉を供える事例は全体の九割弱を占めた（二五例中二二例：沖縄本島北部七、中部六、南部八、周辺離島一）。

琉球諸島全域の多くの村落では、御嶽にも公的神女の住居にも肉は供えられたのである。その数は、肉を御嶽に供えない例（一五例）や、公的神女の家に供えない例（三例）より圧倒的に多く、分布圏も広い。

つまり、シマクサラシ儀礼における肉は、様々な聖地に供される普遍的な供物であり、御嶽や公的神女の家には供えないものとして特別視されることは非常に稀であった。シマクサラシ儀礼をはじめ、琉球諸島における肉や供犠に関する議論を展開する際は、この点を注意する必要があると考える。

註

（1）文献のみで確認できているもの二六例、聞取り調査によって確認できたもの五〇九例である。以下、前者を文献、後者を聞取りと表記し、その後に事例数を記した。

（2）沖縄県の市町村名は、往時の行政区分を踏襲している場合が多い。本著では名称をはじめ、儀礼を構成する各要素の地域的特性を明確にするため、合併特例法によって統合される以前の旧市町村名を表記した。石川市・具志川市・与那城町・勝連町（現うるま市）、大里村・佐敷町・知念村・玉城村（現南城市）、東風平町・具志頭村（現八重瀬町）、平良市・城辺町・上野村・下地町・伊良部町（現宮古島市）。

（3）ナカグミは未調査で、イリグミの調査では本儀礼は確認できなかった。

（4）地図は、『GIS沖縄研究室ホームページ』（渡邊康志氏）掲載の白地図を加工したものである（http://gis—okinawa.sakura.ne.jp/ok_data/pdf/ryukyu.pdf）。

（5）沖縄本島北部の方言の中には、ある地域を境に「カ」が「ハ」に変化する用語があるという。『図説琉球語辞典』から、その用語を検索した結果、「髪・枯れる・川・風・垣・甕・竈」などがあった［中本 一九八一：四四、一六八、二四八、二六四、三五八、三八〇、四〇八］。本島西海岸における「ハ」と「カ」の境界は、いずれの用語も名護市名護（東江、大兼久、城のいずれか）以北は「ハ」、恩納村名嘉真以南は「カ」となっていた。本著で判明したハンカとカンカーの境界村落である幸喜は、その中間に位置している。専門分野ではない筆者に安易な概括は許されないが、「ハ」と「カ」が転換する明確な境界が分かったと言えるだろうか。この結果が言語学とどのように比較できるかは今後の検討課題としたい。

（6）八重山では、害虫や火災がシマクサラシ儀礼に意識されることが多いが、注目すべきは、流行病が意識されない事例が一例も無い点である。つまり、虫にしろ（六例）、火にしろ（七例）、全例が流行病とともに意識されている。シマクサラシ儀礼が、農耕儀礼や防火儀礼と同日に行われることにより、本来の災厄に新たな災厄が追加された段階であろう。沖縄本島南部にみられるような、流行病以外の災厄だけを意識される事例はその次の段階と捉えられる。

（7）仲松弥秀（一九〇八～二〇〇六）によると、祭祀場は御嶽の神に対して祭祀をする場所であり、御嶽との距離がある場合は、祭祀場から御嶽への遙拝が行われるという［仲松 一九九〇：一七一―一七二、一八七―一八八］。この点を考慮すると、村落によっては祭祀場での祈願が、御嶽の祈願と同意である可能性がある。御嶽と祭祀場の両方が拝まれるのか、祭祀場での祈願において御嶽が意識されているか、といった点は今後の課題としたい。

（8）本著ではノロとツカサを王府との関連性に注目し、公的神女として扱ったが、両者には性質の違いがある［渡邊ほか編 二〇〇八：四〇五］。今後、沖縄諸島と先島諸島におけるシマクサラシ儀礼への公的神女の関与の濃淡の差が意味を考察していきたい。

（9）宮古諸島のサズは村落によっては神役とは考えられておらず、男性の場合もみられ、必ずしも女性神役とは限らない。その場合は、当該村落の人々の認識に基づき、⑤村落の役員などに含めた。

（10）⑧一般の人々のほとんどが男性であるが、これはもちろん女人禁制の問題には直結しない。往時から、現在も、男性が年中行事の準備等に携わることが多いこととの関係性や、その理由も考慮し検討しなければならない。

(11) 味付けをしない肉を供える意味については、今後の課題としたい。神に対する供物の特定の調理法、または、往時の調理法の踏襲など、様々な観点から検討する必要がある。

(12) 重箱料理は、約二、三〇センチ四方の重箱に料理を盛りつけ、三段重ねにしたものである。オードブル料理は、大きなものは中心から放射状に六～八つに仕切られたプラスチック製の直径四、五〇センチの円形の皿、小さなものは一五センチ×二〇センチほどのプラスチック製の容器に料理を盛りつけたものである。これは近代的な供物で、冠婚葬祭や年中行事など、様々な場面で親しまれている。

(13) 藁や葉は、村落の人口を表すために供えたという。

(14) 米に肉を混ぜて炊き込み、握り飯を作った事例もある（八重山諸島：竹富町干立、網取）。

(15) 一般の人々と、ユタの事例は宮古で確認できた。人口や戸数の少ない添村と呼ばれるような村落で、もともと公的神役や村落の神役がおらず、村落レベルのすべての年中行事は一般家庭の戸主やユタが祭司となったという。

(16) 村落レベルの年中行事の中でシマクサラシ儀礼だけは祝女殿内を拝まなかったという事例も、同様のことを示唆していると思われる（沖縄本島南部：糸満市米須［聞］）。

(17) その他、供物の分別がみられた事例には、複数カ所の村落の入口のうち、ある一カ所だけに肉を供える例（沖縄本島中部二例）や、共食場だけ（中部一、南部一、宮古二）、祭祀場だけ（宮古一）、その他の拝所だけ（中部一、南部一）に、肉（供物①、②）や料理（供物④）を供える例があった。この意味は現時点では不明であるが、供物の分担が、餅や米、祈願道具類などではなく、肉を中心に供物の分別がみられる点が重要と考える。

第二章　シマクサラシ儀礼の供犠性

本章では、シマクサラシ儀礼の防災方法、畜殺の方法及び場所、供犠的要素がみられる事例の分析結果を踏まえ、本儀礼の供犠性について考察する。儀礼にみられる供犠的要素の意味を考えるために、琉球諸島における動物供犠を分析し、供犠的要素を持つシマクサラシ儀礼との比較を行う。そして、シマクサラシ儀礼における肉と餅との関連性を分析し、本章の問題を考える上で重要な、小野重朗によって提示された「肉から餅」説を検証する。

第一節　防災方法

一　方法

シマクサラシ儀礼の主な目的は、村落という一定の空間に災厄が入るのを防ぐことである。その方法は大きく四つに分けられる。①骨肉による防災、②血による防災、③呪具・供物による防災、④祭司による除災の四つである。いずれの方法も村落を一つの空間とみなし、災厄の侵入箇所とされる村落の入口という特定の場所で行われる（写真21）。

写真21　骨が懸架された村落の入口
（左：八重山諸島 竹富町祖納。2010年撮影）
（右：沖縄本島周辺離島 座間味村慶留間。2008年撮影）

①は骨肉、②は血を使う防災方法で、動物が要されるのに対して、③には動物が使われない。また、四つの防災方法は単独ではなく、村入口に骨を掲げ、村落内では祭司による除災行為を行うといったように併行されることもある。

沖縄本島北部八九、中部一一九、南部八九、周辺離島一五、宮古一〇四、八重山三三の計四四九例（文献四二・聞取り四〇七）で儀礼の除厄方法が確認できた。四つの防災方法別に事例群を整理したのが表8である。方法ごとの特徴と地域的特性をみていきたい。

表8　防災方法分析表（村落レベル）

	①骨肉による防災	②血による防災	③呪具や供物による防災	④祭司による除災
沖縄本島北部	74	15	25	6
沖縄本島中部	110	32	31	1
沖縄本島南部	71	26	25	4
周辺離島（沖縄諸島）	12	6	6	2
宮古諸島	104	20	4	11
八重山諸島	18	22	17	12
合計	389	121	108	36

写真22　村入口に吊るされた豚骨
（左：沖縄本島南部 豊見城市平良。2008年撮影）
（右：宮古諸島 旧平良市西原。2014年撮影）
（下：宮古諸島 多良間村。2015年撮影）

（二）骨肉による防災

骨肉は主に村落レベルの防災法に使われ、家庭レベルで使う例は少ない（一二例）。村落レベルでの一般的な方法は、村落入口の頭上に道を遮るようにヒジャイナー（左縄）を張り渡し、縄の中央や各所に骨肉を挟みこむというものである（写真22）。左縄とは、通常とは反対の左に回して綯なった縄のことである。縄を使わず骨肉を地面に供えたり、骨肉を挟んだ木枝を地面に突き立てる例もあり、沖縄本島北部に顕著であった。

合計は四つの防災方法の中で最も多く、事例群全体の九割弱（四四九例中三八九例）を占め、シマクサラシ儀礼の根幹をなす防災方法であることが分かった。

地域別の割合をみると、沖縄本島北部八割強（八九例中七四例）、中部九割強（一一九例中一一〇例）、南部（八九例中七一例）と周辺離島（一五例中一二例）は八割、宮古一〇割（一〇四例中一〇四例）、八重

山五割半ば（三三例中一八例）と、全域で過半数を切っている。しかし、八重山の割合は低く、同じ先島諸島でも、全例が骨肉による方法である宮古とは対照的である。琉球諸島で唯一、本方法が最多ではない地域が八重山であった。

（二）血による防災

血を使った防災法は、村落レベルで一二一例、家庭レベルで一六九例確認でき、家庭レベルで使われることが多い。また、骨肉による防災法と同じく動物を使うが、村落レベルでの割合は三割弱で、骨肉による防災法の三倍以上低い。

写真23　門に張り渡す左縄に牛の生肉を入れた水をつける
（沖縄本島中部 旧石川市伊波。2017年撮影）

村落レベルでは、①木の枝葉への塗布、②左縄への塗布、③骨肉への塗布、④散布、⑤供えるといった方法で、いずれも村の入口で使用される。

各地の割合は、沖縄諸島では本島北部の二割弱に対し、中部と南部は三割弱と高く、周辺離島は四割であった。宮古は二割弱と低いが、八重山は七割弱と琉球諸島で最も高い。同じ動物を用いる防災法でも、血が骨肉による防災法を上回るのは八重山だけで、それは八重山に血の防災法が多いことと関連していると把握できる。

家庭レベルの用法は、①枝葉への塗布、②サン（ススキを結んだ呪具）への塗布、③左縄への塗布（写真23）、④散布の四つに分けられ、①と②が一般的である。いずれも、家の門や軒下、家屋や屋敷の角々で行われる。

家庭レベルの防災法に血を使う事例は琉球諸島全域にみられるものの、沖縄諸島に顕著で先島諸島に少ない。とくに沖縄本島の中南部に多く、全体の七割半ばを当域の事例である（一六九例中一二八例）。

（三）呪具や供物による防災

地域により異なるが、村落入口に枝葉、ムーチーやその食べ殻（月桃の葉）、御札、塩とニンニクが入った袋などを設置するという防災方法である。同所に張られた縄に挟まれることもある。沖縄本島では各地で二割半ばから三割弱、周辺離島では四割であった。宮古諸島では一割に満たないのに対して、八重山は五割強と琉球諸島で最も高い。八重山では他地域と同様に村入口に左縄を張るが、そこには骨ではなく、血や道具を掲げられることが多い。それが、骨を使った方法の少なさとなって現れていると言える。

（四）祭司による除災行為

災厄を払うため、女性神役や男性、子供などが、唱え言あるいは鳴り物を鳴らしながら、村落内を巡回する事例がある。災厄を払うことを目的とする点では、防災方法①～③に類するが、村落内で行われることから、厳密には防災ではなく除災と言える（以下、除災行為で統一）。

除災行為の数は三六例と限られている。沖縄本島北部六、中部一、南部四、周辺離島二、宮古一一、八重山一二例と、先島諸島が全体の六割強を占めている。儀礼の全体数と比較すると、宮古は一割弱（一一三例中一一例）、八重山は四割弱（三四例中一二例）と、とくに八重山に多く、その分布圏も石垣島、西表島、その周辺離島（小浜島、竹富島、下地島）と広い。[1]

二　吊るすものとその意味

（一）吊るすもの

これまで筆者は、シマクサラシ儀礼において村入口に懸架されるものを、①骨、②肉、③その他の三つに分けて考えてきた［宮平 二〇〇四：七二］［宮平 二〇一二a：四〇］。しかし、その実態を明らかにするため、さらに詳細に分析する必要がある。

沖縄本島北部八五、中部一一六、南部八七、周辺離島一五、宮古一〇五、八重山三三例の計四四一例（文献七三・聞取り三六八）で、村落の入口に懸架されるものを確認できた。吊されるものは、①骨、②肉、③骨肉、④血、⑤肉料理、⑥ムーチー、⑦枝葉、⑧その他の八つに分けられる。吊されるものごとに整理し、作成したのが表9である。それぞれの特徴や地域的特性などをみていきたい。

ここで注意したいのが、吊されるものの複合性である。つまり、大きく分けた八つのうち、どれか一つだけが吊される村落と、骨・ムーチー・枝葉といったように、数種類を吊る村落がある。その組み合わせパターンの分析は後に行う。

まず、①骨には、具体的には、頭蓋骨、下顎骨、頬骨、歯、肋骨、大腿骨、頸骨、肩胛骨、尾骨などがあり、とくに頭部が多い。八つの中で最多で、全体の六割強を占めている（四四一例中二七三例）。地域別にみても、沖縄本島と宮古諸島の四地域で最も多い。ただ、八重山は極端に少なく、血を掲げる例が最多となっている。また、割合には地域差がある。沖縄本島では、北部五割半ば、中部六割強、南部七割弱と、北部で低く、南に行くにつれて高くなる。宮古は八割半ばと、琉球諸島の中でも突出して高く、同じ先島諸島でも一割未満の八重山とは対照的である。

表9　吊るすもの分析表

	①骨	②肉	③骨肉	④血	⑤肉料理	⑥餅	⑦枝葉	⑧その他
沖縄本島北部	46	11	18	15	4	13	11	1
沖縄本島中部	73	45	6	27	2	5	17	18
沖縄本島南部	59	13	6	23	6	1	15	6
周辺離島	3	3	5	6	0	0	3	0
宮古諸島	89	32	7	9	1	0	3	3
八重山諸島	3	8	4	22	0	0	0	17
合計	273	112	46	102	13	19	49	45

②肉には、赤身、内臓、耳、鼻、脂身があり、皮、毛なども含めた。部位に執着する例は少なく、肉であればどこでも良いという例が多い。合計は一一二例と、骨に次いで二番目に多いが、二倍以上の差がある。防災のために村落入口に吊される動物の部位は肉よりも骨が多い。各地の割合は、沖縄本島中部と宮古諸島は三〜四割強と比較的高いが、本島北部、南部、周辺離島、八重山は一〜二割に留まる。

①骨と②肉の分析を終えたここで、重複する事例について言及したい。事例群の中には、肋骨と内臓を吊す、といったように、①骨も②肉も懸架する村落があり、表9では、①骨にも②肉にも一例ずつカウントした。そのような事例は、沖縄本島北部二、中部一六、南部八、宮古二一、八重山一例の計四八例みられる。その数は①骨の全体数からみれば二割弱であるが、肉では四割強となる。このことは、肉は骨とともに吊されること、骨はそれのみで吊されることが多いことを意味している。

では、分析に戻りたい。③骨肉とは、肉を削ぎ落としていない頭や足などをそのまま懸架する例である。骨か肉が不可分なため本項目を設けた。①骨や②肉に比べると、四六例と格段に少ない。各地での割合は沖縄本島北部（二割強）と周辺離島（三割強）で比較的高いが、他地域は一割未満である。

防災に④血を使う事例の各地での割合は、宮古は一割弱と最低で、沖縄本島では二割前後、周辺離島では四割である中、八重山は八割弱と高い。骨と血の割合が宮古と八重山で逆転していることを考慮すると、八重山の血は骨と同質のものと捉えられる。

血の使用法を整理すると、数の多い上位三位は、縄への塗布（三五例）、枝葉への塗布（三四例）、散布（一六例）であった。村落入口に張られた左縄や、そこに吊す枝葉への塗布、そして、村入口での散布の三つである。その他、骨（八例）、肉（四例）、〆の子（五例）に塗る例や、容器に入れて供える例（五例）がある。

使用法の上位三つには地域的特性がみられる。左縄への塗布は、沖縄本島中部（一〇例）と八重山諸島（一七例）に顕著である。枝葉への塗布は、宮古諸島の一例を除いた全例が沖縄諸島の事例であった。中でも、本島の中南部の事例が七割強を占めている。ギキチャー（ゲッキツ）やトゥビラギー（トベラ）につけて、村落入口に吊す。散布は沖縄諸島のみにみられる用法である。ここで気になるのが、散布に使う枝葉の種類で、その多くが前記の村入口に掲げる植物と同種であった。つまり、血のついた枝葉を村落入口に懸架するか、散布に使うだけかという行動の違いはあるが、同じ主旨の方法と把握できよう。また、八重山は、左縄あるいは〆の子と呼ばれる藁を束ねたものへの塗布に限られているのに対し、宮古は骨、肉、縄、枝葉（ソテツ）への塗布に加えて、供える例もある。血の用法は、八重山に比べ宮古は多様である。一例のみだが、ムーチーの食べ殻である月桃の葉に血を塗り、境界に掲げる例がある（沖縄本島中部・中城村新垣［中城村教育委員会 二〇〇三：一〇］）。ムーチーと血、つまり、餅と肉との関連性を示す興味深い事例である。

⑤肉料理とは、調理した肉を村入口に供える例である。肉だけの場合や、多少の野菜が入る場合があり、簡単な味付け、あるいは湯がいただけのものを供える村落もある。皿に盛られた料理は供えた後に直会する。ほとんどが沖縄本島に集中している（一三例中一二例）。

⑥餅は、月桃の葉で包んだ餅で、一二月八日に行われる家族の健康と防災を目的とした沖縄諸島の儀礼に作ら

れる、いわゆるムーチーである（写真24）。全例がムーチーで、それ以外の餅を吊るす例はみられない。沖縄本島北部一三、中部五、南部一例と、すべて沖縄本島の事例で、先島諸島にみられない。この点はムーチー儀礼の分布形態と一致する。沖縄本島北部が全体の七割弱を占めている（一九例中一四例）。

月桃の葉に包んだままの餅を下げる例（一一例）と、餅を食べた後に残った月桃の葉を吊るす例（九例）に分けられる（うち一例は両方）。前者のほとんどは本島北部の事例（一一例中一〇例）で、後者は沖縄本島に広くみられる（北部四、中部四、南部一例）。

一例のみであるが、ムーチーの煮汁を村落入口で散布する例がある。これは、家庭レベルでは一般的にみられるムーチー儀礼の防災方法である。本来、家庭で行われていた方法が、村落レベルの防災方法として行われるようになったと思われる。動物か否かの違いはあるが、血の散布と目的は同じである。餅の煮汁と動物の血の互換性を示唆する事例として興味深い。

写真24　村入口に吊るされたムーチー
（沖縄本島中部 旧石川市石川。2006年撮影）

⑦枝葉を村落入口に張った左縄に挟む例がある。沖縄本島北部一一、中部一七、南部一五、周辺離島三、宮古三例の計四九例あり、八重山にはみられない。沖縄諸島の事例が全体の九割弱を占める（四九例中四四例）。

枝葉の種類は村落により異なるが、沖縄諸島ではギキチャー（ゲッキツ）やトゥビラ（トベラ）が多く、三〇～五〇センチほどの長さで切って、葉のついたまま頭上に懸架された。サンと呼ばれるススキを結んだ呪具を吊る例もここに含めた(四例。北部三、南部一)。宮古はソテツが多く、左縄に挟まず村入口の路上に置いたという。

枝葉は血との関連性が強く、全体の七割強に相当する事例(四七例中三四例)で血が塗られている。その割合は、北部で四割半ば(一一例中五例)、中部では六割半ば(一五例中一〇例)、宮古で三割強(三例中一例)であるのに対し、南部と周辺離島に顕著で全例が血を塗ったという事例であった。

⑧その他は、沖縄本島北部一、中部一八、南部六、宮古三、八重山一七例の計四五例確認できた。事例数だけではなく、その種類も最多なのが沖縄本島中部であるが、地域ごとの割合は八重山が最も高い(五割強)。具体例には、昆布、ミカン、木炭、紙垂など、正月の注連飾りに用いられるようなものがみられる(一二例)。周辺離島を除いた全域にみられるが、とくに本島中部(七例)に多く、他地域は一〜二例であった。その数の少なさや、沖縄の家庭レベルの正月の注連飾りがみられるようになったのは戦後からであること[沖縄大百科事典刊行事務局編一九八三:中巻三四四]を鑑みると、新しく追加されたと推測できる。沖縄本島中部で新しい変化が起こったことを示唆している。

近隣の寺社から購入した御札を掲げる例は、沖縄本島中部(一例)と南部(四例)にみられる。八重山では、ピンマース(ニンニクと塩)を懸架する例が多い(一七例中一一例)。その他、藁束の中央を半分に折って、先を切り揃えた〆の子という他に類をみない例も八重山にみられる(五例)。

各地の割合は、六地域中五地域が約一割であるのに対し、八重山は五割強と過半数を占め、血を掲げる例に次いで二番目に多い。八重山における骨を吊るす例の少なさを、血とその他が補っているとも捉えられる。僅少であるが、突起のある貝(沖縄本島中部三例)や秤(宮古諸島二例)という例もみられる。

吊るものを八つに分けて分析してきたが、冒頭で述べた通り、八種類のどれか一つを吊す村落と、いくつかを一緒に吊す村落がある。その実態を把握を目指し、類型化し分析する。

確認できた吊るものを類型化した結果、四九種類に分けられる。まず、①骨のみ、②肉のみ、といったように単独で吊されるのか、または、①骨と⑦枝葉、②肉と⑧その他のように一緒に吊されるのか、という視点で見ると、前者は二八六例（全体の六割半ば）、後者は一五五例（全体の三割半ば）で、単独で吊す事例が多いことが分かった。

事例数の集中する上位五つの類型は、骨のみ（一六八例）、肉のみ（四三例）、骨肉のみ（三三例）、骨・肉（二八例）、血のみ（二一例）である。これらの合計は二九三例で、全体の六割半ばを占める。最も多いのが骨のみを吊す例で、全体の四割弱を占める。沖縄本島と宮古諸島の計四地域でも最多となっている。八重山は前述したように、他地域に比べ骨を吊る例が少なく、血を使う例が多い。それを反映するように、骨のみは一例で、血のみを使う例は七例と、琉球諸島で最多であった。

次に、骨や肉といった動物の一部が、餅や呪具などと一緒に吊されるのかという観点から事例群を分析したい。本著の論点の一つである供犠性の問題に関わる有効な分析と考える。

類型化した事例群を動物の要素の有無という視点からみると、（A）動物の要素だけを吊るす事例（吊るもの①～⑤）、（B）動物の要素を持たないものだけを吊す事例（吊るもの⑥～⑧）、（C）両方を吊す事例（吊るもの①～⑤と⑥～⑧）の三つに分けられる。

事例群を整理すると、（A）三四三例、（B）一四例、（C）八四例となった。（A）が全体の八割弱と大多数を占めている（四四一例中三四三例）。つまり、シマクサラシ儀礼において村落入口に吊されるものは、骨、肉、骨肉、血、肉料理など、地域的特性はあるものの、動物的要素だけが懸架されることが多い。

動物の要素を持たないものを吊す九八例〔(B)+(C)〕のうち、骨や肉、あるいは血といった動物の要素を持つものと一緒に吊される(C)が全体の八割半ば(九八例中八四例)を占め、それらとは吊さない(B)の数は一割半ば(九八例中一四例)にとどまる。つまり、ムーチー、枝葉、その他などの動物の要素を持たないものは、それのみで吊るされることは希少で、そのほとんどが、骨や肉、血といった動物の一部と懸架されることが明らかとなった。

以上から、村入口に吊される骨、肉、血と、餅、枝葉、呪具などは並べて吊すことができる同質のものであると捉えられる。これは、小野重朗の提示した、懸架される骨肉に供犠性はないという仮説の重要な根拠として挙げられる。

吊されるものの変化を分析したい。これまでの調査で、吊るものが変わった例が、沖縄本島北部一〇、中部九、南部五、宮古三、八重山三例の計三〇例確認できた。

骨から肉への変化(①→②)が最多であった(中部二、南部二、宮古二。計六例)。ほか、骨と肉から肉だけへ(①②→②)、骨から肉とその他へ(①→②⑧)、骨・肉・血・枝葉から肉へ(①②④⑦→②)、骨肉から肉へ(③→②)、骨肉・ムーチーから肉・ムーチーへ(③⑥→②⑥)、骨肉・枝葉から肉へ(③⑦→②)と変化した事例も、骨から肉へという変化と捉えられよう(計六例)。

次に多いのが、⑤肉料理への変化で、骨、肉、骨肉、血、枝葉など、計九例からの変化例が確認できた(要素①→⑤:三例。①③→⑤:一例。①④⑦→⑤:一例。①⑦→⑤:一例。②→⑤:一例。③→⑤:二例)。

骨、肉、血などの動物の要素から、⑧その他へ変化した例が五例みられる(①→②⑧:一例。①⑧→⑧:一例。②

⑧→⑧：二例。②④⑧→⑧：一例）。うち三例が八重山の事例で、肉や血の要素が無くなり、塩とニンニクなどが残ったという。

枝葉を吊るようになった三例は、骨と餅、骨肉などからの変化であった（①→⑦。①⑥→⑦。③→⑦）。

変化パターンを整理すると、まず、骨を吊される例が最多であることと（四四一例中二七三例）と、変化する以前のものに骨が含まれる例が最多であること（三〇例中二〇例）から、吊されるものの中で最も古いのは、骨であると考えられる。

②肉と③骨肉の新旧については、［②→③］の例はなく、［③→②］が三例みられる（③→②。③⑥→②⑥。③⑦→②）ことから、③骨肉が②肉より古いと思われる。①骨と③骨肉については、［①→③］は一例（①⑥→③⑥）あるが、その逆がないことから、①骨、②肉、③骨肉の関係は、［①→③→②］と把握できる。

①骨、②肉、③骨肉から、⑦枝葉や⑧その他へと変わる例（四例）、あるいは⑦、⑧だけが残る例（四例）が計八例みられる。その逆に⑦、⑧から、①、②、③への変化例はなく、①、②、③だけが残った例は三例のみであった。つまり、［①→③→②→⑦・⑧］と理解できる。

そして、変化する以前は⑤肉料理を供えたという例が無いこと、①〜④、⑦といった多くの懸架物からの変化例があることなどから、⑤肉料理は変化の最終段階で、最も新しいと捉えられる。

以上の分析から、シマクサラシ儀礼における吊るものには、［①骨→③骨肉→②肉→⑦枝葉・⑧その他→⑤肉料理］という変化の流れがあったと判断できる。④血と⑥ムーチーに関しては、別のものからこれらに変化した例が未確認であることから、変遷パターンの中での位置づけは課題としたい。

小野重朗が提示した、吊すものが肉から餅へと変化したという仮説の実例となる、骨や肉、血からムーチーへの変化例は未確認である。

（二）骨肉や血を掲げる意味

シマクサラシ儀礼において村入口に吊される骨肉の意味について、東恩納寛惇は、「ちょうど無縁仏に『水の子』を食べさせてついてくるのを食い止めることと同じ」とした［東恩納 一九七一：三五五―三五六］。W・P・リーブラは、それは悪疫をもたらす悪霊への供物で、それを食べるためにそこにとどまり、村落には侵入できないとし［リーブラ 一九七四：二七九］、喜舎場永珣は、肉片の臭気によって疫病神は退散したとした［喜舎場 一九七七：二五四］。

小野重朗は、村入口に吊るすものが骨から餅を包む葉へ変わったという事例（加計呂麻島須子茂《すこも》）と、供物が牛肉から餅（大島郡喜界町小野津）や豆腐（竹富町竹富）に変わった事例を挙げ、防災儀礼に吊るされる骨や肉には供犠性はないからこそ、餅や葉、豆腐などに変わったと捉えた［小野 一九七〇：三七］。そして、シマクサラシ儀礼を含めた全国の防災儀礼で、村落や家の入口に懸架される骨、餅を包んでいた葉、お箸、目籠、骨、血をぬった枝葉などは、災厄に引き返してもらうための祭を済ませた証拠の品々であるという。籠の目の多さをみて一つ目の災厄が驚いて逃げ出す、動物の骨や肉をみて災厄が驚く、その臭いで逃げるといった認識は後の人々の思いつきであるとした［小野 一九七〇：三八―三九］。

各研究者の見解は、災厄に対する、①脅威（喜舎場）、②食べ物（東恩納、リーブラ）、③証拠の品（小野）の三つに整理でき、災厄を対象としている点は共通している。

調査で確認できた人々の認識も踏まえ、それぞれを解説すると、①は骨肉や血の腐臭や見た目が、災厄への脅威となるというもので、恐怖を感じた災厄は、村落内に入らず逃げ帰ってしまうという。吊るされた顎に噛み殺される、あるいは「私（災厄）も殺されて、あのように吊るされる」と災厄に思わせるという認識も、ここに含まれるであろう。

②は、災厄が村落へと侵入する目当てのもの、つまり、災厄の好物を村落の入口に掲げ、食べさせて、帰ってもらうというものである。「村落の人々の身代わりとして吊るす」といったように、供犠性を示唆する見解も含まれる。

③は、動物を使う儀礼（シマクサラシ儀礼）を終えたことを示す、災厄に対する証拠品という認識である。災厄は懸架された骨に脅威を感じるのではなく、動物を畜殺し、それを食べた人々に対してつけいる余地はないと諦めて、村入口から引き返していくという。

これまでの調査で、沖縄本島北部一一、中部二五、南部一七、周辺離島一、宮古一五、八重山七例の計七六例（文献一二・聞取り六四）で確認できた人々の見解を整理したい。

事例群を先述した三つに分けると、①脅威（三九例）、②食べ物（二五例）、③証拠（一二例）となる。①脅威が最多で、全体の五割強を占めている（七六例中三九例）。沖縄本島北部、南部、宮古、八重山の四地域で最も多い。②食べ物は、全体の三割弱を占め、二番目に多い。③証拠は最少で、全体を占める割合も一割半ばであった。

防災のために血を使う意味については、沖縄本島中部九、南部一二、周辺離島二、宮古一、八重山一七例の計四一例で確認できた（文献六・聞取り三五）。その見解を三分すると、①脅威（三四例）、②食べ物（一例）、③証拠（六例）となる。①が最多である点は骨や肉を懸架する認識と同様であるが、②が最少である点が異なる。

以上の人々の認識と、懸架物及びその変化例の分析結果を踏まえ、骨や血を掲げる意味を考察する。

まず、①脅威に含まれる骨や肉の腐臭についてであるが、そもそも骨は腐って腐臭を放つかという疑問がある。腐臭を放たせるなら骨より肉が適している。肉を吊る例がほとんどであれば、説得力を持つ見解であるが、実際には最も多いのは骨であり、その数は肉の二倍以上であった（骨二七二例。肉一一一例）。

また、数例を除き、ほとんどのシマクサラシ儀礼は一日で終わる。日をまたぐことなく、畜殺、骨肉や血による防災、共食などが一日で行われる。注目したいのは骨肉は生のまま掲げられることが多い点である。つまり、腐臭とは対極の状態で村入口に設置される。そして、掲げた瞬間から防災の効果を発揮すると考えられており、数日後の腐った頃から、防災となるという認識は皆無である。骨肉や血を腐らせた後に懸架する例、あるいは腐れた状態へ近づけようとする行為もみられない。

唯一、二月一四日というシマクサラシ儀礼の数日前に牛を畜殺し、その血を茹でて保管し腐らせ、儀礼に使ったという報告がある（旧玉城村糸数［萩原 二〇〇九：二四六］）。非常に興味深い事例である。ただ、同村落のシマクサラシ儀礼に関する他の文献［琉球大学民俗研究クラブ 一九六七：八八］［沖縄県教育庁文化課 一九九七：二三五］［糸数字誌編集委員会編 二〇一二：二六三―二六四］や、筆者の聞取り調査［聞］では、儀礼の数日前に牛を畜殺し、血を腐らせたという事例は未確認である。儀礼当日には牛肉の料理が村人たちに振る舞われたことから、牛の畜殺は当日であるのが自然ではないだろうか。戦前の時点で、もし、数日前に牛をつぶしたのであれば、儀礼当日の供物や共食に使う肉は数日間、どのように保管したのかという疑問が残る。

北中城村安谷屋では、シマクサラシ儀礼に際し、家庭では村落から分配された少量の骨を焼く風習があった［聞］。骨を焼くのは、その臭いによって、災厄を払うためであったという。腐臭ではないが、骨を焼く臭いが防災となるという認識が行動となって表れている点は注目できる。

ただ、掲げられるほとんどが肉ではなく骨である点、骨肉や血の腐臭を際立たせる行為が、一例しかみられないことなどは、腐臭が災厄の脅威となるという意味付けは、本来の見解ではない明確な反証になると思われる。

その臭いや棘などの形が災厄の脅威となるという認識が、骨や肉以外にも、村入口に懸架されるニンニクや特定の枝葉にもみられた。シマクサラシ儀礼とは別の家庭レベルの魔除けにニンニクを軒先に吊る例や、シバサシという行事に同種の枝葉を軒先に挿す村落でも、同じ認識が確認できる点から、両植物に対する意味づけは説得力を持つと思われる。

しかし、シマクサラシ儀礼におけるニンニクや特定の枝葉は、骨から変化、あるいは追加された新しいものであることが、変化例の分析から分かった。つまり、臭いや形状に着目したある植物を魔除けに使う風習は、シマクサラシ儀礼とは別に存在した認識と思われる。

さらに、シマクサラシの語意の分析結果から、腐臭の問題にアプローチしたい。シマクサラシの語意に関する聞取り調査では、骨や肉を吊り、シマを腐らせた状態にすることに起因する名称であるという認識が最多であった［宮平二〇〇八b：一〇五］。

注目したいのは、語意が確認できた事例数が二四例と少ない点である。その数は、儀礼をシマクサラシと呼ぶ全体の一割に満たない。もし、シマクサラシが島腐らしという単純な語意であれば、しかも、それが村入口に吊るされる骨や肉の本意につながる名称であれば、多くの村落でその語意は忘れられずに伝承されたのではないだろうか。島腐らしという解釈は本来のものではなく、骨肉の腐臭が防災につながるという見解も本意ではないと考える。

次に、②食べ物という認識については、もし、骨や肉が災厄の食べ物であるとすれば、適しているのは骨ではなく肉と思われる。しかし、既述の通り、吊るものとして最多なのは骨で、肉の数はその半分以下であった。さらに、吊るものの変化の分析で、もっとも多いのは［骨→肉］というパターンで、骨が最も古く、肉はその変化した後の懸架物である可能性が明らかになった。

また、これまで三つに分けた認識は、骨、肉、骨肉、血のいずれかに対するものである。骨、骨肉、血に対する認識で①脅威は最多で、②食べ物は二番目に多い。しかし、肉に対する認識では、②食べ物が①脅威の二倍多くなり、最多となる。

骨にしろ、肉にしろ、血にしろ、防災という同じ目的のために、村落入口という同じ場所で掲げられる動物の一部には、本来同じ見解があったと想定できる。各部位に別々の意味があったとは考えにくい。その中、②食べ物という認識は肉では最多、骨や骨肉では二番目、血では最少と、懸架物ごとに順位が変動している。つまり、懸架物としては骨よりも新しい肉だけで最多となる食べ物という認識は、本来の意味ではなく、骨、肉、骨肉、血の中で食べ物として連想しやすい、肉だけに付加された新しい見解と思われる。

懸架物の中で、②食べ物の実例と思われるものが肉料理と思われるが、変化例の分析の結果、もっとも新しい懸架物であることが分かった。これは、②食べ物という認識も新しいことを示唆しているのではないか。あと、吊す骨をガラブニ（筆者訳：殻骨）、ガラチブル（筆者訳：殻頭）と表現する村落がある（沖縄本島北部二、中部一、南部四例）。いずれも肉を剝ぎ取った後に残った骨のことで、吊される骨が災厄の食べ物ではないことを示し、②食べ物の反証となる事例と思われる。

最後に、③証拠という認識について、傍証と反証の両面から考察したい。これは小野重朗の提示した仮説の実例となる見解であるが、その数は三つの中では最少である（一二例）。小野は、人々の懸架物に対する脅威という認識は確認しているが、自身の仮説の実例となる証拠品という人々の認識は確認できなかったようである［小野一九七〇：三八—三九］。

吊される骨が証拠品である例証を挙げたい。宮古に二例のみだが、村入口に骨とともに枝木で作ったパカィ・パカズ（秤）の模型を懸架する例がある（旧城辺町保良［聞］（写真25）、旧上野村ソバル［聞］）。秤の意味は、文献資料及び聞取り調査でも確認できなかったが、災厄の①脅威となるような形状でも、腐臭を放つこともなく、②食べ物でもない。

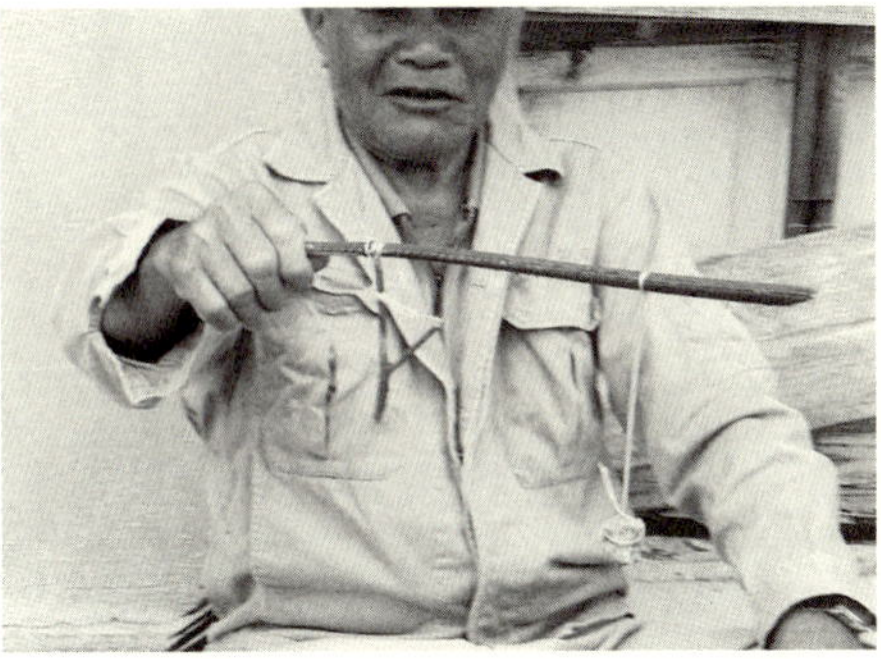
写真25　ソテツの茎で作られた秤の模型（宮古諸島 旧城辺町保良。20017年撮影）

推測するに、秤は骨についていた肉は均等に分配し、食べ終わったことを災厄に対して示すもの、つまり、シマクサラシ儀礼が終わったことを示す証拠品（類型③）と考えられる。③証拠という見解の傍証となる貴重な事例である。

吊るものの分析で、ムーチーを吊る例は月桃の葉に包んだままのムーチーを吊る例（一一例）と、餅を食べた後に残った月桃の葉を吊る例（九例）に分けられることを述べた。前者が多ければ、②食べ物の傍証、後者が多ければ③証拠の傍証と思われるが、両者に大差はなく、現時点でいずれかの例証となるかは不明確である。ただ、家庭レベルの防災法としては、軒先にはムーチーそのものではなく、それを包んでいた葉を吊る例が一般的であることは、それが②食べ物ではなく、③証拠であることを示唆していると思われる。

これまで、村落入口に吊される骨や肉、血の意味について、吊るものと、その変化例を中心に、儀礼にみられる行為や儀礼名称などの分析結果も併せて考察してきた。その結果、①脅威、②食べ物には疑問点と反証が多いこと、そして、③証拠を支持する傍証があることが分かった。このことから、防災のために吊るされる骨肉や血は、災厄へ儀礼が終わったこと、肉を食べたことを示す、③証拠品で、後に脅威や食べ物という認識が生まれたと考えられる。

ただ、吊るものの本意であったと考える証拠品という認識が、聞取り調査ではほとんど確認できない点は留意する必要があろう。単に伝承されなかった結果という推測ができる。しかし、多くのシマクサラシ儀礼が近代まで行われている中、その根幹となる方法の意味が多くの村落で忘却された理由は、儀礼そのものに対する認識が変化したという可能性を念頭に置き、考察する必要がある。

第二節　畜殺方法と場所

戦前まで、シマクサラシ儀礼に使う動物の畜殺は各村落で行われていた。畜殺せずに、ウヮーサーヤーという畜殺業者や、トゥントゥンバという公設の畜殺所から、必要な部位や量だけを購入したという村落は非常に少ない。

例えば、豚一頭分の骨肉や血を畜殺業者や公設の畜殺所から購入する場合は、冷蔵技術も無いため、受取日と時間を指定した上で注文しなければならなかった。依頼された側は、その日時に合わせて、畜殺、解体を行い、生のまま依頼者に手渡したという。畜殺業者や畜殺所は各村落には無いため、隣村やそれ以上に遠い場所から購入してこなければならない。肉代や運搬に費やす料金、時間、労働力を考えれば、自村での畜殺が合理的であったという。正月や旧盆に使う豚の畜殺も各戸で行われることが多かった。家畜を養う家庭が多かった琉球諸島において、動物の肉を使うことは、家や村で自ら畜殺することと直結した。

しかし、一九五三年（昭和二八年）に施行された「ウシ・ウマ・ブタ・めん羊・ヤギを人の食用に供する場合は、と畜場でなければ畜殺解体してはならない」と定めた「と畜場法」により、村落での畜殺はみられなくなっていった［沖縄大百科事典刊行事務局編 一九八三：中巻九四五］。今では儀礼に使う肉や骨は近隣の販売店から調達される。

本節では、動物の畜殺の様相を「畜殺方法」、「畜殺場」、「畜殺の実施者」という項目に分けて分析する。

一 畜殺方法

儀礼における畜殺方法は、儀礼的か、一般的な方法かの二つに分けられる。

儀礼的畜殺は、畜殺の前に動物にある行動をさせたり、絞殺や窒息死させる、または、畜殺を実施する人が動物を前にして儀礼的所作や祈願を行った後に畜殺を行うというものである（具体的な分析は第三節―一―（二）で行う）。

一般的な畜殺方法とは、鶏、山羊、豚は、刃物で首の動脈を切り、出血させるというものである。牛も同様の方法で畜殺されるが、その前に金槌や鍬（刃先ではなく、木製の部分との結合部）で頭を打ち、脳震盪や気絶によって倒す例もある。大型の家畜は気絶させずに動脈を切ると大暴れし、畜殺を行う人々に危険が及ぶ可能性があるためという。

沖縄本島北部六四、中部一〇七、南部六四、周辺離島一四、宮古五九、八重山二六の計三三四例（文献四三・聞

取り二九一）で確認できた畜殺方法を分析した結果、儀礼的畜殺は一七例と少なく、一般的な畜殺の方法が三一七例と全体の九割半ばを占める。シマクサラシ儀礼に使われる動物が儀礼的な畜殺は希有で、そのほとんどは普段と変わりない方法で畜殺されることが分かった。また、儀礼的畜殺は、沖縄本島中部と南部に六例ずつと多くみられ、周辺離島に二例、宮古に三例みられ、本島北部と八重山にはみられない。全体の七割が沖縄本島の中南部に集中している。

二　畜殺場

これまでの調査で確認できた、沖縄本島北部四九、中部七二、南部三四、周辺離島九、宮古三八、八重山二一例の計二二三例（文献四〇・聞取り一八三）の畜殺場は、①特定の場所（一六七例）、②不特定の場所（三一例）、③聖地（二五例）の三つに分類できる。

最も多かったのが①特定の場所で、全体の七割半ばを占める（二二三例中一六五例）（写真26）。各地での割合は、沖縄本島北部八割半ば（四一例）、中部七割半ば（五五例）、南部六割弱（二〇例）、周辺離島一〇割、宮古七割半ば（二八例）、八重山七割弱（一四例）と、地域差はあるものの、琉球諸島全域の各地で過半数を占める最多の類型となっている。もっとも低いのが沖縄本島南部であることを付言しておきたい。

具体的には、ムラヤー（現公民館）の敷地内、村落内の十字路や道端、浜辺、川沿いの広場などで、〜モー、〜ナー、〜マーと呼ばれる。本類型の特徴は、②不特定の場所に似ているが、場所が特定されている点で異なる。

数は少ないが、儀礼に際して、畜殺場で祈願を行う例がある（写真27）。しかし、祠や香炉といった祭祀施設がないことや、他の年中行事では拝まれないことから、聖地（類型③）には含めなかった。また、本類型全体の二割強に相当する三六例は、浜辺、川沿い、湧泉の側など、水の入手が容易な場所であった。その理由として、「畜殺、解体に不可欠な水の入手に適した場所であるから」と説明されることもある。

②不特定の場所は、適当な場所での畜殺という事例である。文字通り、畜殺場が特定されておらず、年によって場所が変わる例もある。沖縄本島北部六、中部五、南部三、宮古一〇、八重山七例の計三一例と、周辺離島を除く、広い範囲にみられ、特定の場所に次いで二番目に多いが、全体を占める割合は一割半ばと、特定の場所の割合（七割半ば）に比べると、著しく少なくなる。各地の割合は沖縄本島が一割強以下であるのに対し、宮古は二割半ば、八重山三割強と、先島諸島では比較的高い。前述したように、村落の広場や十字路、水場の近くと

写真26　儀礼での畜殺場
（沖縄本島北部 名護市大浦。2009年撮影）

写真27　畜殺場での祈願
（沖縄本島南部 糸満市潮平。2008年撮影）

いった特徴は①に類するが、それが特定されていない点が異なる。当年の村落の長（現在の区長に相当）の屋敷内という例もみられる。

本類型の中には、水辺を条件とする事例がある（沖縄本島北部一、宮古一、八重山三）。畜殺、解体に必要なためと説明され、村落近辺の浜辺、川沿い、湧泉や池の側などから、臨機応変に選んだという。この特徴は、類型①に含まれる特定の水辺という事例にも共通している。

不特定の場所という事例の割合は、沖縄本島では北部が比較的高い、また、沖縄本島に比べ、先島諸島は二〜五倍高い。この分布的特徴を周縁に古い形が残るという民俗周圏論の立場から見れば、特定の場所より不特定の場所という形が、シマクサラシ儀礼における畜殺場の本来の形であることを示唆していると捉えられる。水の入手が可能な場所という事例に関しては、不特定の水辺であったが、利便性を鑑み、取捨選択された結果、特定の水辺へと変化したのではないだろうか。不特定と特定の水辺の間には、それほど大きな隔たりはないと思われる。

聖地での畜殺という類型③は計二七例と三つの中では最少である。シマクサラシ儀礼において動物を村落の聖地で畜殺することは非常に少ない。その分布も沖縄本島に限られ、さらに、二七例中二三例と、合計の九割強（北部二、中部一二、南部一一、宮古二）が中南部に集中している。

聖地の種類を、第一章―第四節―一の拝所の分類に沿って五つに整理すると、御嶽（四例）、祭祀場（三例）、旧家（九例。その他と一例重複）、湧泉（二例）、その他（一〇例。旧家と一例重複）に分けられる。御嶽や祭祀場は少なく、旧家とその他の例が多い。その他には、火の神、土帝君、龕屋などがある。土帝君前での畜殺は土帝君祭祀（二月二日。旧佐敷町新里［聞］）と、龕屋前での畜殺は龕の祝い（八月一〇日。宜野湾市嘉数［聞］）と同日に行う事例であり、シマクサラシ儀礼とは異なる年中行事との統合によるものと判断できる。

畜殺場となる聖地で祈願を行う例が二七例中二三例みられる。聖地での畜殺は、その神にシマクサラシ儀礼を行うことの表示、あるいは儀礼の目的である防疫を願うためという可能性が推測できようか。聖地における畜殺の意味は、供犠性の問題ともからめて、本章の第三節で詳しく検討する。

畜殺場の変化例を分析したい。畜殺場が変化したという計九例（沖縄本島北部五、中部一、南部一、宮古一、八重山一例）はすべて、特定の場所から別の特定の場所へという変化であり、類型の変化ではなかった。聖地から特定の場所へ、あるいはその逆の変化例は未確認である。戦後、村落内の特定の広場での畜殺が、公民館の側に変わった例が多かった。公民館という人の集まり易さなど、合理的な理由からの変化と考えられる。

このことから考えると、①特定の場所での畜殺は、合理的な理由からであって、それ以上の適所があれば、変えるという、②不特定の場所に類する性格を持っていることを示唆している。類型①と②の特定か不特定かという違いは、それほど大きなものではなく、動物の畜殺に便利な場所を探した結果、生じた小さな差と捉えられる。

シマクサラシ儀礼における畜殺場を三つの類型に分けて分析してきた。要点を整理すると、まずシマクサラシ儀礼における畜殺場は、①特定の場所（七割半ば）、②不特定の場所（一割半ば）、③聖地（一割強）に分類でき、①が最多であった。②の分布形態と、畜殺場の変化例の分析から、類型①と②の性格は、いずれも動物の畜殺に適した場所であるという点では類似する。そして、聖地ではないただの広場が最多で、聖地が最少であることや、水の入手といった合理的な理由から選んだという事例から、シマクサラシ儀礼における畜殺場の重要性は低かったことがうかがわれる。

さらに、分布形態で注目できるのが②と③である。類型②は、沖縄諸島より先島諸島に多く、沖縄本島の中では北部が比較的多かった。対して、類型③は沖縄本島だけにみられ、とくに中南部に顕著と、二つの両類型は正反対の分布形態であった。周縁部にみられる不特定の場所での畜殺が古く、沖縄本島中南部に多い聖地での畜殺は新しいことを示唆していると考えられる。

三　畜殺の実施者

沖縄本島北部二〇、中部三〇、南部一八、周辺離島三、宮古一八、八重山一四例と、計一〇三例（文献一八・聞取り八五）で畜殺の実施者を確認できた。事例群は、①不特定の男性（九八例）、②長（三例）、③係（一例）、⑥旧家の人（一例）の四つに分類できる。

琉球諸島全域で最も多いのが、村落内の①不特定の男性が畜殺した事例である。全体の九割半ば（一〇三例中九八例）を占めている。類型②〜④の合計は僅か四例のみである。

不特定の男性とは、具体的には手練れた男性であれば誰でも良いというものである。二〇歳以上、あるいは四〇歳以上の男性という例もあるが、それはニーシェーグミ（青年組）と呼ばれるような、当村落の年齢を基準とした組織によって規定されたもので、シマクサラシ儀礼に限って指定された年齢ではない。

村落の役員という行政組織に属する男性たちによって行われる場合や、役員の所属に関係なく有志の男性たちが行う場合などがある。いずれも成年の男性が行うものであった。有志を募ったり、集めたりするという手間を省くため、当年の行政組織の男性役員が畜殺することになっただけで、両者は本質的には同じと捉えられる。

萩原左人は、沖縄における畜殺について、「一般に、家畜の屠殺・解体作業は男性が担当する。豚の場合も、各家庭で自家消費する際は家の男たちが屠殺・解体作業をおこなっていた。かれらはワーサーと呼ばれる専門業者（豚の買い付け・屠殺・肉の販売を生業とする）にも引けを取らないほど手際よく作業を行うことができた」としている［萩原二〇〇九：二二六］。

かつて、琉球諸島では戦前から戦後しばらくまで、農村のほとんどの家庭で豚や山羊などの家畜が養われていた。萩原の指摘しているように、その畜殺や解体は、特定の業者や職業に依頼するのではなく、当家の男性によって行われた。シマクサラシ儀礼における畜殺も、同じように、村落内の一般の男性によって行われたのである。

なぜ、女性ではなく、男性が畜殺を行ったのであろうか。数は限られているが、シマクサラシ儀礼は男性が行うもので、祈願、料理、共食などに、女性は一切参加してはいけないと考える村落がある［第一章―第四節―二―(二)］。主な年中行事の祭司となる女性神役であっても、参加できなかったという。沖縄では、御嶽の奥にあるイビと呼ばれる最も神聖な場所への男性の出入りを禁じた風習がみられるが、女人禁制の民俗はほとんどみられないと思う［沖縄大百科事典刊行事務局編 一九八三：上巻二三二］。その点で、シマクサラシ儀礼にみられる女人禁制の事例は貴重である。

ただ、男性による畜殺と女人禁制は無関係と思われる。シマクサラシ儀礼に限らず、一般的な生活の中で、畜殺は男性の仕事とされてきた。動物の拘束や、畜殺場まで運搬や連行、畜殺、解体などは力を要するために、男性が選ばれたのであり、畜殺の実施者のほとんどが男性であることは男性祭司の問題とは直結しない。

次に、地域により呼称は異なるが、現在の区長や自治会長に相当するような村落の②長が畜殺するという例である（三例）。沖縄本島中部、周辺離島、八重山に一例ずつみられる。長が、動物の頭への一撃や、血抜きのために首を切ることを行うと決まっていたという例がある。畜殺以降の解体からは他の男性も参加したという。

シマクサラシ儀礼のために組織された③係によって、畜殺が実施された例がある。沖縄本島北部に一例のみられる。本部町備瀬では、豊作と疫病の侵入防止を目的とした、牛を使うウンネーと呼ばれる行事がある。かつては、毎年、本儀礼に使う牛を供出するウンネーヤー（ウンネー屋）を決めて、その家の男性をウンネーワハムン（ウンネー若者）として、牛の畜殺を行ったという［聞］。牛を供出する家筋などが限定されていないことから、牛を出す家と畜殺の実施者を探す手間を省くために固定するようになったと推測される。

村落の草分け的な④旧家の家人が畜殺を行った例は、沖縄本島中部に一例みられる。当家は、村落の聖地を管理し、また、獅子舞が最初に巡回した由緒ある家である。(2) その家の男性が畜殺場で、シマクサラシ儀礼に使う豚の喉を裂き、血抜きを行った。その後、五、六人の男性有志によって解体作業が行われたという。(3)

分析の結果、畜殺の実施者の九割半ばが不特定の男性であり、家筋や役職、組織などが限定される事例はわずか五例であった。つまり、シマクサラシ儀礼における畜殺の実施者は、動物の畜殺は男性が行うという普段の生活習慣が反映されただけと把握できる。畜殺場と同じく、シマクサラシ儀礼における重要性はみられないことが明らかになった。

第三節　シマクサラシ儀礼の供犠性の分析

序章において、シマクサラシ儀礼を供犠と捉えた研究者の定義は一様ではない点、その根拠として提示されたシマクサラシ儀礼の実例が少ない点などに問題があることを述べた［山下 一九八二］［浜田 一九九二］［萩原 二〇〇九］。

筆者自身、二〇〇四～二〇一二年までに発表した、シマクサラシ儀礼に関する論考の中では、中村生雄の定義した、「牛・羊・豚・鶏などの動物を殺して、神に供える宗教儀礼」［中村 一九九九：上巻五二三］という裾野の広い供犠の捉え方を踏襲し、動物が畜殺される点と拝所に供えられる点から、シマクサラシ儀礼を供犠として扱ってきた［宮平 二〇〇四：五九］［宮平 二〇〇六：一二六］［宮平 二〇〇八a：三三二］［宮平 二〇〇八b：一〇三］［宮平 二〇一二a：二二一―二二三］。

琉球諸島では、豊作祈願や先祖祭祀、通過儀礼などにも供物や共食のために肉が使われることがある。その動物は、自家や自村で調達され畜殺された。動物の畜殺と、神に供えるという二点だけをもって動物供犠とするなら、琉球諸島全域に多くみられる動物を要する年中行事が動物供犠となってしまう。琉球諸島のような畜養文化の根付く地域において動物供犠を考える場合、より具体的な定義の設定が必要と考えられる。

詳細な分析を行わずにシマクサラシ儀礼を供犠と捉えてきた筆者自身の反省を踏まえ、本節ではシマクサラシ儀礼の供犠性と非供犠性について考察する。

日本民俗学における供犠の研究について、六車由実は、「柳田が供犠の問題を最終的には切り捨てたことの代償として、その後正統的な民俗学においては、この問題についての議論が展開されていくことはなかった」としている［六車 二〇〇三：二三八］。この点からも、シマクサラシ儀礼や琉球諸島における一般的な動物供犠を分析し、その供犠性を考察することは意義あるものと考えられる。

一　供犠性と非供犠性

（一）供犠性

①分析

本著では、供犠とは「動物などを儀礼的に屠殺し、これを神霊その他に捧げる行為」［佐々木 一九八七：二二一―

表10　供犠的要素分析表

	①儀礼的畜殺	②動物の様体	③本体の供進	④身代わり	⑤飼育	⑥主要部の放棄	⑦動物の選定
沖縄本島北部		2	1	1	3		
沖縄本島中部	6		1	2	1	1	2
沖縄本島南部	6	2	3	2			
周辺離島（沖縄諸島）	2						
宮古諸島	3	4	3				
八重山諸島		1				1	
合計	17	9	8	5	4	2	2

二二二〕という『文化人類学事典』の定義と、山下欣一が供犠の要素の一つとして提示した、動物の様体を表した肉の供え方という指摘〔山下 一九八二：二四一―二四三〕を踏まえ、以下の七つの要素のいずれかを持つ儀礼を動物供犠と捉えたい。その要素とは、動物の儀礼的畜殺（要素①）、動物の様体を表す供え方（要素②）、動物本体の供進（要素③）、動物が人間の身代わりである観念（要素④）、儀礼に使う動物の飼育（要素⑤）、動物の主要部の放棄（要素⑥）、動物の選定（要素⑦）である。

供犠的要素がみられるシマクサラシ儀礼は、沖縄本島北部六、中部一二、南部一〇、周辺離島二、宮古七、八重山二例の計三九例、確認できた。要素別に整理し作成したのが表10である。その数は、シマクサラシ儀礼を確認できた全体数の一割に満たず（五三五例中三九例）、非常に少ない。地域別の割合も各地で一割に満たないが、琉球諸島全域に散見される。沖縄本島中南部に多く、全体の五割半ばに相当する事例が当域にみられる（三九例中二二例）。

あと、供犠的要素の種類の数を整理すると、最多であったのが沖縄本島中部で六種類、次が北部と南部の四種類で、宮古三種類、八重山二種類、周辺離島一種類と続く。単に、供犠的要素を持つ事例が沖縄本島中南部に多いことに起因しているだけかもしれないが、数だけではなく、その種類は沖縄本島、とくに中部に多い。要素ごとの特徴と地域的特性を見ていきたい。

（a）儀礼的畜殺（要素①）

儀礼的畜殺とは、動物を儀礼的に畜殺する行為で、沖縄本島中部六、南部六、周辺離島二、宮古諸島三例の計一七例（文献六・聞取り一一）確認できた。沖縄本島の中南部（中部六、南部六）に集中し、周辺離島と宮古には数例ずつ、そして、北部と八重山にみられない。

方法は、（a）動物を傷めつけた後に畜殺（八例）、（b）動物を鳴かせた後に畜殺（五例）、（c）畜殺場に一定期間拘束した後に畜殺（三例）、（d）動物を決まった方向に向けて畜殺（一例）、（e）畜殺の実施者がある行動をして後に畜殺（一例）の五つに分けられる。

写真28　儀礼に使う牛を突き落とし畜殺したという伝承が残る崖
(沖縄本島周辺離島 渡嘉敷村渡嘉敷。2014年撮影)

（a）が最多で、沖縄本島中南部と周辺離島に計八例みられる（中部四、南部三、周辺離島一）。中南部に多く、宮古にみられない。

特定の場所で、動物を棒で叩く、石を投げる、刃物で軽く刺すなどして虐げた後に畜殺、また、動物を大声で追い立て、村中を歩き回らせ、疲れ果てたときに畜殺、そして、高い場所から突き落とし、立てなくなったときに畜殺するなどの方法があった（写真28）。

方法（a）が行われていたのは、戦前であることが分かっているが、具体的な年代は不明確である。聞取り調査で、実際に見たことがある話者が未確認である場合が多いこと、そして、話者の親や兄姉が幼少期に実見したという話を聞いたということを鑑みると、儀礼的畜殺は明治半ばから後半まで行われていたと推測される。

次に多いのが（b）で、南部（三例）と宮古（二例）にみられる。畜殺場に連れて行けば、自然に鳴いたという例が多いが、鳴かせるために首を絞めた例もある。事例の中には、畜殺が無くなった後、村落の役員が畜殺場で動物の鳴き真似をするようになったという村落もある。本類型には含めていないが、旧具志川市栄野比では、儀礼で子供たちに牛肉が振る舞われたが、その際、子供たちに牛の鳴き真似をさせたという［聞］。（b）には含めていないが、動物を鳴かせる行為が形骸化した形と思われる。

一定期間拘束して後に畜殺したという方法（c）について、確認できた具体的な拘束期間は、一日（粟国村東［聞］）と一週間程度（中城村屋宜［中城村教育委員会二〇〇三：四二］）であった。

他、（d）と（e）は一例ずつであるが、いずれも儀礼に使う動物が生きている状態のときに、ある行動を動物にさせたり、畜殺の実施者が行った後に畜殺するというものである。

儀礼的畜殺の方法は、全例が単一型であった。つまり、一事例から複合的にみられることはなく、一事例から一つの方法しか確認できなかった（全一七例）。一つの事例に、一定期間、拘束した後［（c）］、ある方向に向かわせて［（d）］、痛めつけて畜殺［（a）］といったように、複数の方法がみられても不自然ではないと思われるが、それがみられないことは何かを示唆しているように思われる。

儀礼的畜殺の目的と祭祀対象を考えたい。まず、確認できた目的を整理すると、神霊への表示三例［方法（b）］、防災一例［方法（a）］であった。

畜殺の前に、動物に鳴き声をあげさせる［（b）］、一定期間の拘束する［（c）］、ある方向に向ける［（d）］、畜殺の実施者がある言動をする［（e）］という、（b）～（e）までの（a）以外の行為は、客観的にみれば、何かしらの存在への表示行為であったと推測できる。（b）～（e）の九例中八例（一例は不明）において、その場所で祈願が行われることも、それを示唆している。

問題は、動物を虐げた後に畜殺という行為［（a）］である。単なる神霊への表示行為とは思えない。また、五つの方法の中では八例と最多であるが、その場所で祈願を行わなかった事例が六例、不明が二例で、現時点で祈願をした例は皆無である。方法（a）は神霊への表示ではない、別の目的であったと推測される。

分析の結果、神への表示するための行為という認識が多かったが、一七例中一三例と、儀礼的畜殺のほとんどの目的が不明確である点も留意すべきであろう。

次に、儀礼的畜殺の祭祀対象であるが、それが確認できた村落は一七例中五例で、旧家の先祖（南部三）、湧泉の神（宮古二）の二つに分けられる。その認識を示すように、それぞれ旧家、湧泉という場所で儀礼的畜殺が行われていた。

祭祀対象が確認できなかった事例群（一七例中一二例）の場所を分析し、その祭祀対象を考察したい。一二例中一〇例で確認できた場所は、特定の広場（中部四、宮古一）、不特定の場所（中部一、南部二）、湧泉（宮古一）の三つに整理できる。湧泉で行われるのは、前述したように、湧泉の神に対するものであるためと推測できるが、大半を占める不特定、あるいは特定の場所での儀礼的畜殺は、誰に対するものなのだろうか。災厄に対してであれば村落の入口、聖地の神であれば、その聖地で行われるはずであるが、そのいずれでもない場所で行われる儀礼的畜殺の対象は不明確である。

また、不特定の広場の三例はいずれも、動物を虐げながら、村の中を歩き回らせ、疲れ果てた場所で畜殺した事例であった。畜殺する場所より、村の中を歩かせることに重点が置かれたことが分かる。村内は歩かせていないが、旧石川市山城では、儀礼に使う牛を畜殺する前に虐げるのは、厄払いのためであったという［山城正夫二〇〇六：中巻四五六］。このことから、村の中を虐げながら、歩き回らせるという行為は、村落内部の災厄を払い除ける、いわゆる除災行為であったとも捉えられる。動物そのものを災厄と見立てて虐げたのか、災厄に対して虐待行為を見せつけたのかなどは今後の課題としたい。

それから、儀礼に使う動物を一定期間、拘束行為［（c）］を、神の食べ物として生かしておいた動物という生贄の概念［福田一九九九：上巻七五］を念頭に置いてみると、二例のうち、屋宜の事例は、一週間という拘束期間の長さから、生贄と関連する可能性が想定されよう。もう一例の粟国村東の一日という拘束期間の短さを、同島の正月における豚の拘束行為から考察したい。

粟国村では、正月のために大晦日に畜殺される豚は、その前日から門に拘束したという。佐藤善五郎が採集した村人の話によると、「この通り先祖様に馳走する豚を用意していますからみて下さいといった心意のあらわれ」だという［佐藤一九八一：五五］。同島のシマクサラシ儀礼の畜殺前の豚の拘束も、生き物を神霊へ見せるためという、供犠行為であったと捉えられるだろうか。

しかし、もう一つの可能性が挙げられる。著者による同島の東村落での聞取り調査で、正月用の豚の拘束の話を聞くことができた。戦前まで、正月用の豚は、畜殺前に一昼夜ぐらいは、門や家の近くに棒につなぎ、餌を与えなかったという。これは豚の腸内の糞を出させるためで、それによって解体時の腸内の処理がし易くなったという［聞］。

粟国村における正月用の豚の拘束は、佐藤の確認した人々の認識から、供犠に関する行為と把握できよう。聞取り調査で確認できたような、動物の解体処理を行う際の便宜上の行為という認識は、供犠であるという認識が忘却された後の見解なのだろうか。どちらにしても、正月のウヮークルシー（豚殺し）における一定期間の豚の拘束が、粟国島以外にも普遍的にみられたのか、という点を明らかにしなければならないと思う。

（b）動物の様体を表す供え方（要素②）

頭部、内蔵、足、尻尾、肉など、動物の複数の部位を拝所に供え、それが動物の様体を表すものと認識する事例である。動物の部位は、生のまま、あるいは料理して供えられる。具体的には、頭部や内蔵、足など、複数の部位を供える事例がある。

動物の複数の部位が、その動物一体を表すものとして供えられる点がポイントである。そのため、頭部のみ、内臓のみ、足のみを供える事例は含まれない。動物の頭部を供える部分だけをもって供犠とすると、豚の頭部を使う通過儀礼や建築儀礼の祝儀も供犠となってしまう。供犠の観点から、それらは生き物ではなく、食べ物として供えられている可能性もあり、供犠とは明確に区別すべきと考える。

本要素を持つ事例は計九例確認でき、儀礼的畜殺に次ぎ、二番目に多い。沖縄本島北部二、南部二、宮古四、八重山一例と、宮古に比較的多い。

九例中五例で確認できた、動物の様体を表すように供える目的は、神への表示（四例）と、防災（一例）であった。神か災厄かの違いはあるが、それらに動物一体であることを示すために供えるという。その祭祀対象は、災厄（二例）、湧泉の神（一例）、御嶽の神（一例）、その他の聖地の神（二例）など、多様であった。動物様体を表す複数の動物の部位が供えられる場所は、村落の入口、湧泉、御嶽など、認識される祭祀対象と合致する。祭祀対象が確認できなかった事例は、村落の入口と特定の場所で行われていた。村落の入口に関しては、災厄が意識されていたと思われるが、特定の場所ついては不明であった。

（c）動物本体の供進（要素③）

儀礼に使う動物を生きたまま、あるいは解体前にそのまま供えるというものである。前者が四例（北部、宮古）、後者が四例（中部、南部）で、沖縄本島北部一、中部一、南部三、宮古三例の計八例確認できた。北部と宮古の事例は豚、中南部は鶏である。

沖縄本島中南部の鶏本体を供える四例中三例は土帝君に供えたという（旧具志川市宮里［聞］、旧佐敷町新里［佐敷町文化財保護委員会一九八六：七六］、津波古［津波古字誌編集委員会編二〇一二：四五三、六一二］）。いずれも畜殺した鶏を枝木を使って生きているように立たせて、土帝君に供えるというものである。土帝君を拝する点から明らかなように、土帝君祭祀との関連性がうかがわれる。期日も、南部の三例中二例は、他地域での土帝君祭りの祭日となっている二月二日で、中部の事例も二月一一～一三日と、祭日に近い。そもそも、畜殺した鶏を土帝君の前に立たせる行為は、土帝君祭祀に一般的にみられる鶏の供え方である。つまり、土帝君に鶏の本体を供える行為は、本来は土帝君祭祀にみられるもので、シマクサラシ儀礼特有のものではない。本儀礼が土帝君祭祀と同日に行われるようになった結果であり、その行為の意味はシマクサラシ儀礼とは分けて考える必要がある。

動物本体を供える目的と祭祀対象であるが、目的は、神霊への表示（四例）と防災（三例）があった。動物の本体を供え、「この動物をシマクサラシ儀礼に使います」という神霊への表示、あるいは、「この動物を使いますので、災厄を払い除けて下さい」と防災を願ったという。

祭祀対象は、土帝君（三例）、災厄（二例）、湧泉の神（二例）などで、土帝君に関しては前述したように、土帝君祭祀との関連性がうかがわれる。災厄と湧泉の神は、認識を示唆するように、村落の入口と湧泉で動物本体が供えられる。

（d）人間の身代わり（要素④）

シマクサラシ儀礼に畜殺される動物が、人間の身代わりであると考える事例である。沖縄本島北部一、中部二、南部二例の計五例と、沖縄本島にのみ確認でき、先島諸島には未確認である。沖縄本島でも中南部に多い。全例が、流行病という災厄に対し、村人の身代わりとして動物を畜殺し、捧げるという認識であった。それによって、村人たちの命の危険を回避できるという。

身代わりとなる動物を供える場所は、五例中四例で確認でき、特定の場所（二例）、村落の入口（一例）、旧家（一例）であった。全例が災厄に対し、防災を願って行われるにも関わらず、村落の入口という災厄と対峙できる場所と行う例は一例のみと少ない。認識と場所の整合性がみられないと言える。

（e）飼育（要素⑤）

一般的に、シマクサラシ儀礼に使われる動物は、実施日の数日前に村落内の適当な家庭から、適当な大きさの動物が選ばれる。しかし、儀礼に使う動物の個体を幼体時に決めて、飼育する例がある（要素⑤）。神の食べ物として生かしておいた動物、という生贄の概念からみると興味深い［福田 一九九九：上巻七五］。

沖縄本島にのみみられ、北部三、中部一例の計四例確認できた。恩納村恩納では、子豚の時点でシマクサラシ儀礼に使う個体と家を決め、二年ほどかけて育てたという。その豚は、儀礼名からカンカーワー（カンカー豚）と呼ばれた［聞］。名護市真喜屋では、区の予算で子豚を購入し、シマクサラシ儀礼までの間、適当な家に飼育を依頼したという［聞］。本部町備瀬では、毎年、儀礼に使う牛を出す家を決めて、当家をシルンヤーと呼んだ。儀礼における畜殺や料理も当家が担当した［聞］。旧石川市石川でも、毎年、適当な家に、儀礼に使う豚を育てさせたという［聞］。全例に共通しているのは、儀礼に使う動物を、一般的な儀礼の数日前ではなく、その個体が小さい段階から決めた点、そして、育てる家が特定されている点である。

本要素を持つ事例の供犠の目的と祭祀対象は、いずれも確認できておらず、毎年変わったという二点である。つまり、何のために個体を飼育し、何に捧げたのかが不明である。

飼育した動物は、畜殺後、料理し、村落の入口（二例）や聖地（三例）に供えられた。その点からは、動物の飼育は、神へ捧げるために生かしておいたという供犠に関連する行為と可能性が想定できるが、単なる料理として供えられている可能性もある。

そもそも、災厄や神霊へ捧げるために育てたのなら、その飼育方法、飼育する家、儀礼に際しての本体の表示行為や、畜殺の方法や場所など、生きている時や畜殺の際に、一般とは異なる特徴が見られたのではないか。しかし、四例とも動物を育てる家は不特定で、当家で儀礼に関する祈願が行われることもない。また、四例中、畜殺場が確認できた二例は、村落の入口でも聖地でもない特定の広場であった。畜殺の場面でも、飼育された動物は一般的な動物と同じように淡々と畜殺される。つまり、一般的ではないのは、儀礼に使う個体を予め特定するという点だけで、その他に特殊性は一切みられなかった。

（f）動物の主要部の放棄（要素⑥）

ほとんどの場合、シマクサラシ儀礼に畜殺された動物の肉、内蔵、血などは、祭司や参加者によって食される。その中で、動物の頭や足、肉塊など、動物の主要部を放棄する事例を要素⑥とした（写真29）。

シマクサラシ儀礼や、その他の年中行事の中には、供物である肉料理の一欠や、米、酒などのほんの一部を、拝所での祈願後、放棄する例があるが、それだけをもって動物供犠とはならないと考える。そうしなければ、多くの年中行事、旧盆の身寄りのない亡霊たちへのミンヌクなども動物供犠となってしまう。このことから、動物の頭や肉、血といった主要部を放棄する例に限り、供犠的要素として扱う。

動物の主要部を放棄する例は、沖縄本島中部一、八重山一例の計二例と希少である。旧与那城町伊計では畜殺した豚の頭を、村の入口である浜辺から海に投棄したという［沖縄県教育庁文化課 一九九七：二三四］。儀礼は現行であるが、クルジシと呼ばれる肉、ミカン、ご飯の放棄に変化した［聞］。竹富町船浮では、畜殺した鶏の血は、カマドマと呼ばれる共食場に穴を掘りすべて埋めたという［聞］。

シマクサラシ儀礼において、動物の頭や血はほぼ必ず村人に食された。それを食べない例や、放棄する例は上の二例を除いて未確認である。また、放棄される場所が、村落の入口や共食場といった儀礼における重要な場所であることを鑑みても、単なる放棄ではなく、供犠に関連する行為であると捉えられる。

写真29　豚の肉塊の海への放棄
（沖縄本島中部 旧与那城町伊計。2005年撮影）

動物の主要部を放棄する目的は防災で、災厄を対象としたものであることが二例中一例で確認できた（伊計）。村落の入口で放棄されたことも、認識と一致している。もう一例は、放棄される場所が特定の広場であり、その目的や祭祀対象は不明である（船浮）。

（g）動物の選定（要素⑦）

ほとんどの場合、シマクサラシ儀礼に使う動物の種類は特定されているが、その選定においては、共食や防災方法に使う分を考慮した動物の大きさが基準となる。そのような中、沖縄本島中部に二例と少ないが、シマクサラシ儀礼に使う個体の性別や性格を基準にして、動物を選定する事例がある。

二例は、カミヤーウシという気の荒い乱暴な牛を使ったという事例（沖縄市池原［沖縄私立郷土博物館 二〇〇五：八五］）と、雌雄二頭の豚を使ったという事例（浦添市沢岻［沢岻字誌編集委員会 一九九六：九八］）である。前者は性格、後者は性別が選定基準となっている。いずれも、牛や豚を生き物として認識している。

しかし、性格や性別に執着し、動物を選定する理由や祭祀対象については不明とされる。また、両例とも畜殺場は、村落の入口や聖地でもない特定の広場で、やはり、その祭祀対象は明らかではない。

ただし、乱暴な牛を選定した例に関しては、カミヤーウシのカミヤーは、角で突き上げることを意味するということから、それによって災厄を防ぐという考えがあったとは推測できないだろうか。

柳田国男は、池に棲む片目の魚に関する伝承は、傷を負わされた生贄の魚の存在を示唆するもので、諏訪大社の御頭祭（長野県）に左耳の裂けた鹿の頭が使われるのは、それが神のよってつけられた傷で、最上の生贄の証とした［柳田 一九八九b：二五二―二五三、三三二］。そして、『古語拾遺』には大歳神に生贄として、白馬・白猪・

白鶏という生贄が捧げられたという［柳田 一九八九ａ：四八九］。

シマクサラシ儀礼において確認できた選定基準は、個体の性格と性別だけで、同種とは異なる傷や色などの身体的特徴を持った個体を選んだ例は未確認であることを付言しておきたい。

②供犠の目的と祭祀対象

これまで、シマクサラシ儀礼にみられる供犠的要素を分析してきた。それら事例群の目的と祭祀対象を整理したい。

まず、目的は、防災（一二例）、神霊への表示（一一例）の二つ、祭祀対象は、災厄（九例）、土帝君（三例）、旧家の神（三例）、湧泉の神（二例）の四つに整理できる。もっとも多いのが、防災という目的と、災厄という祭祀対象であった。シマクサラシ儀礼の主眼が防災であることを鑑みると、説得力のある見解と思われる。村人たちへの被害を回避するために、動物を災厄に捧げたのである。ただ、目的は四割強（三九例中一六例）、祭祀対象は五割半ば（三九例中二二例）の事例では不明とされる点は留意すべきである。

祭祀対象をより明確にするために、供犠が行われる場所も分析した結果、特定の広場（一六例）、不特定の広場（二例）、村落の入口（七例）、旧家（四例）、湧泉（二例）、土帝君（三例）などで行われることが分かった。村落の入口、旧家、湧泉、土帝君などは、認識されている供犠の祭祀対象が存在する場所として設定されたと思われる。しかし、全体の四割強（三九例中一六例）を占める最多の事例が特定の広場であった。聖地や村落の入口ではない、ただの広場で供犠を行う理由は不明瞭である。

シマクサラシ儀礼にみられる供犠は防災、あるいは神霊へ表示するために、主に災厄を対象として、様々な場所で行われることが分かった。しかし、その一方で、多くの疑問点が浮き彫りとなった。大半の事例で供犠の目的と祭祀対象が不明である点、供犠の対象の中には、災厄のほかに、旧家の神や湧泉の神といった事例がある点、そして、供犠が行われる場所の中では、聖地や村落の入口といった特殊性を有しない特定の広場が最多であった点などである。

多くの村落で、供犠を行う上で最も重要である部分が不明瞭であったり、供犠の祭祀対象や場所の中には、シマクサラシ儀礼の主眼である防災との関連性が見出せない事例が多いことが明らかになった。この意味については、本章の第三節の中で、一般的な動物供犠の分析結果も踏まえて考察する。

（二）非供犠性

第一節―二―の「（一）吊るすもの」及び「（二）吊るすものの意味」、第二節の「畜殺方法と場所」の分析結果から、シマクサラシ儀礼の非供犠性を考察する。

まず、「吊るすもの」の項目で、村の入口に懸架される動物の骨や肉が、ムーチーや枝葉といった動物の要素を持たないものと並置されるか、否かという観点から分析した。結果、事例群は、（A）動物の要素だけを吊るす（三四三例）、（B）動物の要素を持たないものだけを吊す（一四例）、（C）両方を吊す（八四例）（写真30）の三つに分けられる。

（C）の具体例として、村落入口に豚の骨とムーチーガーサを吊る例（名護市嘉陽［聞］）や、ムーチーガーサや縄に豚肉の煮汁や血を塗布する例（旧石川市嘉手苅［聞］、伊波［聞］）がある。

注目すべきは、動物の要素を持たないものである。その数は、（B）と（C）の合計、つまり、九八例［（B）

＋（C）」あるが、その内、八割半ばに相当する八四例「（C）」は、骨や肉、あるいは血といった動物の要素と一緒に吊されることが分かった（写真31）。動物の要素を持たないもののみで吊るす例は一割半ばにとどまる「（B）一四例」。

この分析結果は、村の入口に吊るされる骨肉や血は、並置されるムーチーや枝葉と同質のもので、そこに供犠性は無いことを示していると考える。

また、村落入口に懸架される骨や肉、血の意味について、懸架物と、その変化例を中心に分析を行った。その結果、①脅威、②食べ物の反証の多さと、③証拠を支持する傍証から、懸架される骨肉や血は、災厄に対し、儀礼が終わったこと、肉を食べたことを示す、③証拠品であったと考えられる。

写真30　鬼餅の日に村入口に吊るされた鶏の骨と月桃の葉
（沖縄本島中部 旧石川市東恩納。2003年撮影）

写真31　家の門に掲げられた月桃の葉と血を塗布した左縄
（沖縄本島中部 旧石川市。2017年撮影）

これらの分析結果は、小野重朗が提示した、懸架物が儀礼の証拠品であり、そこに供犠性はみられないという仮説［小野 一九七〇：三七］の実証的な裏付けであるとともに、シマクサラシ儀礼が動物供犠ではないという傍証の一つに数えられよう。

小野重朗は、奄美の防災儀礼において掲げられるものが、骨肉から餅へと変化した事例から、骨肉に供犠性は無いからこそ、餅へと変化したと捉えた［小野 一九七〇：三七］。シマクサラシ儀礼には、そのように変化した実例はみられなかったが、餅の多くが骨肉と並べて吊るされることは、懸架される骨や肉に供犠性が無いからこそ、餅とともに並べられたと把握できる。

第二節で、シマクサラシ儀礼における畜殺に焦点を当て、その方法、畜殺場、畜殺の実施者の分析を行った。まず、確認できた畜殺方法は、儀礼的に畜殺する事例（一三例）と、普段と同じように畜殺する事例（三二〇例）に分けられ、後者が全体の九割半ばを占める。シマクサラシ儀礼において動物を儀礼的に畜殺する事例は稀有で、ほか大多数が普段と同じように畜殺されることが分かった。

畜殺場は、①特定の場所（一六七例）、②不特定の場所（三一例）、③聖地（二五例）の三つに分類できる。特定あるいは不特定の場所（類型①、②）が全体の九割弱を占めるという実態から、畜殺に利便性の良い、合理的な場所が選ばれた可能性が浮かび上がってきた。山下欣一が供犠の構成要素として提示した、聖地での畜殺［山下 一九八二：二四一―二四三］の実例となると同時に、シマクサラシ儀礼が供犠であることを示唆するような、類型③は全体の一割強と少ない。

動物を畜殺する人は、①不特定の男性（九八例）、②長（三例）、③係（一例）、⑥旧家の人（一例）の四つに分類できた。普段の生活と同じように、不特定の男性が畜殺する事例が、全体の九割半ばを占め、本儀礼の供犠性を示唆するような、普段とは異なる人が畜殺した事例は僅か五例のみであった。

動物供犠では畜殺という場面が重要であることは、「動物などを儀礼的に屠殺し」という『文化人類学事典』の供犠の定義からも分かる［佐々木 一九八七：二二一―二二二］。シマクサラシ儀礼が動物供犠であれば、畜殺の場面が重要視され、普段とは異なる畜殺方法や畜殺場、畜殺の実施者が設定されたと思われる。

しかし、シマクサラシ儀礼に使われる大多数の動物は、普段と同じ人が、同じ方法で、畜殺に便利な場所で行われた。畜殺の方法（九割半ば）にも、場所（九割弱）にも、畜殺の実施者（九割半ば）にも、ほとんどの事例に供犠性を示唆するような重要性はみられないことが明らかになった。シマクサラシ儀礼が供犠ではないことを示す重要な根拠と把握できる。

二　琉球諸島の動物供犠

琉球諸島における一般的な動物供犠に焦点を当て、その特徴や目的、祭祀対象などを分析し、シマクサラシ儀礼の供犠性を検討する。

（一）種類

前項で挙げた七つの供犠的要素のいずれかを持つ動物供犠が、これまでの調査で、沖縄本島北部九、中部一、南部一、周辺離島五、宮古一〇、八重山七例の計三三例（文献九・聞取り二四）確認できた(4)。

沖縄諸島中南部は一例ずつと少なく、北部と周辺離島に多い。沖縄本島では、全体の八割強（一一例中九例）が北部にみられ、さらに最北端の国頭村に事例が集中している（九例中六例）。周辺離島の村落の数を鑑みれば、五

表11　琉球諸島における動物供犧（目的別一覧表）

	A	AB	ABC	AG	B	BC	BCG	BG	C	D	E	F	G
沖縄本島北部	3								3				3
沖縄本島中部										1			
沖縄本島南部												1	
周辺離島（沖縄諸島）	2			1					1		1		
宮古諸島		2	2				1			1		3	1
八重山諸島	1				1	1		2			1		1
合計	6	2	2	1	1	1	1	2	4	2	2	4	5

凡例：　A型（治癒儀礼）、B型（海難者への儀礼）、C型（非業死者への儀礼）、D型（雨乞い）、E型（神役の就任儀礼）、F型（大漁祈願）、G型（その他）

例という数が多いと言える。また、先島諸島の事例が全体の過半数（三三例中一七例）を占め、沖縄諸島より多くみられる。周辺離島同様に、沖縄本島との村落数の差を考慮すると、先島諸島に動物供犠が多くみられることがより明確となる。

動物供犠は、目的を基準に七種類に分類できるが、目的別の分析に入る前に、複合性について言及したい。事例群の中には、ＡＢ型やＡＢＣ型といった複合型がみられる。ＡＢ型を例にすると、大怪我や重病（Ａ型）、または海で遭難した場合（Ｂ型）に、同内容の動物供犠を行うという例である。

複合性に留意し、事例群を整理すると、Ａ型（六例）、ＡＢ型（二例）、ＡＢＣ型（二例）、ＡＧ型（一例）、Ｂ型（一例）、ＢＣ型（一例）、ＢＣＧ型（一例）、ＢＧ型（二例）、Ｄ型（二例）、Ｃ型（四例）、Ｅ型（二例）、Ｆ型（四例）、Ｇ型（五例）の一三種類に類型化できる（表11）。七種類は単一型で、六種類は複合型であった。三三例中、単一型は二四例、複合型は九例と、単一型が多く複合型は少ない。複合型は主に先島諸島にみられ、沖縄本島の動物供犠はすべて単一型であった。

では、Ａ～Ｇ型の動物供犠の特徴と地域的特性を型別に見ていきたい。

A型は、大怪我や重病により、個人の生存が危ぶまれる状態のときに、それを回避するために行われる儀礼である。A型（六例）、AB型（二例）、ABC型（二例）、AG（一例）があり、沖縄本島北部三、周辺離島三、宮古四、八重山一例の計一一例と、最多の類型となっている。沖縄諸島から先島諸島までの四地域にみられるという分布形態も、類型の中でもっとも広い。

B型は、海上での遭難により、九死に一生を得た者のために行われる儀礼である。AB型（二例）、ABC型（二例）、B型（一例）、BC型（一例）、BCG型（一例）、BG型（二例）と、計九例確認できた。宮古五、八重山四例と、先島諸島にのみみられる型で、A型に比べ分布圏は狭い。事例群の中には、海からの生還の他、手術や戦争からの生還した際にも行ったという村落が二例ある。いずれも戦中以降、新たに追加された基準と思われる。

C型は、非業の死を遂げた者が出た場合に行う儀礼である。ABC型（二例）、BC型（一例）、BCG（一例）、C型（四例）の計八例である。沖縄本島北部（三例）、周辺離島（一例）、宮古（三例）、八重山（一例）にみられる。北部と周辺離島は単一型、先島は複合型という違いがある。

非業の死の具体的な内容と場所に注目したい。八例中六例が海での事故死で、二例は焼死と他殺死であった。C型の大半が、海という場所であることが分かった。焼死者が出た際に行うという事例はBCG型で、海という場所が設定されているB型の要素も含まれていることから、未確認ではあるが海で亡くなった者に対しても行われた可能性が推測される。

非業の死は、平地、山、川などでも起こりうると思うが、海以外での自然環境での非業死を対象とした例が皆無であることから、海という場所が特定されたC型が本来の形で、焼死や他殺死という事例は、海での非業死か

写真32　雨乞いのため動物の供犠が行われたという川辺（ヤラムルチ）での祈願（沖縄本島中部 嘉手納町屋良。2017年撮影）

ら変化、あるいは新たに設定した基準と考えられる。海が設定された類型（B型）が存在すること、その数がA型に次いで二番目に多いことなども、海という場所が本来の基準である傍証と捉えられる。

D型は、旱魃の回避、いわゆる雨乞いである（写真32）。沖縄本島中部一、宮古一の僅か二例のみであった。両例とも、臨時に行われるものではなく、年中行事として行われる雨乞いであった。単一型のみで、複合型は未確認である。

E型は、神役の就任儀礼で、周辺離島と八重山諸島に一例ずつ確認できた。周辺離島ではスイミチ、八重山はツカサと呼ばれる女性神役が新たに就任する際に行われたという。スイミチに関しては、詳細な性格は未確認であるが、スイは首里の意味で、その神役のルーツは首里であると伝わる（粟国村［聞］）。八重山のツカサも含め、第一章―第四節―二―（二）で分析した祭司の分類に基づくと、いずれも王府の女神官組織に組み込まれている公的神女と捉えることができよう。両例とも単一型で、複合型はみられない。

F型は、大漁祈願を主眼とする儀礼である。沖縄本島南部（一例）と宮古諸島（三例）に計四例確認できた。複合型はみられず、単一型のみであった。沖縄本島南部で確認できた唯一の動物供犠は本型に属する（旧知念村下志喜屋のハマエーグトゥ［聞］）。

原田信男は、旧知念村志喜屋のハマエーグトゥを人々は龍宮の神への豊漁祈願と考えているが、その拝所と供物、当村落の生業など、様々な視点からの分析から、主体となる門中の繁栄と稲作の豊作を願う儀礼であったと捉えた［原田 二〇一二a：一五五—一五六］。多角的な分析から立証された重要な指摘であるが、ここでは人々の認識に従い、豊漁祈願と捉えたい［知念村教育委員会編 一九八五：三—四］［聞］。

これまでの六つに当てはまらないものをG型とした。門中の繁栄と交流、豊作祈願、長旅前の安全祈願、漁師の海への感謝、八八歳のお祝いなどがある。沖縄本島北部三、周辺離島一、宮古一、八重山三の計八例みられる。北部は単一型であるが、周辺離島及び先島諸島は複合型で、AG型、BCG型、CG型などがある。

先島諸島のG型には、長旅前の安全祈願、漁師の海への感謝と海との関連性がみられる。そのいずれもが、海での遭難からの生還（B型）や海での非業死（C型）に付随していることから、それを主眼とする儀礼であったものに、海から連想されたG型が追加されたのではないだろうか。八八歳の祝いに行ったという事例があるが、BCG型という複合型であることから、B型やC型に追加された基準と思われる。

北部のG型の三例は、沖縄本島北部のいわゆるウシヤキ（牛焼き）と呼ばれる村落レベル、あるいは門中レベルで行われる牛を使う儀礼である（名護市安和［聞］、屋部［聞］、世冨慶［聞］）。供犠的要素は未確認であるものの、これまでに内容の類する儀礼が同域に八例確認できている（名護市数久田［聞］、山入端［聞］、今帰仁村天底［聞］、謝名［聞］、崎山［聞］、本部町浜元［聞］、伊豆味［聞］、崎本部［遠藤庄治編 二〇〇五：七二—七三］、健堅［聞］）。牛を使う点、その畜殺場をウシヤキモーと称する点などが類似するが、儀礼の目的や祭祀対象は一様ではない上、不明確な点も多い。

さらに、供犠的要素を持つウシヤキの事例は、現時点で三例しか確認できておらず、目的は、門中の繁栄と交流、豊作祈願、無病息災と三者三様である。このことから、牛焼きを動物供犠として類型化することは難しい。筆者が便宜上、その名称や内容から牛焼き儀礼として類型化しようとしているだけで、本来は、牛を使う点が共通しているだけの、系譜の異なる儀礼であったという可能性も念頭に置き、その調査分析は今後の課題としたい。

（二）供犠的要素の分析

確認できた三三例の動物供犠の供犠的要素を整理すると、①儀礼的畜殺（八例）、②動物の様体を表す供え方（九例）、③本体の供進（一二例）、④身代わり（一五例）、⑥主要部の放棄（八例）であった。合計が三三例を上回るのは、複数の要素を持つ事例もあるためである。

動物を人間の身代わりと考える、供犠的要素④が最多であった。身代わりとしての動物を畜殺し得られる報酬は、病気の回復（A型）、災難の祓除（B例、C型、G型）、雨（D型）、架橋（G型）など様々である。ただし、神役の就任（E型）と豊漁儀礼（F型）にはみられなかった。

次に多いのが、畜殺前や解体前の動物本体を供える、要素③である。要素④との差は数例であるが、A～G型を含むすべての類型にみられる点が異なる。一般的な動物供犠に普遍的にみられる要素とも言える。

また、シマクサラシ儀礼にはみられない儀礼的畜殺の方法が確認できた。動物を特定の場所で歩かせた後、畜殺するというもので、方法（f）とした。動物を歩かせる場所は、拝所の前や旧家であったことから、鳴かせた後に畜殺［方法（b）］、一定期間の拘束した後に畜殺［方法（c）］と同じく、祭祀対象への表示行為と把握できる。実際に、沖縄本島北部と南部の計三例の方法（f）は、いずれも（b）と（c）と併行される。

さらに、儀礼的畜殺の八例中三例に、一定期間、拘束した後、歩かせて畜殺［方法（c）（f）］、または、歩かせた後、鳴かせて畜殺［方法（b）（f）］など、複数の儀礼的畜殺がみられる事例がある。数は限られているものの、儀礼的畜殺の複合性は、六種類に分けた儀礼的畜殺の方法が、それぞれ単独で行われたのではなく、一連の流れの中で複数みられた可能性を示している。

儀礼に使う動物の飼育（要素⑤）や選別（要素⑦）といった要素は確認できなかった。ほとんどが定期的な年中行事ではなく、臨時に行われるためと推測される。

動物供犠にみられる供犠的要素は、事例によって一つあるいは複数みられ、前者が一一例（三割強）、後者が二二例（六割半ば）と大半を占めることが明らかになった。また、複数の要素を持つ場合、その数はほとんどが二種類（二一例）で、三種類は一例のみであった。

（三）祭祀対象

三三例中二九例で確認できた祭祀対象には、悪神、海の悪神、海の善神、御嶽の神、旧家の神、非業死者の亡霊などがあった。

沖縄諸島と先島諸島には地域差が見られる。沖縄諸島では、海の悪神、海の神、悪神、非業死者の霊、御嶽の神、旧家の神など、計八種類と、多様な対象が確認できたのに対し、宮古では、海の悪神、海の神、悪神の三種類、八重山では海の悪神のみと、先島諸島全体でも三種類のみであった。非業死者の霊、御嶽の神、旧家の神などが動物供犠の祭祀対象となる例は沖縄諸島だけで、先島諸島にはみられない。沖縄諸島と先島諸島の祭祀対象の多様性の差は、本来からの両諸島の違いであった可能性、あるいは、どちらかが変化した可能性が考えられよう(5)。

確認できた祭祀対象で、最も多いのが重病をもたらす悪神である（一〇例）。悪神を対象とする動物供犠には、A型、AB型、ABC型、AG型、BCG型があり、ほとんどに、重病人の回復のために、その原因である悪神を払うA型が含まれる。

悪神の具体的な居場所は、木に宿るという一例を除き、ほとんどが不明確である。村の入口で行った事例（一例）もあるが、病人宅の庭（四例）で行われることが多く、場所の分析からも悪神の居場所などは見えてこない。唯一、国頭村奥間でヒチニンエイトーという悪神の名称が確認できた［聞］。

次に多いのが海の悪神である（九例）。その数は、単なる悪神とほぼ同数であるが、海という居場所が認識されている点が異なる。認識を裏付けるように、九例中七例が浜辺で行われている。家で行う例でも、海の悪神に対する儀礼として、庭から海の方向に向かって行われる。海の悪神に対する供犠には、AB型、ABC型、B型、BC型、BCG型、BG型、C型があり、B型あるいはC型が全例にみられる。

同じ海でも、豊漁をもたらす海の神に対する供犠もある（沖縄本島南部一、宮古四）。豊漁祈願のF型にのみ意識される。海の悪神はB型やC型、海の善神はF型のみと、異なる動物供犠に意識されることが分かった。

事例数は少ないが、御嶽の神（三例）、旧家の神（二例）、海での非業死者の亡霊（二例）、非業死者の亡霊（一例）という祭祀対象も確認できた。ここで、悪神を意識するA型と、海の悪神を意識するB型及びC型を比較し、両者の違いを考察する。

単なる悪神と海の悪神は、居場所が不明か、海かという違いはあるが、両方とも人々に災難をもたらす神である点は共通している。ABC型（二例）という複合型があることも、災厄を払うという目的は同じであることを示唆している。

しかし、A型とB型及びC型の間には根本的な違いがあり、まず、A型は重病者の治癒を願い行われるもので、それによって亡くなった者のためではない。最終的な目的は病人の回復と生存であり、そのために命を奪おうとする悪神を払い除けるのである。

対して、海での遭難からの生還（B型）と海での非業死（C型）に際して行われる動物供犠の主眼は、海の悪神からもたらされた災厄の祓除であり、当人の生還や供養ではないと考える。ABC型（二例）、BC型（一例）、BCG型（一例）など、海で災難を受けた者が助かっても、亡くなっても同じ供犠を行う事例が、それを示している。

B型もC型も、海で生死を彷徨った後に生還した、あるいは海で亡くなったことよりも、海という場所で災難を受けたことが問題であり、動物供犠を行い、災難を祓除することが主眼であった。そうしなければ、生還者も死者も安泰ではないのである。B型の中には、遭難以外に、航行中に驚くようなことがあった際にも、帰還後、動物供犠を行ったという事例がある。災難を受けたことが問題で、それを祓除することが重要であることが分かる。B型の主眼は、海から生還したことに対する海の神へのお礼ではない。海から生還したからといって、海の悪神の災難は拭われてはおらず、それを祓除するための動物供犠なのである。C型も同様で、海で亡くなっても悪神の災難は拭われておらず、それを供犠によって祓除したと考えられる。

C型の動物供犠を行う理由として、「それによって初めて死者の魂は成仏できる」とされる［琉球大学民俗研究クラブ 一九六一：二六］。供犠的要素は確認でなかったが、C型に類似する事例でも、「そうしないと死者はグソー（後生）に行けない」という認識がある［琉球大学民俗研究クラブ 一九七五：二〇―二一］。C型のように、海で亡くなっても同様の動物供犠が行われるのは、災難の祓除が主眼であるためで、それによって死後の世界で死者が安泰となると考えられた。

A型とB型及びC型は悪神による災難の祓除という点では共通しているものの、その最終的な目的が当人の回復や生還か、あるいは災難の祓除かという点では異なることが分かった。

それから、儀礼的畜殺が行われる場所や、動物の主要部が放棄される場所、あるいは、動物の本体が供えられる場所など、供犠が行われる場所を分析した結果、供犠の祭祀対象の居する場所、あるいは対峙できる場所が多い。具体的には、A型は大怪我を負った者や重病人の家、B型やC型は浜辺あるいは非業の死を遂げた場所、D型は雨をもたらす神の座する場所、E型は就任儀礼を行う場所、F型は大漁をもたらす神の居する場所、そして、G型に含めた門中の繁栄と交流であれば旧家の庭、長旅前の安全祈願や漁師の海への感謝であれば浜辺などで、それぞれの目的に沿って、その祭祀対象の居する場所で供犠が行われたのである。供犠の目的、祭祀対象、場所の間に明らかな整合性がみられると言える。

三　シマクサラシ儀礼と動物供犠の供犠性の比較

供犠的要素を持つシマクサラシ儀礼（三九例）と一般的な動物供犠（三三例。以下、動物供犠で統一）の供犠的要素の特徴、目的、祭祀対象の分析結果を比較したい。

（一）比較

①供犠的要素の特徴

供犠的要素は、シマクサラシ儀礼には七種類、動物供犠には五種類確認できた。種類はシマクサラシ儀礼が多く、儀礼に使う動物の飼育（要素⑤）と選別（要素⑦）は動物供犠にみられなかった。動物の飼育や選別は、儀礼を行う日が決まっていて初めて行える行為であり、シマクサラシ儀礼が定期的に行われることが多いのに対して、動物供犠の多くが臨時に行われることに起因していると思われる。

最多の要素は、シマクサラシ儀礼は儀礼的畜殺（要素①）で、動物供犠は身代わりという観念（要素④）であった。逆に、儀礼的畜殺は動物供犠では最少で、身代わりという観念はシマクサラシ儀礼では二番目に少なかった。他、数の差がみられる要素は主要部の放棄（要素⑥）で、シマクサラシ儀礼の二例に対し、動物供犠には三倍の六例確認できた。シマクサラシ儀礼における動物は食べ物、動物供犠では捧げ物と捉えられていることを示唆していると推測できる。

②供犠的要素の複合性

複数の供犠的要素がみられる事例は、シマクサラシ儀礼はわずか二割（三九例中八例）で、動物供犠は六割半ば（三三例中二二例）と過半数を占めている。供犠的要素が一つしかみられない事例は、シマクサラシ儀礼は八割弱（三九例中三一例）を占め、動物供犠は三割強（三三例中一一例）にとどまる。つまり、一般的な動物供犠の過半数が複数の供犠的要素がみられるのに対し、シマクサラシ儀礼はほとんどの事例が一事例に一つの要素しかみられず、複合的にみられる割合が極端に低い。

また、儀礼的畜殺における極端な複合性の違いを注視すべきと思う。シマクサラシ儀礼において、儀礼的畜殺は一七例と最多の供犠的要素であるが、全例が単一型であった。動物供犠の儀礼的畜殺の数は八例で、シマクサラシ儀礼の半数以下である。しかし、一定期間、拘束した後に歩かせて畜殺［方法（c）（f）］、または、歩かせた後、鳴かせて畜殺［方法（b）（f）］といったような、儀礼的畜殺が複合的にみられる事例が四割弱もみられる（八例中三例）。

③祭祀対象

供犠の祭祀対象が確認できた事例の割合は、シマクサラシ儀礼は全体の三割半ば（三九例中一四例）と低く、動物供犠では九割（三二例中二九例）と非常に高い。つまり、祭祀対象は、動物供犠では明確に認識され、シマクサラシ儀礼ではほとんど認識されていない。

祭祀対象は、シマクサラシ儀礼では災厄（一七例中九例）が最多で、旧家の神、湧泉の神などもある。動物供犠では、海の神、災厄、御嶽の神、旧家の神、海での溺死者の亡霊、非業死者の亡霊などであった。動物供犠には様々な祭祀対象がみられるが、この多さは、七タイプ（A〜G型）という動物供犠の多様性に関連していると言える。

そして、動物供犠には、祭祀対象、目的、場所にも、明確な整合性がみられ、その論理は理解しやすい。例えば、海で遭難した者が出た際の災いを祓除するため（目的）、海の悪神（祭祀対象）に対する動物供犠が浜辺（場所）で行われる。しかし、シマクサラシ儀礼における供犠の祭祀対象と場所には、不可解な点が浮かび上がってきた。まず、供犠の対象が災厄であるという事例に関しては、シマクサラシ儀礼の主眼が防災であるという点からも理解しやすい。しかし、旧家の神や湧泉の神を供犠の祭祀対象とする事例があり、そこからは儀礼との関連性は見出し難い。そして、供犠が行われる場所として最多であったのが、神の座する聖地でも、災厄と対峙する村落の入口でもない、特定の広場（三九例中一六例）であった点にも疑問が残り、祭祀対象、目的、場所の間に整合性はみられないと言える。

(二) 考察

供犠的要素を持つシマクサラシ儀礼と動物供犠の供犠性の特徴、供犠的要素の複合性、祭祀対象を比較した結果を踏まえ、シマクサラシ儀礼にみられる供犠的要素の意味を考える。

結論として、シマクサラシ儀礼にみられる供犠的要素は、新たに追加されたもので、本来、シマクサラシ儀礼にはみられなかった要素と考えられる。供犠ではなかったシマクサラシ儀礼が供犠化したものと結論づけたい。その傍証となる分析結果を整理する。

今回の分析によって、シマクサラシ儀礼の中には、供犠的要素を持つ事例があることが明らかになったが、その数は全体の一割に満たない（五三五例中三九例）。山下欣一と浜田泰子は、供犠的要素を持つシマクサラシ儀礼から、儀礼を動物供犠と捉えた［山下　一九八二：二四一―二四三］［浜田　一九九二：二三〇］。しかし、全体の一割にも満たない特殊な事例をもって、シマクサラシ儀礼全体を供犠と捉えることはできないと考える。

また、七つの供犠的要素は、例えば動物を神や災厄といった対象に捧げ、願いを叶えてもらうために、動物を選定（要素⑦）、あるいは飼育（要素⑤）して、人間の身代わり（要素④）として、儀礼的に畜殺（要素①）した後、本体の供進（要素③）、あるいは様体を表すように供え（要素②）、その主要部は放棄する（要素⑥）といったように、一儀礼に複数みられても不自然ではないと思われる。しかし、供犠的要素が複合的にみられる事例の割合は、六割半ば（三三例中二二例）と過半数を占める動物供犠に比べ、シマクサラシ儀礼は二割（三九例中八例）と大幅に低い。さらに、六種類に分けた儀礼的畜殺の方法も、それが複合してみられる事例は、シマクサラシ儀礼は皆無（一七例中〇例）で、動物供犠には四割弱もみられた（八例中三例）。

これらのことから、シマクサラシ儀礼にみられる供犠的要素は新たに付加されたものと考えられる。シマクサ

写真33　儀礼に使う牛を拘束した岩
（沖縄本島周辺離島 粟国村東。2014年撮影）

ラシ儀礼の儀礼的畜殺は、動物供犠のように複合してみられたものが簡略化したのではなく、ほとんどの事例と同じように、普段と変わりなく行われていた畜殺が儀礼的畜殺へと変化したと考察できる。

シマクサラシ儀礼の供犠的要素が新たに追加された可能性を考えるため、本儀礼に使う動物を一定期間、拘束するという要素（要素①―（c））と、飼育（要素⑤）したという要素に注目する（写真33）。

柳田国男は、生贄について、「イケニヘとは活かせて置く牲である。早くから神用に指定せられて、あるものは一年、あるものは特殊の必要を生ずるまで、これを世の常の使途から隔離しておくために、その生存には信仰上の意義ができた」とした［柳田 一九八九b：三三〇］。

シマクサラシ儀礼に使う動物を畜殺前に一定期間、拘束、あるいは飼育したのであれば、それは「神の食べ物として生かしておいた動物」という生贄の概念に含まれると思う。

だが、「世の常の使途から隔離」させるための場所、つまり、動物を拘束あるいは飼育した場所にも注目しなければならない。柳田は、魚という生贄が、放生池（京都府）、御池（三重県）、魚ヶ池（広島県）などの霊場で、隔離されたとした［柳田一九八九b：二四九、二五二］。生贄は聖なる場所で隔離されている。

シマクサラシ儀礼における動物の拘束や飼育が、生贄に関する行為であれば、御嶽や旧家といった村落の聖地、あるいは村落の入口といった、聖地や旧家の神、災厄神と対峙できる聖なる場所であることが必然だと思われる。

しかし、動物を拘束した場所は聖性を持たない村落の広場（三例中二例）で、飼育する家は輪番制の一般家庭（四例中四例）であった。つまり、村落の聖地や旧家、村の入口といった重要な場所ではなかった。

このことから、シマクサラシ儀礼における動物の拘束や飼育は、生贄といった供犠に関するものではなく、動物の選定や解体作業といった作業工程の煩雑さを無くすため、合理的に考えだされた行為であった可能性が想定できる。拘束する場所がいずれも動物の畜殺場及び共食場ともなっていること、拘束期間が一日あるいは一週間と短いこと、そして、飼育した家では儀礼に際して、動物の表示行為や祈願が一切ないことなども、その傍証ではないだろうか。

また、供犠ではなかったシマクサラシ儀礼が供犠化した可能性を考える上で、興味深い事例がある。昭和一〇年頃まで、竹富町干立ではシマクサラシ儀礼に際し、牛肉料理を乗せた簡易なイカダを浜辺から流していた［聞］。災厄をイカダに乗せて、村落から去ってもらうことを意味するという。それが、昭和二〇年代半ばから、畜殺した解体前の鶏一匹を丸ごとのせて流すようになり、近年からは鶏の鶏冠や爪、内蔵など、主に食べない部位を流すようになった。

「牛肉料理　→　鶏本体　→　鶏の不使用部位」と流すものが変化したことが分かる。本来の形である牛肉料理には供犠性はみられないが、その後、鶏物本体の放棄という、動物本体の供進（要素③）や主要部の放棄（要素⑥）といった供犠性を有するようになっている。牛肉料理を使うだけの儀礼が、鶏への変化と共に供犠化したと捉えることができよう。聞取り調査によって、かつて牛肉料理を流したという話が確認できていなければ、筆者は本例を供犠的要素を持つ事例と捉えていたであろう。干立の事例は、供犠的要素が新たに付加された可能性を考える上で貴重な事例である。

次に、祭祀対象が確認できた事例が、動物供犠では九割（三二例中二九例）と高いのに対し、シマクサラシ儀礼では四割強（三九例中一七例）と過半数に満たない。シマクサラシ儀礼では過半数の事例で、供犠を行う上で重要な祭祀対象が不明確であった。

そして、動物供犠に関しては、供犠の対象や、その目的及び場所にも明確な整合性がみられた。シマクサラシ儀礼にみられる供犠の対象は、災厄（九例）、土帝君（三例）、旧家の神（三例）、湧泉の神（二例）の四つに整理でき、災厄が最多であることは、シマクサラシ儀礼の主眼との関連性から理解できる。しかし、村落祭祀における中心的な聖地である御嶽の神や、村落の入口で対峙できる災厄神ではなく、旧家や湧泉の神が供犠の祭祀対象となる点は疑問である。それらの神に防災との関連性があったとは考えにくい。湧泉の神に動物を捧げたという二例は、湧泉の神に対して、生きた動物を供えた後、同所で儀礼的畜殺が行われたという。認識と行為の場所が合致しているといえるが、やはり、湧泉の神である理由は理解できない。

第一章―第四節―一の拝所の分析で明らかになったように、シマクサラシ儀礼において拝される聖地は、御嶽、祭祀場、旧家、湧泉に分けられるが、その中で最も少ないのが湧泉であった。湧泉の神とシマクサラシ儀礼との関連性は希薄と言える。

ここで注目したいのが水である。第二章―第二節―二の分析で、シマクサラシ儀礼における畜殺場は、特定の場所、不特定の場所、聖地と三つに分けられることが分かったが、特定と不特定の場所で畜殺する例の中には、浜辺、川辺、湧泉の側などの水辺で畜殺した例が計四一例確認できた。それは、畜殺や解体に際し、洗浄のために水が不可欠であるからという。村落によっては、かつて正月などの年中行事に要する動物の畜殺、解体を、便宜上、川辺や海辺で行ったという。

拝所及び畜殺場の分析結果を鑑みると、畜殺場として聖地である湧泉が選ばれたのは、湧泉の神に捧げるためではなく、水の入手という利便性が前提にあったのではないか。湧泉の神という祭祀対象は、後に付加された可能性がうかがわれる。

次に、シマクサラシ儀礼における動物が重要な生き物として捧げられるのであれば、それを畜殺する場所や捧げる場所も、神の居する聖地、あるいは災厄と対峙する村落の入口といった要所であるべきと思う。しかし、供犠的要素を持つシマクサラシ儀礼において、動物が捧げられる最多の場所は、聖地や村落の入口でもない単なる広場であった（三九例中一六例）。場所の分析からも、シマクサラシ儀礼の主眼との関連性や重要性はみられなかった。

祭祀対象と場所の分析から、シマクサラシ儀礼において供犠の祭祀対象が確認できたのは四割強と過半数に満たず、動物供犠（九割）の半数以下であること、そして、供犠が行われる場所に重要性がみられなかった。一般的な動物供犠との比較からも、シマクサラシ儀礼に認識されていた供犠の祭祀対象が忘却され、場所の重要性も消失した可能性は考えにくい。

つまり、シマクサラシ儀礼にみられる供犠的要素は、後から追加されたものであるために、多くの事例で祭祀対象が不明であり、供犠が行われる場所からも、シマクサラシという防災儀礼に関連する重要性が見出だせないと考えられる。

そして、シマクサラシ儀礼における供犠行為の多くが、共食場ともなる特定の広場で行われることから、次のことが推測できよう。かつて、村人たちが集まるのに適した広場で普通の方法で畜殺が行われていたが、その方法だけが儀礼的畜殺へと変化した。そのために、多くの事例で、供犠の目的も祭祀対象も不明で、場所からも、シマクサラシ儀礼に関連する重要性が見受けられないのではないだろうか。

さらに、供犠的要素を持つシマクサラシ儀礼は、沖縄本島中南部に多く、全体の五割半ば（三九例中二二例）に相当する事例が当域にみられる［第二章―第三節―一―（一）―①］。この分布形態は、シマクサラシ儀礼にみられる供犠的要素が新しいもので、その変化が中南部を中心に多発したことを示唆していると思われる(6)。

シマクサラシ儀礼と一般的な動物供犠における供犠的要素、その複合性、供犠の祭祀対象、供犠の行われる場所などの比較を中心に、シマクサラシ儀礼にみられる供犠製の意味を考察してきた。その結果、動物供犠と言えるような供犠的要素を持つシマクサラシ儀礼は、ほか多数の動物供犠ではないシマクサラシ儀礼が変化したものと結論づけたい。供犠性の無い本来のシマクサラシ儀礼に、供犠的要素が新たに付加されたと判断される。シマクサラシ儀礼の畜殺方法や村入口の懸架物に関する分析でも、非供犠性を示す事例が大半を占めたことも、傍証の一つに数えられよう［本章―第三節―一―（二）］。

小野重朗は、シマクサラシ儀礼を含めた奄美や沖縄の動物を使う防災儀礼は、供犠化する傾向をもちながらも、本来は動物の肉を供物にし共食するだけの儀礼であるとした［小野 一九七〇：三九］。その中で、小野はシマクサラシ儀礼における具体的な供犠的要素の指摘は行っていないが、今回の分析によってシマクサラシ儀礼における供犠的要素は新しいものであることを実証できたと思う。

第四節　シマクサラシと鬼餅――肉と餅――

小野重朗は、全国の防災儀礼に用いられる肉と餅は本質的には同じものであるが、前者が古く、かつての食生活の姿が残留したものと捉えた［小野 一九七〇：三九］。ここで言う肉は、シマクサラシ儀礼に使われる肉のことである。また、全国の防災儀礼における肉と餅は変化した関係にあるもので、狩猟民的な古い生活から畑作民、稲作民の生活へと、食べ物の価値転換によって、肉から餅へという変化が起こったとした［小野 一九八二b：四五五］。

沖縄のシマクサラシ儀礼における餅も畑作から稲作へという食べ物の価値転換により、肉から変化したのであろうか。本儀礼における肉と餅の関係を分析を踏まえ、小野重朗の「肉から餅」説を検討したい。

一　肉と餅の関連性

これまでに行ってきた供物［第一章─第四節─三］、吊るもの［第二章─第一節─二─（一）］などの分析結果を踏まえ、肉と餅との関連性を分析する。

まず、供物の分析で、餅を供物に使う事例が三五例確認できた（沖縄本島北部一八、中部一〇、南部七）。沖縄本島の事例で、その周辺離島及び先島諸島にはみられない。三五例中二八例と、全体の八割が月桃の葉で包んだ、いわゆるムーチーであった（北部一五、中部一〇、南部二）。そして、一例を除く全例がムーチー儀礼の期日と同日であった。(7) シマクサラシ儀礼の供物にみられる餅は、ムーチー儀礼との関連性が強いと言える。

ムーチー以外の餅には、ダーググヮー（団子小）と呼ばれる直径一センチほどの小さな団子（北部二、南部二）、重箱いっぱいに詰めた白餅（南部三）などがある。小さい団子の意味については検討を要するが、重箱に詰めた白餅などは、ウチャヌクの一種とも捉えられよう。供物の分析で既述したが、当村落ですべての年中行事を通し、酒、米、線香、小銭、白紙などと併せて供えられるウチャヌクと呼ばれる三段に重ねた白餅は、餅（供物③）ではなく、祈願道具類（供物⑥）に含めた。重箱の白餅が南部のみにみられることも、それが新しい供物であることを示唆している。

肉との関連性については、三五例中六割の二一例が、肉（肉料理または生肉）と共に供えられている。また、肉と一緒に供えない一四例に関しても、儀礼に動物が使われないわけではない。一四例中八例と、半数以上で防災や共食のために動物が使われている。

供物の分析から、肉と餅が並置されることが多く、両者は互換性のある同質のものと言える。しかし、餅のみを供える事例でも、防災や共食には肉が使われていることから、シマクサラシ儀礼における餅は肉から変化したものとは考えにくい。

次に、「吊るもの」の分析で、村入口に餅を懸架する例が一一例あることが分かった。全例が一二月のムーチー儀礼に作られる月桃の葉で包まれた餅、いわゆるムーチーであった。[8] 懸架されるムーチーと肉との関連性を分析した結果、肉と共に懸架する割合は二割弱と低い（一一例中二例）。ムーチーを吊るす過半数（一一例中六例）の事例では、共食や防災などにも動物が使われないため、儀礼の中での肉が餅へ変化した可能性が推測できよう。しかし、ムーチーを懸架する事例の四割半ば（一一例中五例）では共食や防災に動物が使われており、儀礼中の動物の要素がすべて餅へと変化したわけではないこと、そして、吊るものが骨や肉、あるいは血などからムーチーに変化した実例は未確認である点は留意すべきである。

シマクサラシ儀礼における肉と餅の関係性を「供物」、「吊るもの」の分析結果を踏まえて考察してきた。結果、シマクサラシ儀礼の肉と餅は、供物として並べて供えられ、防災のために並べて懸架されることが多いことから、両者は同質のものと把握できる。

小野重朗は、村入口に懸架するものが骨から餅を包んでいた葉に変わった事例（加計呂麻島須子茂《すこも》）と、供物が牛肉から餅に変わった事例（大島郡喜界町小野津）という奄美の防災儀礼を根拠に、「肉から餅」という変化が全国の防災儀礼において起こったとした［小野 一九七〇：三七］。

前述したように、琉球諸島の防災儀礼であるシマクサラシ儀礼では、肉と餅が並置される例が多いが、肉から餅、骨から餅の葉へ変わった例はみられない。「肉から餅へ」という変化の条件は整っているが、並置されるにとどまり、変化はしていない。

シマクサラシ儀礼に供物となる餅のほとんど（三五例中二七例）、村入口に吊るされる餅の全例（二〇例）、家庭レベルの防災方法に使われる餅の全例（四九例）は、ムーチーであった。シマクサラシ儀礼における餅のほとんどは一二月のムーチー儀礼を象徴する食べ物であり、当儀礼との関連性が非常に強いことが分かる。

シマクサラシ儀礼とムーチー儀礼との関連性を考えたい。まず、鬼という災厄であるが、シマクサラシ儀礼において、鬼を災厄として意識する例は九例と非常に少ない（北部五、中部一、南部二、宮古一）。うち六例が一二月のムーチー儀礼と同日であった（北部五、南部一）。鬼という災厄とムーチー儀礼との関連性がみられる。

ムーチー儀礼は、沖縄諸島で主に一二月八日に行われる厄払いと家族の健康を願う家庭レベルの儀礼である。月桃の葉で包んだ餅を仏壇に供え、鬼を除けるために餅の煮汁を家の周囲に撒いたり、食べた後に残った葉を十字にして軒下に吊るす。ムーチー儀礼に意識される災厄が鬼であることは、ウニムーチー（鬼餅）という名称や、鬼を除けるために餅の煮汁を屋敷内に撒く行為に関する、「ウニヌヒサヤチュン（鬼の足を焼く）」、「ウニヌヒサユゲースン（鬼の足を湯がく）」という表現、そして、十字にした月桃の葉を「ウニヌヒサ（鬼の足）」と呼んだりすることからも分かる。首里王府によって編集された『琉球国由来記』（一七一三）には、鬼となった兄を妹が退治するというムーチーの由来譚があり、「鬼餅」と記されている［外間編 一九九七：二二八—二二九］。ムーチー儀礼と鬼は不可分の関係にある。

次に、ムーチーと同日に行われるシマクサラシ儀礼であるが、現時点で、沖縄諸島に七二例確認できている（北部三三、中部二九、南部七、周辺離島三）。ただ、その中で鬼を防災の対象とするのは六例と、全体の一割に満たない。なぜ、鬼と不可分であるムーチー儀礼と同日であるにも関わらず、村落レベルの災厄として鬼が意識される例は希少なのだろうか。

それは、鬼は、主に家庭レベルの祭事であるムーチー儀礼に意識される災厄であって、村落レベルのシマクサラシ儀礼の災厄ではなかったからである。つまり、シマクサラシ儀礼とムーチー儀礼は、物を吊るし、災厄を払うという点は類似するものの、同日に行われるだけで、骨肉を吊るし流行病を払う儀礼（シマクサラシ儀礼）と、餅を吊るし鬼を払う儀礼（ムーチー儀礼）という全く別の儀礼として捉えられていた。両儀礼は変化した関係ではなく、異なる儀礼であったのである。

家庭レベルの防災方法にも目を向けたい。ムーチー儀礼と同日にシマクサラシ儀礼を行う事例の中で、家庭レベルの魔除けが五五例確認できた。事例群は、ムーチーだけを使う事例（三二例）、骨や血とムーチーを使う事例（一七例）、骨や血だけを使う事例（六例）の三つに分けられる。

注目したいのは、全体を占める割合で、ムーチーだけを使う事例の高さ（六割弱）、動物の部位とムーチーを併用する事例の低さである（三割）。シマクサラシ儀礼の主眼が防災であり、同日に動物が使われるのであれば、ムーチーと共に骨などの動物の一部が使われても良いのではないか。

さらに、骨や血とムーチーを併用する事例でも、その九割弱（一七例中一五例）で二つの方法が区別されている。(9)魔除けという目的と、軒先や門という設置する場所は同じでも、一つの懸架物としてではなく、血は枝葉につけて、ムーチーの食べ殻は十字にして、二つの懸架物として設置された（写真34）。

以上から、家庭の魔除けのために懸架されるムーチーは、動物から変化したものではなく、当初からムーチーを使った防災方法として、ムーチー儀礼に付随して受容され、実施されたと考えられる。

村落レベルのシマクサラシ儀礼において鬼を防災対象とする六例や、ムーチーと動物を一つの懸架物として吊るす二例は、同日に行われるムーチー儀礼の災厄と懸架物が統合された稀有な事例と把握できる。(10)

小野重朗は、シマクサラシとムーチーを期日が一致する事例があることから、両儀礼を同系の防災儀礼とした［小野 一九七〇：三三］。しかし、両儀礼の関連性や変遷を考える場合は、類似性だけではなく、内容の類する異なる儀礼の統合という観点からの分析も必要であろう。

写真34　懸架された鶏の骨とムーチー
（沖縄本島中部 旧石川市東恩納。2009年撮影）

分析結果を踏まえると、シマクサラシ儀礼における餅は、小野重朗の指摘するような、生業の変化や食物の価値変化によって出現したものではなく、ムーチーという餅を供物とする儀礼と同日に行われたことによって、シマクサラシ儀礼の供物や防災方法に追加されたものと判断される。餅の多くが肉と併用され、肉から餅に変化した実例がないことは、その傍証であろう。肉と餅が同じように使われたのは、小野の指摘通り、肉に供犠性はないためであったと考えられる［小野 一九七〇：三七］。しかし、餅の価値は、儀礼上、村落によって肉と同位に来ることはあっても、それを上回ることはなく、肉から餅へと変化することもなかった。

もし、生業や食物の価値観念の変化によって、シマクサラシ儀礼に餅がみられるようになったのであれば、ムーチー儀礼と同日ではない事例の中にも、餅が供えられ、村や家の入口に懸架されたはずである。動物の要素がみられず、餅だけが使われる事例もあるが、肉と餅を併用する事例の方が多いことから、それらは肉と餅との併用という段階を経て、動物の要素が欠落した状態と把握される。つまり、動物の要素が無くなっただけで、肉から餅という変化ではないと考える。

二　肉を食べる意味

(一) 先行研究

小野重朗は、シマクサラシ儀礼を含めた奄美や沖縄の防災儀礼に牛が使われる意味について、農耕などの使役に重要であるからではなく、牛そのものが聖なる動物と考えられていたためと考察した。そして、牛肉には、外からの危害を防ぎ、身を守るような不思議な力があるものと捉えられていたとした［小野 一九八二b：四五三、四五六］。それが、狩猟民から畑作民、稲作民という生活の変化により、力を持つ食べ物も牛肉から餅へ変化したという。その実例として、身を固め災厄を防ぐ機能をもつ食物が、牛肉から米の餅へ変化した奄美大島瀬戸内町西阿室の防災儀礼（一〇月のカネサル）の例を挙げた［小野 一九八二b：四五五―四五六］。

小野は、力のある食べ物の変化を「牛の肉→穀物の団子→米の餅」と捉えているが、豚や山羊、鶏など、肉であれば何でも力が付与されていたのではなく、牛の肉にこそ力があったと考えている点は注意すべきである［小野 一九八二b：四五五―四五六］。

琉球諸島における肉の持つ力について次のような研究がある。萩原左人は、琉球諸島や奄美諸島に広くみられる年の変わり目に動物をつぶし、食べるという肉正月の調査分析から、肉を食べる意味、その力について考察している。正月に肉を食べることで、生命や身体の更新をはかることができたとした［萩原二〇〇九：二七四］。同じく大晦日の肉に関して、赤嶺政信によると、粟国島では豚のチーイリチー（血炒り料理）は、グソーンチュ（死霊）からの被害を避けるため、子供のほか、新生児にまでなめさせたという［赤嶺一九九八：八〇］。肉には力があり、それを食べると力を手に入れることができることを示す事例である。

日本における正月などのハレの日の「米の餅」について、柳田国男は、餅は力が付与された食べ物で、食べることでその力を得ることができるとした［柳田一九九〇b：三二八］。その中で、沖縄の餅について、「吉事には餅がなく、正月にもまた餅がない。鬼餅と称する一二月八日等、季節季節の先祖祭の時などに、主としてこの食物は調製せられている」としている［柳田一九九〇b：三一八］。ここで柳田は、沖縄において正月や吉事に餅の代わりに使われていた食べ物（肉）に注目せず、餅と肉の対比を行っていない。

このことについて、六車由美は、旧正月には沖縄入りしていた柳田は、牛や豚を殺し、皆で共食する光景を目の当たりにしたはずだが、「ハレの日の肉」について『海南小記』［柳田一九八九c：三五六］で断片的にしか触れなかったとしている。そして、ムーチーを「ハレの日の米」のバリエーションの一つと見做し、強調し、沖縄の人々を「早く別居した我々の兄弟」として米を至上のものとする「われわれ」日本人の中に同質化してしまっているとした［六車一九九六：一六二］[11]。

六車の指摘通りに、柳田は、一九二一年一月一一日の沖縄本島北部の調査で「豚を殺して年をとる。一二月三一日の行事。正月分に一匹ころすなり」［柳田二〇〇九：七七］、二四日の石垣島の調査で「葬式に生物を殺すこと、之を例とす」［柳田二〇〇九：一二四］と、正月や葬儀に餅ではなく肉（豚）が使われることを確認している[12]。

加えて、流行病の際に、その蔓延を防ぐために山羊の血を門に撒くという、臨時のシマクサラシ儀礼も確認している［柳田二〇〇九：一二九］。

柳田は、正月や葬儀、防災のために、米や餅ではなく肉や血が使われることを確認したが、両者の対比は行っていない(13)。

（二）肉の力

シマクサラシ儀礼に畜殺された動物は村人によって食される（本著では共食で統一）。現在も共食を行う村落はあるが、儀礼中の共食の消滅、あるいは参加者の減少傾向が多くみられる（写真35、36）。広場で料理して現地で食べる方法や、生肉を各戸へ分配する方法、その両方を行う村落もある（写真37）。

共食は、沖縄本島北部八一、中部一三一、南部八五、周辺離島一一、宮古八五、八重山二五例の計四一八例（文献二七・聞取り三九一）で確認できた。共食が確認できなかった一一六例は、文字通り確認できなかっただけで、行われていなかったわけではない。畜殺した動物を一口も食せず放棄した例が皆無であること、主要部を放棄した例も二例と希少であること（供犠的要素⑥）から、動物が使われている以上、共食が行われたことは間違いないであろう。

共食の合計数はシマクサラシ儀礼全体の八割弱に相当し、ほとんどの地域で過半数を切っていることからも、共食が儀礼の重要な要素であることが分かる。共食を行う三八五例の中で、沖縄本島北部七、中部一五、南部一、周辺離島三、八重山八の計三四例（文献六・聞取り二八）で、動物を食べる意味が確認できた。数は限られているが、いずれも、儀礼の肉を食べると、流行病を払う力が身につくという認識であった。災厄を払うために、村

写真35　肉料理の共食
（左上：沖縄本島北部 名護市辺野古。2007年撮影）
（右上：本島中部 中城村伊舎堂。2005年撮影
（左下：本島南部 旧佐敷町佐敷。2005年撮影）
（右下：宮古諸島 旧城辺町保良。2017年撮影）

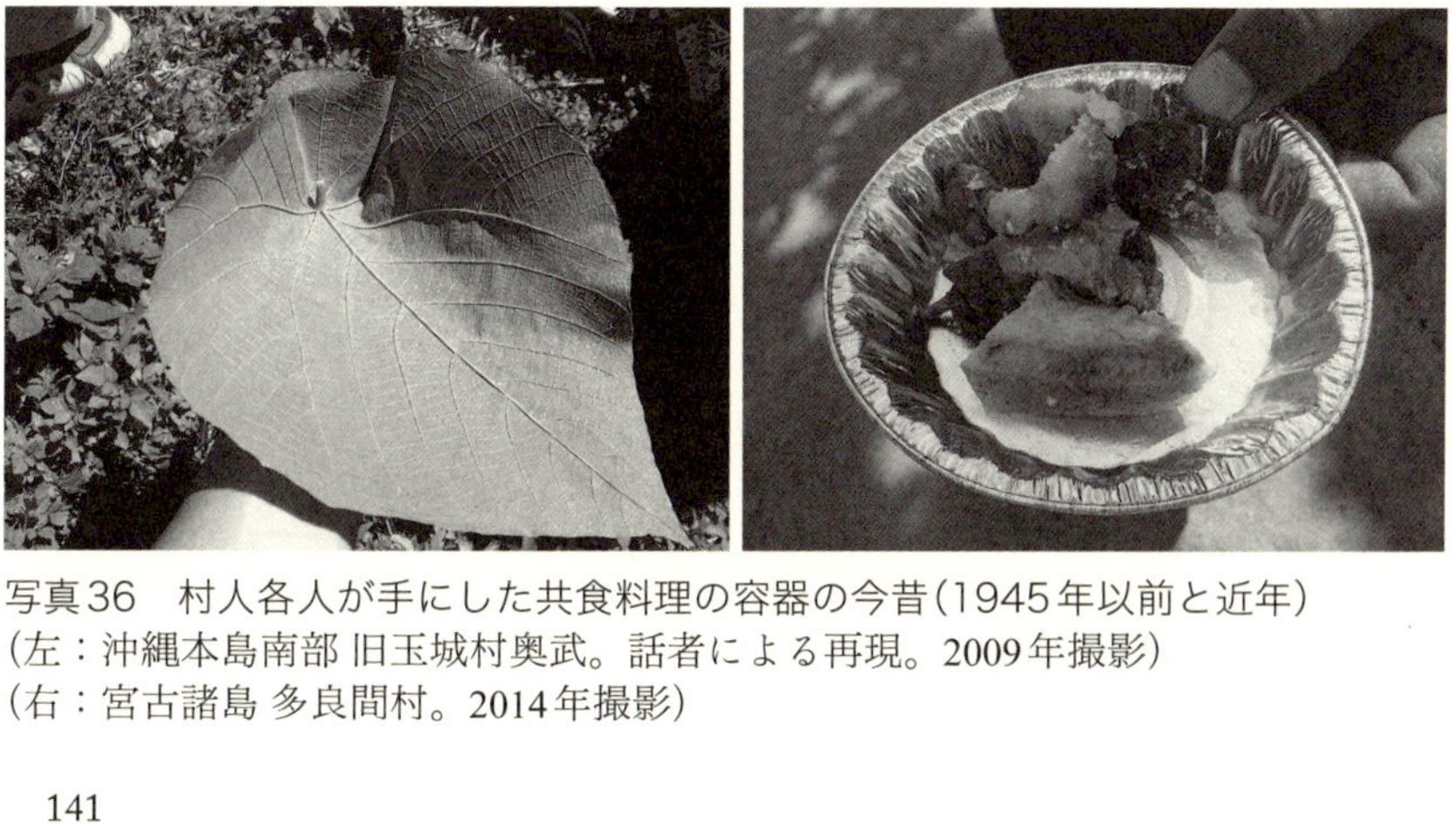

写真36　村人各人が手にした共食料理の容器の今昔（1945年以前と近年）
（左：沖縄本島南部 旧玉城村奥武。話者による再現。2009年撮影）
（右：宮古諸島 多良間村。2014年撮影）

落レベルで村入口に骨や肉、血が懸架されるが、それを体内に取り込むと、個人レベルでも防災の力を獲得することができるとも考えられた。

また、シマクサラシ儀礼において、力を得られると考えられた食べ物は肉だけであった（写真38）。村落によって、肉の他に食される、天ぷら、カマボコ、おにぎり、素麺、酒、お菓子、肉料理に混ざっている野菜や豆腐、昆布、そしてムーチーなどに力があると考える事例は未確認である。これは、力が付与された食べ物は肉だけであることを示している。さらに、肉の力は他の食べ物には転換されなかったことや、力の源は、村人全員で集まることや、共食場で食べることではなく、食べるという行為にあったことも示唆している。

写真37　村人への豚肉の分配
（沖縄本島北部 恩納村。2008年撮影）

力を付与された肉の動物の種類を分析したい。分析の結果、牛（三〇例）、豚（一四例）、山羊（七例）、鶏（一例）、馬（一例）と儀礼に使われるすべての動物の肉に力が付与されると捉えられていることが確認できた（重複含む）。最も多いのは牛で全体の六割弱を占める。豚の事例も四割強と多い。シマクサラシ儀礼における動物の種類全体から見れば、豚は牛の二倍多いにも関わらず、防災の力を持つ肉としては牛が最多となっている点は興味深い。肉であれば、どんな動物にも力があったのではなく、牛の肉にこそ防災の力があったと考えられていたことが分かる。

シマクサラシ儀礼に使う動物の一〇割弱（一〇七例中一〇五例）が豚で、牛が皆無であった宮古において、食べる意味が一例も確認できなかったことは、牛肉にこそ力があったことの一つの裏付けと捉えられる。

写真38　共食用の料理
（左：沖縄本島南部 糸満市潮平。牛汁。2008年撮影）
（右：本島北部 大宜味村城。豚肉。2007年撮影）

儀礼に複数種類の動物を使い、そのいずれの肉でも食べると、力を得ることができると考える事例の動物の種類を整理すると、牛・豚（五例）、牛・馬・豚（一例）、牛・山羊（一例）、豚・山羊（一例）であった（写真39）。力を持つ肉として牛が最多であったことを鑑みると、本来は牛肉だけに付与されていた力が、豚や山羊、あるいは馬の肉に転換されようとしているとも捉えられよう。

旧勝連町津堅ではかつては牛が使われ、その肉を食べると防疫の力を得ることができると考えられていた［沖縄民話の会編集委員会一九七九：三二］。聞取り調査では牛を使った話は確認できず、儀礼には豚が使われるようになっていたが、豚肉を食べると疫病を払う力が身につくという認識が確認できた［聞］。儀礼に使う動物が牛から豚へと変化すると共に、肉の力も牛から豚へと転換した実例と考えられる。

山羊肉に力があると考える事例は七例で、牛（二〇例）や豚（一四例）より少ない。ただ、シマクサラシ儀礼全体の中で山羊を使う例は三三例で、豚の一〇分の一以下（三五一例）、牛の五分の一以下（一七五例）であることを鑑みると、比較的多いことが分かる。

第四章—第三節—二で行った、畜殺する意味が確認できた動物の種類の分析結果も同様であった。つまり、牛（一三例）、豚（五例）、山羊

写真39　肉の共食
(左：沖縄本島中部 中城村久場。2006年撮影)
(右：沖縄本島北部 宜野座村祖慶。2005年撮影)

(三例)、鶏(一例)、馬(一例)で、牛が最多であることと、合計数と比較すると山羊が比較的多い。

また、同節での事例群の分析から、山羊は、牛の持つ神秘的な性質を補え得る唯一の動物であり、山羊に関する容姿や肉の性質についての意味付けは、本来、牛が持っていた聖性が転換されたものと結論づけた［第四章－第三節－二］。肉に力が付与された動物として山羊が比較的多いのは、牛そのもの、そして、その肉にまつわる聖性も、牛から転換されやすい動物は豚や鶏ではなく、山羊であったことの傍証と把握できる。(14)

肉の意味が確認できる動物として山羊が比較的多いのは、牛そのものにまつわる聖性だけではなく、その肉にまつわる聖性も、牛から転換されやすい動物は豚や鶏などではなく、山羊であったことを示していると考えられる。

シマクサラシ儀礼における動物を食べる意味についての分析の結果、肉を食べると、疫病を払い除ける力を身に付けることができるという認識があることが明らかになった。そして、その肉は動物であれば何でも良いのではなく、とくに牛が多いことが分かった。柳田の指摘した「米の力」に対して言えば「肉の力」となるが、厳密には「牛肉の力」と言えよう。シマクサラシ儀礼に使われる動物は豚が最多であるが、特定の動物を使う意味が確認できたのは牛が最多であったことは、牛肉の力の傍証と考えられる〔第四章―第三節―二〕。

また、動物を食べる意味が確認できた事例は三四例と少なかった。肉を食べる意味自体が忘却されていったことを示しているとも推測できるが、牛から他の動物への変化に伴い、牛肉の力が別の動物の肉には転換されなかったことを示唆しているとも捉えられる。

（三）餅の力

小野重朗は、防災儀礼における力のある食べ物の変化を「牛の肉→穀物の団子→米の餅」と捉え〔小野一九八二b：四五五―四五六〕、柳田国男は、肉との対比は行っていないものの、「米の餅」を力のある食べ物とした〔柳田一九九〇b：三二八〕。

ここでは、シマクサラシ儀礼における共食から餅の力を検討し、その結果を踏まえ、小野と柳田の指摘を検証したい。

シマクサラシ儀礼において、村人たちが餅を食べる例を一六例確認できたが、その数は五三五例という儀礼の総数からみると非常に少なく、分布圏も沖縄本島だけに限られている（沖縄本島北部五、中部七、南部四）。餅の種類は、一二月八日のムーチー儀礼を象徴する月桃の葉に包んだムーチー（一〇例）と、一般的な祈願の供物の一つであるウチャヌクと呼ばれるような白餅（六例）の二つに分けられる（写真40）。

まず、ムーチーを共食する事例であるが、当然ながら一二月のムーチー儀礼と同日に行われる。沖縄本島北部五、中部五例の計一〇例確認でき、その内、ムーチーだけを広場などで共食するのは三例で、ほか七例は肉も一

写真40　ムーチーの共食
（沖縄本島中部 旧石川市石川。2006年撮影）

緒に食される。また、ムーチーだけを食べる三例中一例は、儀礼に際して豚を畜殺したことから、肉も食べていたと推測される（大宜味村饒波［聞］）。

シマクサラシ儀礼の共食における餅（ムーチー）のほとんどは、肉と共に食べられることが分かった。動物も使わず、ムーチーだけを共食場で食べる二例に関しては、その近隣周辺の村落では儀礼の期日は同日であるが、動物を畜殺し、肉を食べることから、本来存在した動物の要素が消失し、ムーチーだけが残った状態と捉えられる。

白餅を共食した事例は、沖縄本島中部二、南部四例の計六例確認できた。全例が動物の肉も一緒に食べたという事例で、餅だけを食べた例は皆無である。

シマクサラシ儀礼において餅を共食する事例は一六例と少なく、沖縄本島だけにみられる。そして、六割強（一六例中一〇例）がムーチーで、一二月のムーチー儀礼との関連性が強いこと、八割強（一六例中一三例）で肉も一緒に食べることが分かった。

シマクサラシ儀礼とムーチー儀礼が同日である事例は沖縄諸島に七二例（北部三三、中部二九、南部七、周辺離島三）みられるが、ムーチーの共食が行われるのはわずか一割強（一〇例）である。当日には各戸でムーチーが作られるにも関わらず、共食場で肉とともに食べることは少ない。それはムーチー儀礼が基本的には家庭レベルの年中行事であり、ムーチーも主に家庭での食べ物であったためと考えられる。

ムーチー儀礼の家族や子供の健康を願って鬼を払うという目的や、主に子供たちが年の数だけ食べるという点、男子のために作られるチカラムーチー（力餅）という餅の名称などから、ムーチーという餅が力のある食べ物であることは明白である。その点は柳田国男の指摘した通り、ムーチーは力を持った食べ物と言える［柳田 一九九〇b：三二八］。

しかし、あくまでもそれは一二月のムーチー儀礼という家庭の中の話である。その力が、シマクサラシ儀礼という村落レベルで発揮されることはなかった。シマクサラシ儀礼においてムーチーを共食する事例の少なさが、それを物語っている。元々ムーチーはシマクサラシ儀礼の共食物ではなかった。ムーチーは、シマクサラシ儀礼の共食場から消えたのではなく、新たに追加された食べ物と考えられる。

ムーチー儀礼と同日に行われるシマクサラシ儀礼において、ムーチー儀礼を象徴する鬼が意識される事例（一割強・七二例中六例）、ムーチーを防災に使う事例（二割半ば・七二例中一九例）、そして、ムーチーを供える事例（四割弱・七二例中二七例）などが少ないことも、ムーチー儀礼の要素がシマクサラシ儀礼に新たに追加された証左と考えられる。ムーチーを供物や防災に使う事例のうち、肉と一緒に供える事例（五割半ば・二七例中一五例）、ムーチーと一緒に吊るす事例（六割弱・一九例中一一例）が過半数を占める点も、裏付けとして挙げられよう。

また、ムーチーと白餅を共食する事例の分布形態に注目したい。ムーチーは沖縄諸島の儀礼であるから、その共食事例が沖縄本島に限られているのは不自然ではない。しかし、白餅は琉球諸島全域に存在していたにも関わらず、それを共食する事例は沖縄本島の中南部だけにみられ、とくに南部に多い（中部二、南部四）。王都が所在し、新しい民俗文化の流入や伝播、近代化による民俗文化の変容が他地域より起こったとされる沖縄本島南部に多いということは、シマクサラシ儀礼における餅が、肉に次いで新しく追加されたことを示唆していると思われる。

最後に、小野重朗の力を持つ食べ物の変化に関する指摘を検証する。シマクサラシ儀礼において餅を共食する村落は計一六例と非常に少なく、その八割強（一六例中一三例）が肉と食べられ、小野の指摘したような肉から餅に変化したという実例はみられない。そして、小野の指摘通り、防災儀礼における餅が生活の変化によって肉から変化したものであれば、様々な月に行われる多くのシマクサラシ儀礼に餅の共食がみられたはずである。しかし、その過半数が一二月のムーチー儀礼と同日であった（一六例中一〇例）。

このことから、シマクサラシ儀礼の共食にみられる餅は、生活の変化によって肉から変化したものではなく、その多くは餅を供物とするムーチーという儀礼との接触によって、新たに追加された要素であると結論づける。ムーチーではない白餅を共食する事例に関しても、六例すべてが肉も一緒に食べたことから、肉から変化したものではなく、肉の共食に付加された食べ物と考える。

三　肉を餅に変えるためのムーチー政策

本節の最後に、シマクサラシとムーチーという二つの儀礼の分化あるいは統合といった歴史的な変遷に関する問題について、事例群の分布形態及びムーチーの由来譚の分析から新たな見解を提示したい。

まず、鬼餅と同じ日にシマクサラシ儀礼を行う村落は、沖縄諸島に七二例みられ（北部三三、中部二九、南部七、周辺離島三）、沖縄本島の北部と中部に多いが、南部では七例と非常に少ない。沖縄本島中南部の一二月八日に儀礼を行う事例の分布形態の特性を把握するために作成したのが地図6である。ムーチーと同日にシマクサラシ儀礼を行った村落を示す●は、南部に全体に散見されるのではなく、本島南端の糸満市（三例：摩文仁［聞］、大度［聞］、米須［聞］）と東隣りの旧具志頭村（三例：与座［聞］、仲座［聞］、具志頭［聞］）、旧佐敷町（一例：津波古［佐敷町

史編集委員会 一九八四：三九五〕にのみみられる。さらに、南部でも南端の海岸沿いの村落に集中していることがわかる（七例中六例）。

地図を俯瞰すると首里を中心にして、その周囲には一二月八日の事例が少なく、離れるほど多くなる特徴が読み取れる。そして、中部における南限地域は、東海岸に位置する中城村であることが地図から分かる。しかも、同村全体に散見されるのではなく、北側に集中している。

この分布形態について二つの形成過程が考えられる。一つは、沖縄本島でシマクサラシは様々な期日に行われていたが、北中部と南部の端の村落だけ、鬼餅と同じ日に行われるようになった。二つ目は、沖縄本島の広い範囲で一二月八日のシマクサラシがみられたが、南部の大部分では姿を消し、北部と中部、南部の端の村落だけに僅かに残った可能性である。

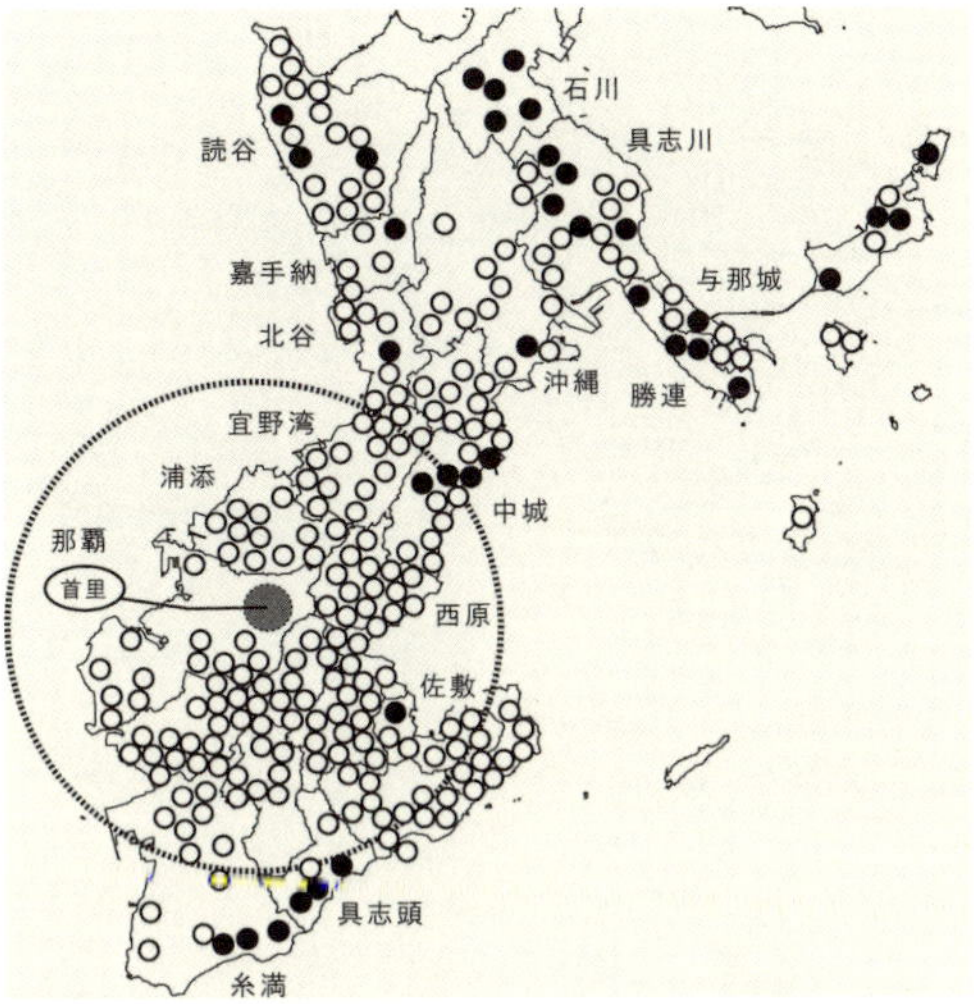

地図6　沖縄本島中南部におけるムーチーの日にシマクサラシ儀礼を実施する村落地図（●：当該村落。○：ムーチー以外の日に儀礼を行う村落）

行事や習俗によっては、古い形は端の方に残るという周圏論の一つの傾向を踏まえると、二つ目の可能性が高いのではないか。北部や中部、南部の端だけで一二月八日に変化したのではなく、古形として南部の南端と首里から離れた北中部に残ったと考えられる。中城村の分布形態はその傍証であり、一二月八日にはシマクサラシ儀礼を行わないという傾向、または、一二月八日以外に行う傾向が、王都のある首里を中心に南部一帯に波及し、北上してきたことを示唆している。ムーチー政策の効果が首里を中心に南部一帯を覆い、また、南部に接する浦添市や西原町を覆って後、その北の中城村にも及んだが、村の北側に差し掛かったところで影響が薄れた結果、北側に一二月八日に行う事例が残存したと考えられる。

次に、詳細は「第五章─第四節」で扱うが、『琉球国由来記』に記載されたムーチーの由来譚には、一八世紀当時では、暦の所有と読解力を有した者、つまり、士族層しか知りえない要素が散見される。加えて、物語の舞台となっている内金城御嶽は、首里城からは直線距離で約三〇〇メートルと近い上に、修理には王府の許可が必要であった

写真41　内金城御嶽
（沖縄本島南部 那覇市金城。2016年撮影）

ということが示すように、距離だけではなく、王府との関係性が強い御嶽である［球陽研究会編 二〇一一：一九二］（写真41）。さらに、由来譚の中で、鬼となった兄は首里から大里に行き人を喰い、再び首里金城に戻ってきて退治される。これは、食人という蛮行が首里であったと思われたくない者によって由来譚が創作されたことを示唆しているのではないか。つまり鬼餅の由来譚は王府関係者（士族層）によって創作されたと考えられる。

また、『琉球国由来記』に記載された人肉を喰らう鬼が、餅を食べる人間に退治されるというムーチーの由来譚は、肉と餅との対立という見方もできる。「鬼餅の日の食肉は鬼同様の蛮行で、人間は餅を食べるもの」というメッセージが読み取れるのではないか。肉を喰う鬼（兄）と餅を食べる人間（妹）は、肉ではなく餅を食べてほしいという王府の希望から描き出されたキャラクターであろう。

一二月八日に動物の骨や血を防災や除災のために村入口や戸口に掲げ、肉を食べるというシマクサラシ儀礼を行う事例は、沖縄本島に広くみられていたと考えられる。第一章―第一節―「三　非分布地の意味」で指摘したように、当儀礼は首里王府の規制や禁止の対象であった。王府は、この一二月八日の動物を要する儀礼を無くす方法を検討したと思われる。そして、儀礼そのものを禁じるより、同日に肉に代わる食べ物で魔除けができる行事と、肉食に罪悪感を覚えるような由来譚を創る方が効果的だと着想したのではないか。結果、食べる肉は餅で、入口に吊るす骨は月桃の葉で、家に撒く血は餅の煮汁で代用できる鬼餅という行事を発案したと考えられる。

王府のムーチー政策は王都所在地の南部全域では功を奏し、海岸沿いの僅か六村落を除いて、一二月八日のシマクサラシは姿を消した。しかし、シマクサラシ儀礼自体が無くなったわけではなかった。南部の多くの村落ではムーチー以外の日にシマクサラシが行われている。

本島の北部と中部では二つの儀礼は融合し、拝所には肉と餅を供え、村入口には骨と月桃の葉を吊るようになった。

沖縄諸島の人々は、ムーチーという新たな儀礼の登場に際して肉食を止めることはなく、粘り強く、したたかにシマクサラシという古来の行事を期日を変えて固守し、あるいは期日を変えずに継承しつつ、最新行事も柔軟に受け入れ、肉も餅も食べるようになった。

今後の課題として、琉球諸島の中で一二月八日のシマクサラシ儀礼が沖縄諸島だけにみられる理由が挙げられる。ムーチーの発生の年代についての考証は第五章―第四節で行うが、年代的には新しく、そのために先島諸島には伝播しなかったと結論づけたが、先島諸島では一二月八日にはムーチーはもちろんシマクサラシ儀礼もみられない。先島諸島へのシマクサラシ儀礼の伝播の年代を含め、慎重に考察していきたい。

註

（1）宮古島の旧平良市島尻村落には、旧暦九月に村落内の災厄を払い、人々に豊穣と健康をもたらすパーントゥと呼ばれる仮面神が現れる祭りがある。パーントゥはシマクサラシ儀礼の後日に行われる点、シマクサラシ儀礼に作った左縄が使われる点から、シマクサラシ儀礼の除災行為の一種であった可能性が考えられる。両者の比較分析は第五章で行う。

（2）畜殺を行った家や個人の特定を避けるため、村落名は伏せておきたい。

（3）類型①に含まれるが、畜殺に男性神役が深く関わったという事例がある。恩納村名嘉真は、戦後四、五年頃まで、一一月頃、フーチゲーシ（疫病返し）を目的とした、カンクヮーという行事があった。村落の男性有志が豚を畜殺し、その頭を村落の端に掲げ、肉は生のまま各戸に均等に分配したという［聞］。

豚の畜殺や肉の分配をクシェラガミと呼ばれる男性神役が指揮したという。名嘉真には、ノロやネガミなど、計五人の神役がいらしたという。その中にクシェラガミがおり、戦前、あるいは戦後直後には女性が代行していたが、それ以前は男性が担う神役であったという。

クシェラの意味は聞取り調査や方言辞典では確認できなかったが、拵えるの方言かと思われる。神への供物や人々へ分配する料理を拵えることを役目とした神役であった思われるが、シマクサラシ儀礼だけに参加したのか、他の動物を使う年中行事にも同じ役割を果たしたのかなど、そのことを知る話者に会うことはできなかった。

（4）現在、文献資料及び聞取り調査の範囲では、その数は計三三例と限られているが、単に調べられていない可能性が高いことも留意したい。

（5）事例数と分布圏が、沖縄諸島より先島諸島が多く、かつ広いという分析結果を鑑みると、沖縄諸島だけで動物供犠の祭祀対象が多様化したと推測できないだろうか。御嶽や旧家の神に対する動物供犠が先島諸島で失われ、沖縄諸島だけに残ったとは考えにくい。詳細な分析は今後の課題とする。

（6）動物供犠の事例は、沖縄本島中南部では各一例ずつと、供犠的要素を持つシマクサラシ儀礼とは反比例するように少ない。シマクサラシ儀礼の供犠化の問題を併せると、動物供犠からは供犠的要素が失われ、シマクサラシ儀礼には追加されるという現象が中南部で起こったことになる。矛盾する現象が起こった理由や時代に関する考察は、今後の課題とする。

（7）ムーチー儀礼以外の実施日にムーチーを作る例は僅か一例であった。一二月二四日の儀礼日に、月桃の葉で包んだムーチーを供物としたという。他、ウプユミという儀礼にもムーチーを作ったという（今帰仁村諸志［聞］）。

（8）ムーチーの食べ殻である月桃の葉を吊る例が九例あるが、本項で考察したいのは「肉と餅」の関係であるため、ここでの分析では省いた。

（9）豚肉の煮汁をかけた左縄にムーチーを挟んで門に張り渡したという、肉とムーチーによる防災方法の統合と思われる事例は二例のみである。

（10）ムーチー儀礼と同日にシマクサラシ儀礼を行い、鬼を意識する六例のうち、流行病を意識する例は一例と少ない。本来の災厄である流行病が忘却され、鬼だけが残ったのであろうか。災厄の混同や変化を念頭に、今後の検討課題としたい。

（11）豚正月の事例を採取しているのは事実であるが、ムーチーの日に当たる旧暦一二月八日（一九二一年一月一六日）に沖縄本島に滞在しており、市場に運ばれる月桃の葉などを目の当たりにし、沖縄と餅との関係が印象的に映ったと思われる［柳田 二〇〇九：八二―八三］。その後、八重山にはムーチー儀礼が無いことも確認している［柳田二〇〇九：一一五］。

（12）一九二一年二月一一日の奄美諸島の加計呂麻島の調査でも、『ヒンジャ』の肉は豕よりうまけれど、正月の『シューケ』（肴）として豕に限る事となせしは故あらん」と、正月に豚を使うことも確認している［柳田 二〇〇九：一八七］。

（13）石垣島の調査で、与那国島の事例としてシマクサラシ儀礼を採取している点が気になる。八重山のシマクサラシ儀礼の多くは途絶えたものの、一九四〇年代半ばから後半までは行われていた。柳田の調査した、石垣市登野城、平得、大浜、宮良、白保などのうち、登野城と白保は現行で、他三村落は一九四〇年代後半までシマクサラシ儀礼が行われていた。柳田の調査した一九二一年には、石垣島や西表島、周辺離島の村々でシマクサラシ儀礼は行われていたであろう。その中で、なぜ石垣島ではなく、与那国島の事例となっているのだろうか。与那国島のシマクサラシ儀礼を語った話者は明確ではないが、話者側の認識不足、あるいは、防災のために動物を使う風習を八重山全体、あるいは沖縄全体としてではなく、最西端の一島の風習として柳田に語りたかったと読み取れるだろうか。

（14）滅多に食べられない動物の肉を食べて、栄養をつけて、流行病にかからないようにしたという認識も確認できた。ご馳走を食べて栄養をつけるのであれば、米や魚などでも良いこととなり、肉を食べる意味には直結できないと思われる。しかし、その事例の動物の種類を整理すると、豚六、牛五、山羊二、馬一例であり、全体数との比較から牛や山羊の数が比較的多い。牛肉を食べると防災の力となるという本来の認識が形骸化し、滅多に食べられないものであるから、防災の力となるという認識になった可能性を示唆しているのかもしれない。

第三章　シマクサラシ儀礼の期日と定期化説の検証

本章では、第一節でシマクサラシ儀礼の期日の実態を明らかにした上で、従来の報告との比較を行い、第二節で小野重朗が提示した「臨時からの定期化説」の検証を行う。

第一節　期日

本節では、悉皆調査により確認できた事例群を実施月[1]、年間実施回数、複数年周期、暦日、臨時に行う事例という項目ごとに分析し、期日の実態を明らかにする。このことは研究者や資料によって報告される期日が異なり、その実態が明らかにされてないことから意義あるものと考えられる。

一　期日

（一）実施月

シマクサラシ儀礼の実施月を確認できた四七八例（文献一一七・聞取り三六一）を月別に整理したのが表12である。地域によって事例数の差が数倍以上あるため、地域別に割合を把握することが必要と考え、表では当域全体を占

4月	5月	6月	7月	8月	9月	10月	11月	12月
2 (2)	7 (6)	1 (1)	0 (0)	12 (11)	8 (7)	6 (6)	19 (17)	37 (33)
10 (6)	1 (1)	2 (1)	0 (0)	54 (30)	3 (2)	13 (7)	7 (4)	32 (18)
2 (2)	0 (0)	2 (2)	0 (0)	32 (29)	7 (6)	16 (14)	6 (4)	10 (9)
1 (11)	0 (0)	0 (0)	0 (0)	0 (0)	2 (22)	0 (0)	1 (11)	2 (22)
1 (1)	7 (7)	43 (45)	3 (3)	6 (6)	3 (3)	3 (3)	3 (3)	8 (8)
1 (4)	0 (0)	0 (0)	0 (0)	0 (0)	2 (8)	15 (58)	2 (8)	1 (4)
17 (3)	15 (3)	48 (9)	3 (1)	104 (20)	25 (5)	53 (10)	38 (7)	90 (17)

凡例：各地の括弧は当域全体の百分率(%)、合計の括弧は総数の百分率(%)となっている。
百分率の合計が102となるのは、小数点以下を四捨五入したためである。

める割合を括弧で示した。合計の括弧は総数を占める割合となっている。表12の合計をみると、月によって数の多少はあるものの、全ての月に事例がみられることが分かる。沖縄においてこれほど実施月にバリエーションのある村落レベルの年中行事は類を見ないと思われる。

八月（一〇四例）が最多であるが、全体を占める割合は二割弱に留まり、二月（一〇〇例）と一二月（九〇例）も多い。さらに、他の月にも儀礼がみられ、二、八、一二月以外の月の事例数は全体の約半数にのぼる。

地域的特徴を明確にするため、表12をグラフ化にしたのが図1である。地域差が分かるよう、最多の実施月を最大値に設定した。地域ごとに特徴が異なることが分かる。

沖縄本島の特徴は、儀礼の集中する月をみるとわかりやすい。まず、中部と南部は二月と八月に事例が多い。両月が全体を占める割合は中部では六割（一〇七例）、南部では五割半ば（六一例）と過半数を占めるのに対し、北部では一割半ば（一七例）と低い。北部でもっとも多いのが一二月（三割強）である。一二月の事例は中部（二割弱）、南部（一割弱）と南に行くにつれ、少なくなっていく。

周辺離島（沖縄本島）は、一、三、四、九、一一、一二月など、沖縄諸島では例の少ない月に儀礼がみられる。これが何に起因するものなの

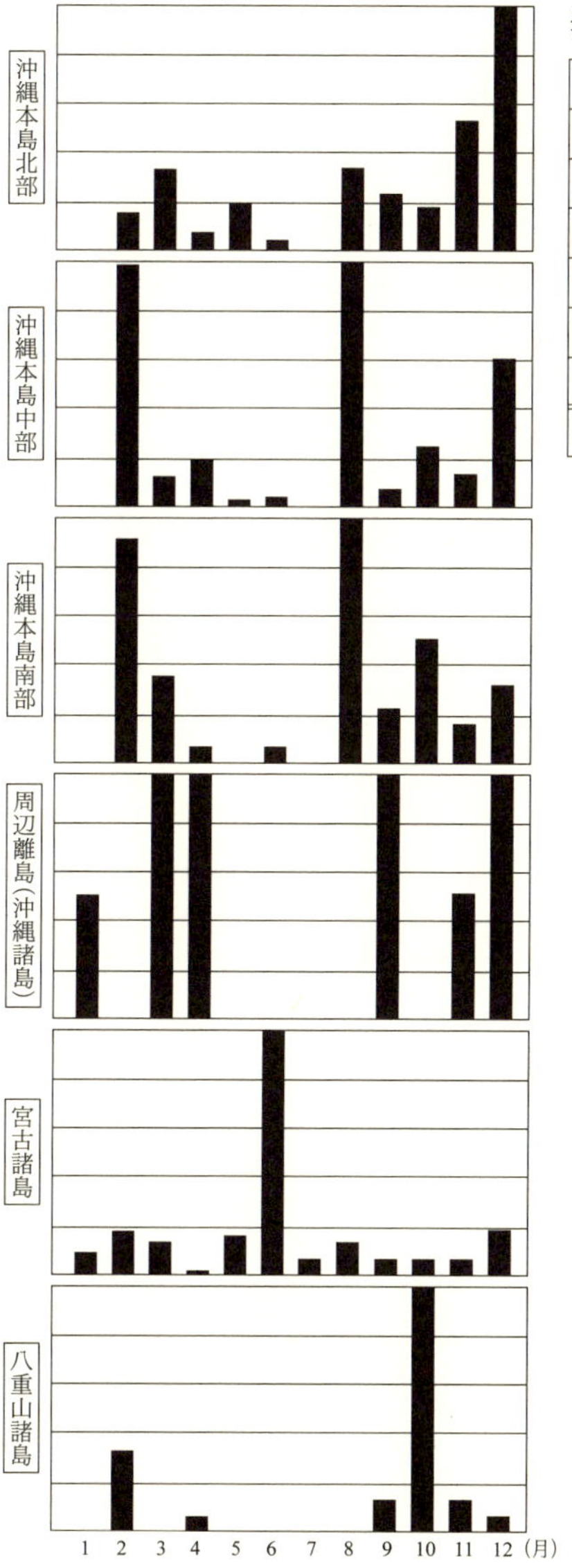

図1　実施月対比グラフ(月別)

※ 表12の各地の差が明らかになるよう、最多の実施月を最大値に設定し作成した。

表12　シマクサラシ儀礼の実施月(月別)

	1月		2月		3月	
沖縄本島北部	0	(0)	5	(5)	12	(11)
沖縄本島中部	0	(0)	53	(30)	6	(3)
沖縄本島南部	0	(0)	29	(25)	11	(10)
周辺離島(沖縄諸島)	1	(11)	0	(0)	2	(22)
宮古諸島	4	(4)	8	(8)	6	(6)
八重山諸島	0	(0)	5	(19)	0	(0)
合計	5	(1)	100	(19)	37	(7)

か、現時点では不明である。

宮古諸島で事例が多いのは六月で、当域全体の四割半ばを占める。六月の総数の九割弱（四八例中四三例）が宮古の例で、宮古以外にほぼみられない。六月への集中度は高いが、他の月にも事例が散見され、琉球諸島で唯一、年間のすべての月に儀礼がみられる地域となっている。他地域では皆無である一月と七月にも事例がみられる。

八重山諸島では一〇月が多く、当域全体の六割弱を占めている（三八例中一五例）。事例の無い月が、一、三、五、六、八、九月と琉球諸島で最多で、特定の月への集中度が高く、バリエーションが最もみられない地域である。

実施月には大きな地域的特性がみられた。沖縄諸島でも、北部と中南部、周辺離島に差があり、先島諸島でも集中する月が宮古と八重山で異なり、その集中度も八重山が格段に高い。

表13　シマクサラシ儀礼の年間実施回数表

	1回	2回	3回	4回	X年に1回
沖縄本島北部	87	8	2	0	2
沖縄本島中部	97	31	7	1	1
沖縄本島南部	89	10	4	0	2
周辺離島（沖縄諸島）	11	0	0	0	0
宮古諸島	85	4	4	0	0
八重山諸島	18	8	2	0	0
合計	387	61	19	1	5

（二）年間実施回数

①分析

年間実施回数が確認できた沖縄本島北部一〇〇、中部一三七、南部一〇五、周辺離島一一、宮古九三、八重山二八例の計四七四例を、回数毎に分類したのが表13である。事例群は大きく、年に一〜四回と特定年数に一回の五つに分けることができる。数の多い順に並べると、一回（三八七例）、二回（六一例）、三回（一九例）、特定年数に一回（五例）、四回（一例）となる。

一回が圧倒的に多く全体の八割強を占めている（四七二例中三八七例）。各地の割合も、北部九割弱（一〇〇例中八七例）、中部七割（一三七例中九七例）、南部八割半ば（一〇五例中八九例）、周辺離島一〇割（一一例中一一例）、宮古九割強（九三例中八五例）、八重山六割半ば（二八例中一八例）と、琉球諸島の各地で過半数を占める。

次に多いのが二回であった。全体を占める割合は一割半ば（四七四例中六一例）で、八割強という一回との差は大きい。各地の割合は、北部、南部、宮古は一割に満たないが、沖縄本島中部は二割強（一三七例中三一例）、八重山は三割弱（二八例中八例）と高い。このことは両地域で年一回の割合が低いことからも分かる。とくに、中部は年に複数回という儀礼を行う事例が多い。複数回の事例のうち、中部が占める割合は、二回は五割、三回は三割半ばと突出し、年四回という唯一の事例も中部であった（旧与那城町伊計［琉球大学民俗研究クラブ 一九六二：四一、四三―四四］）。

表14　年間複数回事例における儀礼間の間隔（月数別）

	2・10	3・9	4・8	5・7	6・6	2・4・6	2・6・4	3・3・6	1日	その他
沖縄本島北部	1	2	2	2	1					2
沖縄本島中部	4	4	11	2	8		3		1	3
沖縄本島南部	1		2	1	3		1	2	1	
周辺離島（沖縄諸島）										
宮古諸島			2		1	2				2
八重山諸島			5							
合計	6	6	22	5	13	2	4	2	2	7

②儀礼の間隔

年に複数回行われる事例は、どの程度の間隔を置いて行われるのだろうか。その把握のために儀礼間の月数を整理したのが表14である。類例のないものをその他とした。周辺離島は、年に複数回行う事例がみられないため空欄となっている。

合計数が多いのは順に、四カ月と八カ月（二二例）、六カ月と六カ月（一三例）、二カ月と一〇カ月（六例）、三カ月と九カ月（六例）となる。

最多の類型が年に二回、四カ月と八カ月の間隔を空けて実施する例であった。具体例を挙げると、一月と九月、二月と一〇月、四月と八月、五月と九月などがあり、琉球諸島全域に広くみられる。諸島ごとに見た場合でも、最多または次位の類型となっている。

次に、六カ月ごとに行われる事例が多い（一三例）。八重山を除く、全地域にみられる。北部と宮古では一例ずつだが、南部で最多、中部で二番目に多い類型である。具体例としては、二月・八月（一〇例）、三月・九月（二例）、六月・一二月（一例）がある。

年三回についてはバリエーションがみられ、二カ月・六カ月・四カ月という間隔が比較的多かった。八重山諸島の波照間島では年に三回が実施されるが、干支を基準とし、毎年、実施月が異なるため、本項目での分析には含めなかった。ただ、これまでに確認できた波照間の四年分の儀礼の実施日を整理すると、二カ月・六カ月・四カ月という傾向がみられ、年三回の間隔として最多の類型と同じであった(2)。

儀礼の間隔は何を意味しているのだろうか。まず、一年を等分して儀礼を実施しているか否か、という視点からみてみたい。等間隔に儀礼を実施しているのなら、年二回なら六カ月ごとに一回、三回なら四カ月ごとに一回ということになる。

等間隔に儀礼を実施しているのは一四例で、全体の二割と少ない。内訳は四カ月ごとに実施する例（一例）と六カ月ごとに実施する例（一三例）である。四カ月ごとの年三回行う村落は一例しかみられず、表14のその他に含まれている。これらの背景には、一年を一二カ月と把握し、四カ月や六カ月といった等間隔に村落の安泰を願うといった認識があったと推測できるのではないか。ただ、その他多くの事例群が等間隔には行われていない。今後、各地の農作物の栽培及び収穫の年間スケジュールや、季節観の分析を含めた分析が必須となろう。

最後に、儀礼と儀礼との間隔が極端に短い事例に注目したい。表14の一日（三例）と、その他に含まれる一カ月という事例（二例）である。一日違いで儀礼を行う事例において注意したいのは、同じ儀礼を二日間行っているのではなく、内容の異なる動物を使う防災儀礼を一日違いで行っている点である。一定の間隔を空け、村落の防災儀礼を年に数回行う人々の心情は理解できるが、その間隔が極端に短い事例は何を意味しているのだろうか。

結論から言うと、儀礼と儀礼の間隔が一カ月以下と極端に短い事例は、内容の類する異なる儀礼である可能性が想定される。村落の防災のために動物を使う儀礼が複数種あった可能性については、既発表の論考［宮平二〇一三］でも述べたが、期日の分析でも同じような可能性が浮かび上がってきた。

（三）複数年周期

月日は決まっているが、毎年ではなく、特定の年数を周期に実施する村落がある。周期となる年数を表15に整理した。二年、三年、六年などの周期があり、特定の十二支の年に実施する村落もある。

すべて沖縄本島の事例で、北部二、中部一、南部二の計五例と少ない。北部は名護市宮里［聞］と今帰仁村今泊［沖縄県立芸術大学附属研究所編 二〇〇六：一二］、中部は旧勝連村平敷屋［聞］、南部は旧具志頭村安里［聞］と糸満市潮平［聞］の事例である。

表15　複数年周期分類表（年数別）

	周期	6年に1回	2年に1回			3年に1回
	十二支	子・午	子・寅・辰・午・申・戌	丑・卯・巳・未・酉・亥	（十二支不明）	（十二支不明）
沖縄本島北部	2		1		1	
沖縄本島中部	1					1
沖縄本島南部	2	1		1		
合計	5	1	1	1	1	1

（四）暦日

沖縄本島北部九一、中部一三〇、南部九三、周辺離島五、宮古二四、八重山一四の計三五七村落で確認できた実施日は、「吉日」、「定日」、「上旬」、「十干」、「十二支」、「干支」、「六曜」、「二十四節気」の八つに整理できる。それを地域別に分類した

表16　シマクサラシ儀礼の暦日分析表

	定日	吉日	上旬	十干	十二支	干支	二十四節気	六曜
沖縄本島北部	74 (81)	10 (10)	1 (1)	0 (0)	1 (2)	0 (0)	3 (3)	2 (2)
沖縄本島中部	99 (120)	14 (16)	2 (2)	12 (22)	0 (0)	0 (0)	3 (4)	0 (0)
沖縄本島南部	58 (67)	15 (17)	3 (3)	9 (11)	2 (3)	0 (0)	1 (1)	5 (6)
周辺離島(沖縄諸島)	3 (4)	2 (2)	0 (0)	0 (0)	0 (0)	0 (0)	0 (0)	0 (0)
宮古諸島	3 (3)	1 (1)	0 (0)	2 (2)	5 (7)	11 (31)	2 (2)	0 (0)
八重山諸島	1 (1)	1 (1)	0 (0)	5 (13)	1 (1)	6 (42)	0 (0)	0 (0)
合計	238 (276)	43 (47)	6 (6)	28 (48)	9 (13)	17 (73)	9 (10)	7 (8)

表16を作成した。

①定日、②十干・十二支・干支、③その他（吉日、上旬、二十四節気、六曜）に分けて、その特徴や地域的特性をみていきたい。

表16には、村落数と事例数（括弧内）がある。村落数より事例数が多いのは、一つの村落から複数の暦日が確認できる場合があるためである（例えば、年に複数回儀礼を行う村落など）。

①定日

二月二日、一二月八日など、月とともに、ある特定の日を実施日とする事例である。合計は二三八村落と八類型の中でもっとも多く、全体の六割半ばを占める（三五七村落中二三八村落）。地域別にみると、沖縄本島北部七四、中部九九、南部五八、周辺離島三、宮古三、八重山一で、沖縄諸島で二三四村落、先島諸島で四村落と、沖縄諸島が圧倒的に多く、先島諸島に少ない。沖縄諸島全体を占める割合は七割強で、地域別にみると、北部七割弱、中部七割強、南部五割強、周辺離島一割強と、北中部に顕著である。

定日ごとに整理したのが表17で、事例数の多い順に、一日（六八例）、八日（五三例）、二日（二七例）、一〇日（二七例）、九日（二〇例）、七日（一六例）、三日（一五例）、五日（八例）、一五日（八例）、二九日（八例）などがあ

表17　定日別一覧表

	1日	2日	3日	5日	7日	8日	9日	10日	11日	24日
沖縄本島北部	17	0	8	7	1	33	0	1	0	4
沖縄本島中部	41	22	1	1	13	8	8	15	1	0
沖縄本島南部	9	5	4	0	0	9	12	11	6	2
周辺離島（沖縄諸島）	0	0	2	0	0	2	0	0	0	0
宮古諸島	0	0	0	0	2	1	0	0	0	0
八重山諸島	1	0	0	0	0	0	0	0	0	0
合計	68	27	15	8	16	53	20	27	7	6

る。一～一〇日までの、いわゆる月の上旬が多く、定日全体の八割半ばを占めることが分かった。

とくに事例の集中する一、八、二、一〇日を具体的に見ていきたい。

（a）一日

定日の中でもっとも多く、定日全体の二割半ばを占めている（二七六例中六八例）。実施月のバリエーションも豊富で、一月と七月を除く月（二～六月、八～一二月）にみられる。他の定日の実施月は多くて四つの月であることからも、一日のバリエーションの多さが分かる。八重山で唯一の定日の事例も一日であった（与那国町祖納［池間 一九五七：四三］）。限られた月に集中するのなら、他の年中行事との関連が推測できるが、多くの月にみられることは、一日という日にちへのこだわりの強さを示唆している。

各地での割合は、北部二割強、中部三割半ば、南部一割強で、中部が最も高い。そして、一日に行う月が、北部は四つ、南部は五つであるのに対し、中部は九つの月と最多であった。中部は儀礼の実施日として一日を意識する傾向が他地域より強い。

（b）八日

定日の中で、一日に次ぎ二番目に多いのが八日で、定日全体の二割弱を占める（二七六例中五三例）。八日の事例全体の四割強が沖縄本島北部の事例である（五三例中二三例）。北部の多さは、中部（八例）や南部（九例）、周辺離島（二例）、宮古（一例）の事例数と比べると、より明確になる。

八日の実施月は、八、一〇、一一、一二月の四つで、一日のようなバリエーションはみられず、その大半が一二月に集中している（五三例中四八例）。一二月八日、つまり沖縄諸島のムーチー儀礼との関連性が強いことが分かった。ムーチー儀礼との関連性で留意したいのが、ムーチーは八日だけではなく、前日の一二月七日に行う地域がある点である。七日にシマクサラシ儀礼を行う例は一六例あるが、そのうち七割弱（一一例）が当村落でのムーチー儀礼と同日（一二月七日）であった。

（c）二日

二日は三番目に多い定日で、そのほとんどが二月二日であった（二七例中二一例）。うち一七例が沖縄本島中部で、当域に広くみられる。

二月二日は、沖縄諸島にはクスィックィー（腰憩い）という村落レベルの年中行事があり、農作業の骨休めとして宴が催される。先述した中部のほとんどの村落が、同日にクスィックィーを行い、本儀礼をクスィックィーとも呼ぶ。クスィックィーは基本的には農耕儀礼の一環で、多くの村落ではシマクサラシとは別種の儀礼である。第一章―第二節―一の名称の併称性で言及したが、シマクサラシ儀礼と他の年中行事が同日に行われたことによる二つの儀礼が統合した結果と判断される。

（d）一〇日

一〇日の事例は二七例あり、うち二六例が八月であった。すべて沖縄本島の事例で、とくに中南部に集中している（北部一、中部一五、南部一一）。

八月一〇日には、沖縄諸島ではシバサシ・ヨーカビー・カシチーといった行事がある（以下、シバサシ儀礼とする）。家庭では魔除けのために、サンというススキを結んだ呪具を家や屋敷の四隅に挿す。シバサシ儀礼の実施日は、村落や地域によって幅があり、八月九〜一一日までの三日間のいずれかである。

この実施日の振幅という視点から事例群を見直すと、実施日が九〜一一日までの事例群のうち、八月は八割強を占める（五五例中四六例）。うち四五例が中南部の事例であった（北部一例）。一〇日以外の中南部の内訳は、八月九日（中部五、南部一〇）、八月一一日（中部一、南部四）となっている。つまり、沖縄本島の中南部のシマクサラシ儀礼は、八月一〇日周辺のシバサシ・ヨーカビー・カシチーといった年中行事との関連性が強くみられることが分かる。

定日の分析結果を整理すると、もっとも多いのが一日で、一、七月を除いた多くの月にみられる。そして、二日は二月（二月二日）、九〜一一日は八月（八月九〜一一日）、七、八日は一二月（一二月七、八日）という月に行われることが多い。それぞれの分布の特徴を踏まえると、沖縄本島中南部は二月二日のクスックィーや八月一〇日近辺のシバサシ儀礼、北部は一二月八日近辺のムーチー儀礼との関連性が強い。これらの年中行事は、一般的にはシマクサラシ儀礼とは別日であることから、二つの異なる行事で、それぞれの地域で同日に行われるようになったことを意味している。

②十干、十二支、干支

(a) 十干

十干とはひと月を三分した一〇日を数える符号である。そこに陰陽五行説が結びつき、十干を兄と弟に分け、五行の木・火・土・金・水を配した、甲《きのえ》・乙《きのと》・丙《ひのえ》・丁《ひのと》・戊《つちのえ》・己《つちのと》・庚《かのえ》・辛《かのと》・壬《みずのえ》・癸《みずのと》から構成される［福田アジオ他編 一九九九：上巻二〇五―二〇六］。

ある特定の十干に合わせてシマクサラシ儀礼を行う村落があり、例えば、嘉手納町野里では戊に合わせて行い、儀礼は戊行事とも呼ばれる［嘉手納町史編纂委員会 一九九〇：五〇九］。

十干に儀礼を行う村落は二八村落確認できた（沖縄本島中部一二、南部九、宮古二、八重山五）。事例数が四八例と村落数よりだいぶ多いのは、儀礼を年に複数回行う村落や、複数の十干を基準とする村落が多いためである。沖縄本島中南部、先島諸島にみられ、沖縄本島北部と周辺離島にはみられない。沖縄本島中南部の事例を細見すると、中部は読谷村（九村落）、南部は豊見城に集中してみられる（六村落）。先島諸島は、宮古に二村落、八重山に五村落である。宮古諸島は宮古島に限られているのに対し、八重山は、石垣島、竹富島、新城島、西表島と、分布圏が広い。

基準とされる十干を地域別に整理したのが表18である。表18から、一〇種類すべての十干がみられることがわかる。このバリエーションの背景には、琉球諸島全域あるいは各地域における普遍的な理論があるのだろうか。十干の構成要素である五行及び陰陽という観点からも、事例群を分析したい。

合計をみると、庚（一〇）が最多で、戊（八）、丙（七）、辛（五）と続く。

十干は陰陽五行説と結びつき、二つずつに木・火・土・金・水が配され、さらに陽を兄《え》、陰を弟《と》として、陰

表18　十干別一覧表（村落数）

	甲	乙	丙	丁	戊	己	庚	辛	壬	癸
沖縄本島北部										
沖縄本島中部					7	3	6	3		
沖縄本島南部			6	2			2	1		
周辺離島（沖縄諸島）										
宮古諸島			1		1					
八重山諸島	1	1					2	1	1	2
合計	1	1	7	2	8	3	10	5	1	2

陽を割り当てられている。事例群を五行ごとに分類し、多い順に並べると金（一五）・土（一一）・火（九）となり、金（庚・辛）が最多であった。しかし、中部は土（一〇）、金（九）、南部は火（八）、金（三）、宮古は火（一）、土（一）、八重山は金（三）、木（二）、水（二）と地域差があり、金が最多なのは八重山のみである。中南部は金が二番目に多いが、中部では土、南部では火が最多となっている。

十干を構成する陰陽の視点から、事例群を兄（陽）と弟（陰）に分けると、兄（陽）に属する、甲（一）、丙（七）、戊（八）、庚（一〇）、壬（一）は、計二七村落で、弟（陰）は、乙（一）、丁（二）、己（三）、辛（五）、癸（二）の計一三村落で、兄（陽）が弟（陰）の二倍多い。地域別にみても、中部（兄一三、弟六）、南部（兄八、弟三）、宮古（兄一、弟一）、八重山（兄四、弟三）と、宮古は同数であるものの、四地域中三地域で兄（陽）の方が多く、陰より陽が意識されていると言える。

地域別にみると、沖縄本島中部の十干は、戊（七）、己（三）、庚（六）、辛（三）の四種で、戊と庚が多い。南部は、丙（六）、丁（二）、庚（二）、辛（一）の四種で、丙が最多である。宮古は丙（一）、戊（一）の二種、八重山は甲（一）、乙（一）、庚（二）、辛（一）、壬（一）、癸（一）の六種で、同じ先島諸島でも、種類の数が宮古は最少、八重山は最多と、正反対の特徴であった。

四地域の特徴は、甲・乙、壬・癸は八重山だけに、丙・丁は沖縄本島南部と宮古、戊・己は本島中部と宮古だけと整理できよう。

基準となる十干の複合性について言及する。十干に合わせて儀礼を行う村落は、一つの十干を基準とする村落（一三村落）と、複数の十干から選定する村落（一七村落）がある。前者を単一型、後者を複合型としたい。わずかに複合型が多い。

単一型の十干を整理すると、丙（六）、戊（三）、己（一）、庚（四）、辛（二）、壬（一）であった。兄（陽）に属する十干が多く（一七村落中一四村落）、弟（陰）は少ない。複合型の十干は、戊・庚（三）、戊・己（三）、丙・丁（二）、庚・辛（二）、壬・癸（二）、甲・乙・庚・辛（一）の五通りであった。多くは二つの十干から選ぶが、四つという村落もある。複合型の共通点は、五行を同じくする十干をセットで基準としている点である（一三例中一〇例）。戊か己、あるいは、庚か辛のいずれかに行うという形である。

十干の複合性を分析した結果、わずかではあるが複数の十干から儀礼の実施日を選定する複合型が多いことと、同じ五行の複数の十干が基準とされていることが分かった。十干の陰陽（兄弟）より五行にこだわる傾向がみられる。

ところで、特定の十干は一〇日に一回、一カ月に三回ほど巡ってくる。その三回のうちの、どの十干の日に儀礼を実施するのだろうか。それが確認できたのは一八村落で、すべて沖縄本島中南部の村落であった。十干に合わせて行う事例群全体の六割半ばが、何番目の十干に行うかが決まっている（一八村落中一八村落）。それらは、特定の月の最初（一四村落）あるいは最後（四村落）の十干に儀礼を行い、最初という事例が多い。例えば、一〇月最初の庚なら、当月に入って一番最初の庚の日に儀礼が行われる。最初あるいは最後にこだわる理由については現時点では未確認である。(3)

十干を基準とする村落では、その認識が実践されているのだろうか。特定の十干に儀礼を行うとする事例群のうち五村落で、実際の実施日が確認できた。整理すると、年によって一致する村落が二例、不一致が三例であった。つまり、年によっては一致する例を含むものの、全例が必ずしも一致しないこと分かった。

一致しない例を分析すると、五行は同じである事例（三例）と、五行も異なる事例（二例）に分けられる。前者の具体例を挙げると、沖縄本島南部の豊見城市平良では一〇月後半の丙としながらも、二〇〇八年の実践日は一〇月後半の丁であった［聞］。宮古諸島の旧平良市池間での実施日は一一月丙とされるが、一九九八年の実践日は一二月の丁であった（当年は一二年ぶりに儀礼が復活した年のため、往時通りの期日に行えなかった可能性もある。二〇一三年の実践日は認識と一致）。両例とも、「丙《ひのえ》」という認識でありながら、実際は反対の陰陽である「丁《ひのと》」に実践されていた。基準とする十干とは五行も異なる十干に実践されていた事例（読谷村喜名［聞］、竹富町玻座間［竹富公民館編二〇一二］）については、理由は未確認で、儀礼の形骸化や、当年だけやむ得ない事情で別日にした可能性もあろう。

注目したいのは、五行は同じだが陰陽が異なる十干に儀礼を実践した事例である（丙→丁）。十干よりも、その元素となる五行への意識が強いことを示している。

（b）十二支

特定の十二支の日に合わせて儀礼を行う村落は九村落と少ない。宮古諸島（五村落）に多く、他に沖縄本島北部一、南部二、八重山諸島一に散見される。本島中部と周辺離島にはみられない。

確認できた十二支は、丑（四）、午（二）、酉（四）、亥（三）の四種類である。丑は宮古、午は本島南部、酉は南部と宮古、亥は北部と八重山の事例である。確認できた十二支は一村落につき一種類で、複数の十二支を基準とするといった、十干や干支の複合型はない。また、特定の十二支に儀礼を行う理由は確認できなかった。

（c）干支

十干と十二支を組み合わせたのが干支で、甲子から癸亥までの六〇種類ある。事例群の分析の前に、干支という暦日の解説も兼ねて、基準となる特定の月と干支の関係を述べたい。

まず、これまで扱ってきた、定日、十干、十二支などを基準とする村落では、特定の月も基準とされる。この点は、干支も同様で、特定の月が設定されているが、特定の干支は六〇日に一度しか巡ってこない。そのため、一種類の干支を基準とする村落では、特定の月に特定の干支が巡ってこない年があり、特定の月から一カ月、実施日が前後することが多々ある。例を挙げると、宮古諸島に六月の丁丑に儀礼を行う村落がある。最近の一〇年（二〇一三〜二三年）で丁丑が六月中に来る年を調べると、一〇年中六年であった。残り四年は、五月や七月に丁丑の日が当たる。石垣市川平では、儀礼は一〇月の庚未または辛丑・辛午・辛未・辛亥の何れかに行うとされている。(4) 実施日を確認できた二〇〇一、五、八、一二年をみると、四例中三例は一〇月だが、二〇一二年の十月祭は一一月四日（辛亥）に行われている（二〇〇一年は一〇月最終日の三〇日に実施）。一〇月祭という名称だが、月よりも干支を優先している。このように、干支を基準とする村落では、月よりも干支の方が重視される。

話を戻して、干支を期日の基準とする事例群を分析したい。特定の干支に儀礼を行う村落は、宮古諸島で一一村落、八重山諸島で六村落の計一七村落確認できた。すべて先島諸島の事例で沖縄諸島にはみられない。両諸島ともに分布圏は広いが、シマクサラシ儀礼を確認できた村落数（宮古一一三、八重山三四）を踏まえると、八重山に顕著と言える。

重複を含むが、確認できた干支は以下の通りである。甲子（二）、丙寅（一）、庚午（二）、辛未（一）、丁丑（四）、壬午（三）、癸未（三）、丙戌（三）、丁亥（一）、庚寅（二）、丙申（三）、丁酉（一）、庚子（二）、辛丑（一）、丁未（二）、辛亥（一）、壬子（一）、癸丑（三）、乙卯（一）、辛酉（二）、癸亥（一）、丙丑（三）、丙酉（三）、丁寅（二）、壬丑（一）、壬亥（一）、庚未（一）、庚酉（二）、辛子（二）、辛寅（二）、辛午（一）の計三一種類確認できた。十干の場合、各村落で主に二種類、最大で四種類から選ばれたが、干支の場合も多くの村落で複数の干支が基準とされ、村落によって最大で八種類の干支の中から選ばれる。

括弧内の数をみて分かるように、ほとんどの干支が一村落である。特定の干支には集中せず、バリエーションが豊富である。また、宮古では丁丑や癸丑などを基準とする村落が複数みられるのに対し、八重山では諸島内の村落間で、重複する干支が一例もみられない。さらに、宮古と八重山では共通する干支は一つもない（宮古：甲子、丁丑、丙戌、丙申、丁未、癸丑、乙卯、丙丑、丙酉、丁寅、壬丑。八重山：丙寅、庚午、辛未、壬午、癸未、丁亥、庚寅、丁酉、庚子、辛丑、辛亥、壬子、辛酉、癸亥、壬亥、庚未、庚酉、辛子、辛寅、辛午）。

干支には豊富なバリエーションがみられること、同じ先島諸島内でも、宮古は諸島内での共通性が比較的みられ、八重山には一切みられないこと、そして、諸島間に共通する干支が皆無であることが分かった。

特定の干支に集中するのであれば、災厄を祓うのに適した干支といった認識があったのかもしれない。しかし、分析の結果、存在したとしても村落レベルでの話で、諸島内あるいは諸島間の共通認識としては存在しないことが明らかになった。

ところで、三一種類という干支のバリエーションはどのように把握できるだろうか。干支を構成する十干と十二支という二つの要素に分解し、その手がかりを探る。三一種類の干支を、十干と十二支に分解し整理したのが

表19　干支分解表（十干・十二支）

	十干										十二支											
	甲	乙	丙	丁	戊	己	庚	辛	壬	癸	子	丑	寅	卯	辰	巳	午	未	申	酉	戌	亥
宮古諸島	1	1	4	4	1				3	3	1	7	2	1				2	1	1	1	
八重山諸島			1	2			1	1	3	2	2	1	2				2	1		2		3
合計（村落数）	1	1	5	6	1	0	1	1	6	5	3	8	4	1	0	0	2	3	1	3	1	3

表19である。表19の十干の部分をみると、宮古では丁・癸、八重山では庚・辛、壬・癸に多い。十二支は、宮古では丑・未に多く、八重山では、子・丑・午・未・酉・亥に多い。両諸島の干支を比べると一例も重複しないが、十干と十二支に分解すると、十干は丁、壬・癸、十二支は丑、未、酉が共通していることが分かる。

この結果を、前項での十干及び十二支の分析結果と比較すると、いくつかの共通点がみられる。宮古で十二支の中で丑が最多である点、八重山では丙・庚・辛・壬・癸のうち、丙以外の十干に儀礼が行われる点が合致している。

干支を十干と十二支に分解した結果、宮古と八重山の間に共通点がみられることから特定の干支を基準とする背景には、何らかの共通認識があったのかもしれない。ただ、現時点で、その具体的な人々の見解や、特定の十干や十二支、干支に行う理由は未確認である。

そして、干支の複合性についてであるが、一七村落中、一種類の干支を基準とする単一型は一〇村落、複合型は七村落であった。単一型が多いが、地域別に分けると宮古では単一型、八重山では複合型の村落が比較的多い（単一型：宮古六、八重山二。複合型：宮古五、八重山四）。

基準となる複数の干支は村落によって二〜八種類あり、そのパターンは以下の八通りである。丁丑・丁未・癸丑（二）、丁酉・壬子（二）、壬丑・壬酉・癸丑・癸酉（一）、壬丑・壬亥・癸丑・癸亥（一）、壬子・壬寅・壬午・壬酉・癸子・癸寅・癸午・癸酉（一）、庚未・辛丑・辛未・辛亥・辛午（二）、丙申・丙酉・丙戌（二）、壬寅・壬午・壬未・癸寅・癸未（二）。ただし、十干と十二支の部分を見れば、実際は二種類の十干と二種類の十二支の組み合わせの結果、四種類となっている例が多い。

小野重朗は、全国の防災儀礼の一つとして、沖縄のシマクサラシ儀礼と内容の類似する奄美のカネサルを挙げた［小野 一九七九］。カネサルは、旧暦一〇月頃の庚申という実施日が名称になったもので、その暦日から全国に広く分布する庚申信仰との関連が推測できよう。だが、シマクサラシ儀礼に庚申の例は皆無で、現時点で庚申信仰との関連性は見出せないと言える。

（d）特定の十干・十二支・干支の意味

特定の十干・十二支・干支にこだわり、儀礼を実施する背景には、例えば、ある十干や干支は防災の意味があるためにシマクサラシ儀礼を行う、または牛を使うために丑の日に行う、といったような認識があったのだろうか。

小野重朗によると、奄美・沖縄の年中行事や祭りは、戊・己の日は農耕、壬・癸は水や水神、丙・丁は家の祭りと関係がある傾向が見られるという［小野 一九八二c：一五〇］。さらに、南島の農耕儀礼の期日はほとんど戊・己、壬・癸で、特に水田稲作のものには壬・癸が多いとした［小野 一九八二d：三八七］。

上江洲均（一九三七〜二〇一七）は、沖縄のムーチー（鬼餅）という一二月八日の行事が、『球陽』（一七三五）によると、かつては庚子、庚午の日に行われていたこと、本儀礼に注連縄が用いられることから、奄美大島のカネサル儀礼（庚申）と同様に「カネ」による魔物を払う行事であったことが理解できるとした［上江洲 一九九一：三一八―三二〇］。五行的にカネの日である庚に災厄を払うという認識があることを指摘している。

赤嶺政信は、ムーチーが古くは庚の日に実施されていた理由を、奄美のカネサル儀礼との比較から考察した。期日（庚）と目的（防災）という共通点から、鬼（沖縄）または山の神（奄美）といった絶大なる力に対抗するため、カネ（金属）のもつ威力を拝借するために庚に実施されたと考えた。また、鬼餅の由来譚に「鉄」という用語が出てくることも挙げ、カネの日（庚）と金属との関係性、そして、その日には防災の力があるという認識があったことを指摘した［赤嶺 一九九八：一一五］。

このように、十干やその元素となる五行に対する人々の認識があったとされているが、シマクサラシ儀礼の実施日からはどのような認識が読み取れるだろうか。

まず、前述のシマクサラシ儀礼の十干の分析で、カネの日である庚が最多であることが分かった（一〇村落）。また、五行という観点から見てもカネの日（庚・辛）が最多である（一五村落）。これは上江洲や赤嶺の指摘した、カネの日（庚・辛）に災厄を防ぐ力があるという認識を示唆する結果である。

しかし、十干全体を占める割合は四割に満たず、ツチの日（戊・己）が三割、ヒの日（丙・丁）が二割と、他の十干にも事例はみられ、カネの日への執着が特段に多いわけではない。地域別にみると、カネの日が最多なのは八重山諸島だけで、他地域ではツチやヒの日の方が多い。それから、干支の分析でも、カネの日（庚・辛）を含む干支は二村落（八重山）で、ミズの日（壬・癸）やヒの日（丙・丁）の方が多かった。

つまり、カネの日（庚・辛）は十干では最多であるものの、他の十干も多く、また、カネを含む干支は少ないことから、シマクサラシ儀礼を通して見る限り、カネの日（庚・辛）に防災の認識があったとは断言できない。カネの日（庚・辛）を含め、特定の十干や十二支、干支に防災儀礼（シマクサラシ）を行う認識が確認されていない点も、その理由の一つである。

竹富町小浜では、年中行事のほとんどが壬や癸を含む干支に行われる中、シマクサラシ儀礼だけが庚・辛を含む干支に行われる。(5) カネの日に防災の力があるという認識の可能性を示唆している。しかし、害虫の祓除を目的とする、虫送り（ムネー）はミズの日（壬・癸）に行われる点が不可解である。聞取り調査において、小浜の人々は慣習通りに、特定の十干、十二支、干支に儀礼を行っているだけで、その理由は不明と説明される。

ここで、豊見城市の事例を手がかりに十干や干支に対する人々の認識を考察する。沖縄本島南部にある豊見城市は、中部の読谷村に次いで、十干に合わせてシマクサラシ儀礼を実施する村落が多い地域である。市内で儀礼を確認できた一六村落中六村落が十干に実施し、丙あるいは丁、つまり、五行で言うヒの日に実施する事例が最多であった（六村落中五村落。残り一村落は庚か辛）。ヒの日（丙・丁）に儀礼を行う村落は、琉球諸島で計八村落しかなく、そのほとんどが豊見城市の事例であった（豊見城市六、糸満市一、旧平良市一）。

琉球諸島全域でも珍しい、丙・丁を基準とする村落が豊見城市に集中する理由を考えると、「火」という要素が浮かび上がる。同市内の儀礼に意識される災厄の多くは流行病であるが、次に多いのが火災であった。火を災厄とする四村落中三村落が、丙の日に儀礼を行う。沖縄諸島の事例で、災厄として火を意識する村落は、沖縄本島北部三、中部三、南部六の計一二村落で、豊見城市が最多である。

五行が火である丙・丁に儀礼を行う村落と、災厄として火を意識する村落の両方が、同じ市で最多であることは偶然であろうか。同市に限っては、丙・丁は五行の「火」の要素を持つ日と認識され、村落への火災の侵入を避けるための儀礼は、「火」の日に行うべきと考えられていたのではないか。

しかし、この結論には根拠が足りない。調査では、儀礼の目的（防火）と十干（丙・丁）の関連性を示す資料が確認できていない。(6) また、災厄が火であれば、水（壬・癸）の日に行いそうなものである。(7) そして、火を災厄として意識する村落が六例と多い八重山では、丙または丁に儀礼を行う事例がみられないことなどから、丙・丁が「火」の要素を持つ十干として意識されていたとは断言できない。

この問題を考察するため、特定の十干、十二支、干支を基準に行われるシマクサラシ儀礼以外の年中行事を整理し、それら特定の暦日に対する人々の認識の抽出を試みる。

事例群を整理した結果、まず、沖縄本島北部では、ウンジャミ・ウンガミ・ウフユミなどの海神祭は七月の亥の日、タヒネー・ウンネーと呼ばれる芋の豊作祈願は一一月のツチの日（戊か己）に行われることが分かった。ウンジャミに登場または意識される害獣が猪であるため亥の日、ウンネーは農耕儀礼であるためツチの日かと推測される。北部に対して、沖縄本島中南部や周辺離島では、十干十二支を基準に行われる儀礼が限られているため、その共通点を見出すことはできなかった。

宮古諸島では、シツ・シチという収穫の感謝と豊作を祈願する正月儀礼は甲、ムスルンという虫送りは丁、とくに麦プーズや粟プーズなどの収穫儀礼は甲を冠する干支に行う［沖縄大百科事典刊行事務局編 一九八三：中巻三〇七］。八重山諸島では年中行事における干支の特徴の村落差が大きく、目立った普遍性はみられなかった。「干支」の分析結果と同様に、宮古は諸島内での共通性が高いが、八重山は低く村落差が大きい。

小野重朗は、奄美や沖縄の農耕儀礼は戊・己の日に行われる傾向があるとした［小野 一九八二c：一五〇］。沖縄本島北部におけるタヒネー・ウンネーなどの芋の豊作祈願がツチの日（戊・己）に実施されることは、その例証になろう。しかし、地域差があるようで、宮古や八重山などにそのような例はなく、宮古の農耕儀礼はキの日（甲）に実施されていた。

参考にすべき事例を挙げたい。竹富町東筋（黒島）では、毎年一一月頃、火の用心を呼びかけるバンドッサレーという村落レベルの行事があった。村人たちが寝静まった夜中に、ミノカサ（蓑笠）をかぶった者が唱え言をし、棒で地面を突きながら村中を歩いたという。それは、防火を目的とした儀礼であることから、火の反対のミジソー（水）の人が行ったという。ミジソーとは当人の生まれ年（十二支）を基準に選定されるもので、筆者が確認できたミジソーの人は丑年生まれであった［聞］。

他にも、火返し（一〇月の壬あるいは戊。村落の防火儀礼。読谷村伊良皆［読谷村史編集委員会編 一九九五：一七一］）、カーニガイ（湧泉願い。井戸の神への感謝の祈願。九月みずの日。旧平良市島尻［琉球大学民俗研究クラブ 一九七六：五三］、狩俣［琉球大学民俗研究クラブ 一九六六a：八三］）、カーヨーイィ（井戸の祭り。五月最初の庚。多良間村塩川・仲筋［多良間村史編集委員会編 一九九三：二五六］）、カニマン・カニマルのウタキには庚の日に拝んではいけない（糸満市山城［聞］）といった事例がみられる。

防火儀礼なので、火と反対の水の日に行う村落があるが、同時にツチの日（戊）が意識されていたり、湧泉の神に対する行事は、小野の指摘通り、同じ水の日（壬・癸）に行う村落もあれば、カネの日（庚）の村落もある。また、カニマンウタキというカネとの関係性が考えられる聖地は、同じカネの日（庚）に拝むことが避けられたりと、事例群に一貫した共通認識は見いだすことは困難であった。

他の年中行事の分析の結果、特定の十干十二支、干支に関する共通認識を抽出することはできなかった。このことは、琉球諸島全域及び各地域において、十干十二支、干支に対する共通認識がないこと、または非常に希薄であったと把握できる。

本来存在した共通認識が忘却されたのか、あるいは元々無かったために豊富なバリエーションが生まれたのか、両方の可能性を視野に、多くの事例群の収集と分析を行っていきたい。

③吉日、上旬、二十四節気、六曜

（a）吉日

定日、干支、六曜などにこだわらず、特定の一ヵ月のうち、村人や祭司にとって都合の良い日に儀礼を実施する村落がある。沖縄本島北部一〇、中部一四、南部一五、周辺離島二、宮古一、八重山一村落の計四三村落と、琉球諸島に広くみられるが、沖縄本島に全体の九割が集中している。具体的には、土日や祝祭日に実施されることが多いが、村人たちの参加者が減少し、祭司だけでの祈願となった村落では、平日に行われることもある。

（b）上旬

特定の月の上旬に儀礼を行う事例である。考え方としては吉日に類するが、上旬という点でより限定的である。六村落と少なく、すべて沖縄本島の事例であった（沖縄本島北部一、中部二、南部三）。

ここで興味深いのは定日全体の分析結果である。定日に儀礼を行う村落の八割半ばは、一〜一〇日という事例であった。つまり、月の上旬である。前半ではなく上旬という点から、月の上旬に行う事例との間に何らかの関連性があることを示唆しているとも考えられる。

（c）二十四節気

琉球諸島には、ヒガン（彼岸）、シーミー（清明）、トゥンジー（冬至）など、その名称からもわかるように、二十四節気に合わせて行われる年中行事がある。シマクサラシ儀礼の中にも、二十四節気に行われる事例がある。九村落と少なく、沖縄本島に集中し、周辺離島と八重山にはみられない（沖縄本島北部三、中部三、南部一、宮古二）。

確認できた二十四節気は、春分（彼岸）、立秋、秋分（彼岸）、小雪、冬至の五種であった。春分・秋分の事例は沖縄本島中部の村落で、その前後三日間、計七日間の彼岸の間に行うとされている。小雪の約五日前に行う事例は、沖縄本島北部に二村落みられる（名護市幸喜［聞］、喜瀬［聞］）。遅くても小雪の前日までに行われるという。立秋に行うのは、宮古の多良間島の事例である（多良間村仲筋［聞］、塩川［聞］）。本島北部の本部町備瀬［聞］では、絶対に冬至を過ぎてしまってはいけないと考えられている。

（d）六曜

六曜を基準に儀礼を実施する村落は、沖縄本島にのみ確認できた（沖縄本島北部二、南部五）。全例に大安という認識がみられた（大安六。大安または先勝一）。ただ、大安に行うとしながらも、実際には祭司や施行者の都合によって、土日や祝祭日など、大安ではない日に実施される事例がみられた。六曜を基準としながらも、その内容は吉日と類似している。

日本本土では、現在のような六曜になったのは江戸時代（一九世紀初〜中頃）と、そう古くは無いという［福田二〇〇〇：下巻八二二］。沖縄の民間暦として大正三年から発行されていた『選吉必鑑』に六曜が追加されるのは昭和一五年版からという［渡邊二〇〇八：五七四—五七五］。シマクサラシ儀礼にみる六曜の特徴と、その歴史を踏まえると、本儀礼における六曜という基準は、比較的最近から導入された暦日と推測される。

（五）臨時

疫病が当村落や他地域で流行した際に臨時に行われるシマクサラシ儀礼がある。臨時に行われたのは最近でも

表20　臨時の事例

	事例数
沖縄本島北部	10
沖縄本島中部	9
沖縄本島南部	0
周辺離島（沖縄諸島）	15
宮古諸島	0
八重山諸島	3
合計	37

写真42　臨時のシマクサラシ儀礼に豚の頭を懸架した村落の入口
（沖縄本島周辺離島 久米島町仲村渠。2006年撮影）

約七〇年前の話で、現在、儀礼を実見したことがある人は非常に少ない（写真42）。これまでの調査で三七例（文献一五・聞取り二二）確認できたが、定期的な事例（四七八例）に比べ非常に少ない。三七例を地域別に整理した表20から、沖縄本島北部（一〇例）、中部（九例）、周辺離島（一五例）、八重山（三例）にみられ、沖縄本島南部と宮古諸島では未確認であることが分かる。

周辺離島（沖縄本島）に顕著で、その数は臨時全体の四割（三七例中一五例）に相当する。伊平屋島（四例）、伊是名島（五例）、渡名喜島（一例）、座間味島（一例）、久米島（四例）と広く分布している。また、周辺離島のシマクサラシ儀礼の全体数は二六村落で、その六割弱が臨時の事例であった。他地域に比べ、非常に高い割合で臨時のシマクサラシ儀礼がみられる地域であることが分かる。

臨時の事例が何を機に行われるのかということを整理すると、フーチ、ハナヒチ・パナシキ（感冒）、イリガサー（麻疹）、天然痘など表現は様々だが、三七例すべてが流行病を意識して行われる。シマクサラシ儀礼の主な目的は、災厄の村落への侵入防止であるが、災厄の種類は流行病の他、火、害虫、悪霊など、多様である。このような中、臨時のシマクサラシ儀礼に意識される災厄はすべて流行病であった。

二　期日の変遷

シマクサラシ儀礼の期日が変化したという一五例（沖縄本島北部二、中部五、南部五、宮古二、八重山一）は、年間実施回数が減少した例（六例）、年間実施回数は変わらず実施月及び暦日が変化した例（四例）、毎年から複数年周期へと変化した例（一例）、臨時から定期化した事例（二例）、定期から臨時化した事例（二例）の四つに分けられる。

最も多いのは年間実施回数の減少であった。年に三回あるいは二回行っていたものが、二回や一回に変わったという事例である。沖縄本島中部三、南部一、宮古二例の計六例で、本島中南部に比較的多い。年間実施回数の変化はすべて減少例で、増えた例はない。

実施者の負担軽減のために回数を減らしたという理由が確認できた。同じ儀礼であれば、年に一回でも良いという合理的な考えによって減少したという。六例中三例が変化の後に途絶えていることから、回数の減少は儀礼の簡素化で、途絶への過程とも言えよう。

西原町小那覇では、古くは三回、後に二回になったという［西原町史編纂委員会 一九八九：二七八、九二八］。聞取り調査では、年に一回行われていたが、途絶えたということから、三回→二回→一回→途絶という変化があったことが分かる［聞］。

年間実施回数は一回と変わらないが、その月が変化した例が、沖縄本島中部一、南部三の計四例確認できた。一一月に行っていたものが二月二日に（中城村伊集［琉球大学民俗研究クラブ 一九七七：一二九］）、八月一一日が一一月七日に（那覇市宇栄原［聞］）、二月が三月初旬に（那覇市仲井真［那覇市企画部市史編集室 一九七九：四九一］）、四月吉日が四月一五日に（旧玉城村船越［聞］）という変化である。

シマクサラシ儀礼以降（一〜数ヶ月後）に実施される他の年中行事と同日に行われるようになった点が共通している。具体的には、二月二日のクシユックヮーシー、一一月七日の鞴祭り、三月初旬のサングヮチアシビと芋の祭り、四月一五日のアブシバレーなどと同日に行われるようになっている。それぞれ一般的にはシマクサラシ儀礼とは別日に行われる。これらの行事とシマクサラシ儀礼との間には、共食する点（伊集、船越）、動物を使う点（伊集、宇栄原、船越）、災厄を払うことを目的とする点（船越）などの共通点がみられる。

共通点のある行事であれば、一回にまとめた方が良いという観点から統合されたと把握される。実際に、期日が近いために統合化したという理由も確認できた（仲井真、船越）。これら行事の統合化は、合理的な理由による変化と把握できる。

儀礼名称の分析［第一章―第二節―二］で、同日に実施されるため、他の儀礼の名称でも呼ばれる事例が、沖縄本島に多いことが分かったが、その中で特に名称のバリエーションが多いのが沖縄本島南部であった。それは、シマクサラシ儀礼と他の年中行事との統合が南部で多く起こったことを示していると述べた。ここでの分析で、他の儀礼と統合化した四例中三例が南部であることは、その有力な傍証と考えられる。

毎年一回から二年に一回に変化した例が沖縄本島南部に一例確認できた。複数年に一回行う事例は、沖縄本島北部二、中部一、南部二例の計五例みられる。北部に並び、最多の南部において、毎年から二年に一回に変化したという実例が確認できたことは、複数年に一回という事例が変化した後の新しい形であることを示唆していると思われる。

臨時に行われていたものが定期化した事例と、その逆に定期から臨時化した事例がそれぞれ二例ずつ確認できた。この詳細な分析は、第二節の定期化説の検証で行う。

三　先行研究の検証

(一)　実施月・年間実施回数

序章で言及したように、シマクサラシ儀礼の実施月は主に二月で、その他の月もあると報告されてきた［島袋一九四一：二〇七］［比嘉一九五九：一三〇］［琉球政府文化財保護委員会編一九七二：一七八―一七九］［リーブラ一九七四：一九八―一九］［沖縄大百科事典刊行事務局編一九八三：中巻三二七］［大城二〇〇三：一〇四四―一〇四七］。

しかし、実施月の分析によって、そのように概括することはできない、豊富なバリエーションと地域的特性があることが明らかになった。主に二月に行われるのは沖縄本島中南部の特徴であるが、それでも事例数がほぼ同じである八月を欠いた説明となる。また主に二月という説明に、沖縄本島北部、周辺離島、宮古諸島、八重山諸島は含まれていない。中南部の特徴の一部をもって、琉球諸島におけるシマクサラシ儀礼の実施月とは把握できない。本儀礼の実施月を言及する際には、具体的な地域的特性を示す必要がある。

年間実施回数については、先行研究の概説の通り一回が最も多く、それは琉球諸島全域において言えることが分かった。

(二)　特定の干支と偶数月

シマクサラシ儀礼は偶数月が多いのは、年に六回、特定の干支に合わせて行われていたものが、略された結果であるという小野重朗の仮説を検証する［小野一九七九：一六］。

実施月を偶数月と奇数月に分けたのが表21である。括弧は当域全体を占める事例数の割合で、合計の括弧は総数を占める割合となっている。

全体の八割弱が偶数月に行われていることが分かる。周辺離島はもともと事例数が限られているため、奇数月に多いとは一概には言えないが、地域別にみても、ほとんどの地域が偶数月の割合が七～九割を占めている。ただ、北部では奇数月も多く、偶数月との割合も他地域ほどの大差はない。とくに、大宜味村、本部町、宜野座村、恩納村では奇数月に行う村落が過半数を占めている。全体の二割強という奇数月の事例は看過できないが、小野の指摘通り、儀礼が行われる月は琉球諸島のほぼ全域で、偶数月が多いことがわかった。

また、小野が指摘するような年六回という事例は未確認で、最多で年四回（二例）であった。年間実施回数の変化が確認できた事例は六例とも回数が減少したという例で、その内、実施月が確認できた四例中三例は、複数の偶数月からの減少であった。数は限られているが、複数の偶数月から略化し、減少したという小野重朗の仮説の実例と言えよう。

表21　偶数月・奇数月別一覧表

	偶数月		奇数月	
沖縄本島北部	63	(58%)	46	(42%)
沖縄本島中部	164	(91%)	17	(9%)
沖縄本島南部	91	(80%)	23	(20%)
周辺離島(沖縄諸島)	3	(33%)	6	(67%)
宮古諸島	69	(73%)	26	(27%)
八重山諸島	22	(85%)	4	(15%)
合計	412	(77%)	122	(23%)

これまでの分析結果から、特定の干支と偶数月を関連付けた小野重朗の仮説の傍証や実証が確認できた。しかし、小野の仮説には大きな問題がある。それは、特定の干支が偶数月に来るとは限らないということである。干支は十干と十二支の組み合わせで六〇種類あり、特定の干支は六〇日（約二カ月）に一回、一年に六回ほど巡ってくるが、小野の挙げた奄美の一〇月の庚申を例にして、ここ五〇年間を調べると、庚申が一〇月に当たるのは全体の半数ほどで、残りは奇数月の九月や一一月となっている。つまり、庚申を含めた特定の干支が偶数月に当たるとは限らない。このことから、シマクサラシ儀礼の実施月には偶数月が多いものの、それが干支との関連性

に起因しているとは現時点では考えにくい。今後、四月や六月などの農繁期が略されたという仮説の検証を含め、偶数月と干支の関連性を考究していきたい。

(三) 臨時事例の分布形態と災厄の種類

小野重朗は、全国の防災儀礼を分析し、臨時のものが沖縄、奄美、南九州に多く、本州にはみられないという分布形態や、村落によって臨時または定期的に行われる熊本県の天草下島の防災儀礼であるコトを対象に、マクロとミクロの両方の分析から、シマクサラシを含めた防災儀礼の臨時からの定期化説を提示した［小野 一九七九：四―五、二三］。しかし、シマクサラシ儀礼を含め、臨時から定期化したという防災儀礼の実例が挙げられていない点には問題があると言えよう。

今回、臨時に行われるシマクサラシ儀礼の分布形態を分析した結果、沖縄本島の周辺離島に顕著であることが明らかになった［第三章―第一節―一―(五)］。つまり、小野が全国レベルで指摘した臨時の防災儀礼は周縁に残るという分布形態が、琉球諸島にもみられることが分かった。定期より臨時に行われるシマクサラシ儀礼が古いことの傍証と考えられる。

災厄の新旧と変遷について、小野重朗は、臨時の防災儀礼に意識されるのは、流行病などの具体的な災厄であり、それが定期化すると霊的災厄が加わるとした［小野 一九七九：二四―二五］。筆者の収集した臨時のシマクサラシ儀礼に意識される災厄を分析した結果、すべて流行病のみであった［第三章―第一節―一―(五)］。さらに、第三章―第二節―四で詳しく分析するが、同じ村落で併行される臨時と定期のシマクサラシ儀礼の災厄を比較した結果、臨時では疫病だけ、定期では疫病に加えて霊的な災厄を意識する事例が六例中四例みられた（残り二例は両儀礼とも疫病)。

これらの結果は、臨時の防災儀礼が流行病という具体的な災厄を意識し、定期的な防災儀礼には霊的災厄が加わるという小野の仮説の実証的な裏付けと言えよう。

しかし、流行病が最も古く、その他の災厄が新しいことを示すような、流行病にそれ以外の災厄が追加された事例(例:①→①②。①→①③)、あるいは変化(例:①→②)したという実例は未確認である点は問題として残る。

このことを考える上で、流行病以外の災厄に焦点を当てた分析結果は参考になる[第一章—第三節—二—(二)]。分析結果を要約すると、霊的災厄の八割強(一三六例中一一四例)、自然災厄の八割半ば(四四例中三八例)、悪人の七割半ば(八例中六例)と、流行病以外の災厄は、高い割合で流行病も意識されていた。流行病以外の災厄だけを意識するのは、災厄の種類が確認できた全体の一割に満たない(三九四例中三〇例)。

つまり、シマクサラシ儀礼に意識される主な災厄は流行病であり、また、流行病以外の災厄は、流行病から変化したのではなく、流行病を意識するシマクサラシ儀礼に追加されたと考えられる。そして、流行病以外の災厄だけを意識する事例も、流行病と併せて意識される段階を経た後に、流行病が忘却され、その他の災厄のみが残ったと推測される(①流行病→①流行病and②霊的災厄or③自然災厄or④悪人→②霊的災厄or③自然災厄or④悪人)。加えて、流行病以外の災厄だけを意識する事例が最多な地域が沖縄本島南部であることは、当地域で新しい災厄が追加されるようになったことの傍証と捉えられる(沖縄本島北部六、中部四、南部一三、宮古六、八重山一)。

四種類の災厄の複合性、流行病以外の災厄を意識する事例の分布形態の分析から、シマクサラシ儀礼に意識される災厄は、流行病が古いこと、そして、悪霊や害虫、悪人といった災厄は、後に追加された可能性が明らかになった。小野重朗の提示した仮説の実証的な裏付けと捉えられる。

第二節　定期化説の検証

本節では、臨時に行われるシマクサラシ儀礼に焦点を当て、小野重郎によって提示された、臨時なものが古く、後に定期化したという仮説の検証を行う。このことは仮説の実証的な検証が十分でない点や、定期と臨時の関係を考察した研究が少ない点からも意義あるものと考える。

序章で整理したように、小野重朗はシマクサラシを含めた防災儀礼は、定期より臨時の方が古く、定期化していったと考え、防災儀礼の定期化説を提示した［小野一九七九：四―五］。

原田信男は、シマクサラシ儀礼において臨時から定期化した事例が二八八例のうち一例しか見いだせないこと、定期的な事例が二月と八月に集中しているという筆者の報告［宮平二〇〇四］から、臨時から定期化へという小野の見解にはかなり無理があると別の可能性の存在を示唆している［原田二〇一二b：一六八］。

これまでに確認できたシマクサラシ儀礼の事例群を分析し、小野の提示した本儀礼の臨時から定期化説の検証を行い、筆者の見解を述べたい。

一　定期と臨時の新旧

シマクサラシ儀礼が臨時から定期化したという仮説は、臨時の儀礼が定期的なものより古い、という前提の上に成り立っている。しかし、ある地域の複数の民俗儀礼を発生の古い順に並べたり、その変遷を解明することは容易ではない。

小野重朗は、ある二つの民俗のどちらが古いか、その発生や展開、変遷過程などを考える場合、民俗学には決定的な判断基準がないとした上で、最も貴重な方法が民俗周圏論（方言周圏論の拡大解釈）と考えられるとした［小野一九九六：一七］。臨時と定期のシマクサラシ儀礼の分布形態から、その新旧を考察したい。

小野は、先の方法が使える民俗の適用条件として、分布が相当に広く、周圏的構造をもっていることを挙げた［小野一九九六：一七］。シマクサラシ儀礼が周圏的構造を持っているのかは儀礼内容の更なる分析が要されるが、分布圏の広さは適用条件を満たしていると言える［第一章―第一節―二］。

まず、臨時に行う事例の分布形態の分析の結果、臨時の事例は、琉球諸島全域に均等に散在しているのではなく、沖縄本島の周辺離島に、非常に高い密度で集中していることが分かった［第三章―第一節―一―（五）］。また、周辺離島以外の沖縄本島の臨時の事例を細見すると、現在は架橋により陸続きとなっているが、近代あるいは最近まで、本島とは海を挟んだ離島であった村落が五例あった（今帰仁村古宇利［聞］、旧与那城町宮城［聞］、伊計［聞］、桃原［聞］、旧勝連町比嘉［聞］）。これらを離島として含めると、沖縄諸島では、三四例のうち、半数以上の一九例が、沖縄本島とは海を隔てた離島の村落であることが判明した。

離島に臨時の事例が多くみられるのは、臨時の事例が離島だけで受容された、あるいは、離島だけに残存したかのどちらかだと思われるが、後者ではないだろうか。

また、かつて離島であった村落を除いた沖縄本島内の臨時の事例を市町村ごとにみると、ほとんどの市町村に一～二村落ほどである（大宜味村一、名護市一、今帰仁村一、本部町二、金武町一、旧石川市一、西原町一、宜野湾市二、浦添市二）。その中で最多の市町村は、本島最北端の国頭村であった（国頭村与那［聞］、奥［聞］、安田［聞］）。

小野重朗は、全国の防災儀礼の分布形態について、東日本側は陸続きで、伝わる速度も早い上に、古い民俗を保持することが少なく、新しい影響を受けやすいのに対し、西日本側は島から島へと続いていて、島ごとに古俗を保持する傾向が強いという。そして、〈陸の周圏〉と〈島の周圏〉には違いがあり、陸と島とが中心から同じ距離の時には陸側は近く、島側は遠い時代の防災儀礼を残し留めているとした［小野一九七九：二〇一二二］。

このことを踏まえると、臨時の事例が沖縄本島の離島に集中し、本島内でも最北端の国頭村に多いという分布形態は、臨時のシマクサラシ儀礼が定期的なものより古く、それが周縁に残存した結果と考えられる。ただし、中央から遠い周縁に臨時が残るのなら、先島諸島にも多いと思うが、宮古諸島に皆無で、八重山諸島もそれほど多くなかった。この点は今後解明すべき重要課題である。

臨時に行われるシマクサラシ儀礼の分布形態から、定期より臨時の方が古いと考えられる。ここで初めて、臨時の防災儀礼が定期化したという仮説が成り立つ前提となる根拠が揃ったと言えよう。

二　定期化

臨時の防災儀礼が定期化したという定期化説を示す、かつて臨時であったシマクサラシ儀礼が定期化したという実例は二村落と非常に少ない（今帰仁村崎山、竹富町小浜）。崎山は、疫病の流行時に行っていたものが、一二月二四日に定期化したという［崎山誌編集委員会一九八九：一〇四―一〇五］。小浜では、疫病の蔓延を防ぐために臨時に行われていた儀礼が、二月と一〇月の年二回になったといわれる［山城編一九七二：九九］。両例とも、定期化した時代は不明で、両村落での聞取り調査でも、シマクサラシ儀礼が臨時から定期化したという話や年代を知る方に会うことはできなかった。

小野の提示した「定期化説」を示す希少な実例であるものの、二例だけをもって、ほとんどの定期の事例がかつては臨時であったと捉えることはできないであろう。他の事例から、さらに考察を深める。

事例群の中に、儀礼は基本的には特定の月に行ったが、疫病の蔓延の際は同じ儀礼を臨時にも行ったという村落がある（今帰仁村古宇利、旧勝連町比嘉、竹富町祖納）。毎年、古宇利は四月と九月［宮城 一九九四：一九─二〇］、比嘉は二月と一二月［聞］、祖納は一〇月に疫病の防災を目的に儀礼が行われたが、臨時にも実施したという［琉球大学民俗研究クラブ 一九六九a：四六］。

定期ではあるが、臨時の要素を強く持つ例として国頭村宇良の事例がある。毎年四月にシマクサラシ儀礼を実施することから定期的な事例に含めたが、月と同じく、季節の変化を意味するとされるホトトギスの鳴き声を重要な基準としている。

宇良のように、儀礼の時期を、疫病の蔓延しやすい季節の変わり目と意識している村落がある（三三例）。内訳は、沖縄本島北部一〇、中部六、南部三、宮古二、八重山一一と、沖縄諸島では北部に多く、先島諸島では八重山に多かった。月別に分けると二〜六月、八〜一二月と、ほぼ年中にまたがってそのような認識がみられた。

疫病の流行の状況をみて、内容を盛大または簡素にしたという事例もある。金武町伊芸では、カンカーは毎年一一月頃の定期的なものであったが、疫病の猖獗した年はより盛大に行ったといわれる［聞］。浦添市牧港では、儀礼の実施月は八月であるが、流行病の流行らなかった年は行わなかったという［牧港字誌編集委員会 一九九五：八二］。石垣市宮良では、年二回の儀礼の実施時期は疫病の流行る季節の変わり目で、流行しない年は簡素に、年一回になることもあったという(8)。

このような、月ではなく、流行病の流行りそうな時期を実施の基準とした事例群は、儀礼が臨時から定期化した後の名残とも捉えられるだろうか。

それから、実施月の定まっている定期のシマクサラシ儀礼は、全体の九割弱を占めている（五三五例中四七八例）。

その点で本儀礼は年中行事と言える。ただ、本章の第一節―一―（一）で明らかになったように、事例数の多少はみられるが、一月（五例）、二月（一〇〇例）、三月（三七例）、四月（一七例）、五月（一五例）、六月（四八例）、七月（三例）、八月（一〇四例）、九月（二五例）、一〇月（五三例）、一一月（三八例）、一二月（九〇例）と、全ての月に儀礼がみられる。これは琉球諸島における他の村落レベルの年中行事には類をみない特質である。そして、実施月の多様なバリエーションそのものが、かつて臨時に行われていたシマクサラシ儀礼が、村落によって様々な月に定期化したことを物語っているのかもしれない。

三　臨時化

事例群の中には、「臨時から定期化」ではなく、「定期から臨時化」した事例がある。沖縄本島北部の今帰仁村謝名と中部の浦添市牧港の二例と少ないが、その意味を考察する。

臨時化した年代については、謝名の話者（大正五年生）が儀礼を実見したのは一五歳頃（昭和五年頃）で、それを最後に儀礼は行われていないという［聞］。話者は、「以前まで毎年であった儀礼を臨時にしたために、このようなこと（ある村人の病気）が起こった」という先輩方の話を聞いたということから、定期から臨時化したことが分かる。(9)「以前」とは、当時の大人たちが記憶している年代であったということから、おそらく大正頃までは毎年行われていたと推測される（写真43）。牧港では、大正時代まで毎年二月に行っていた儀礼が、昭和に入ってから臨時となり、昭和一五年頃に途絶えたという［牧港字誌編集委員会 一九九五：八〇］。(10)

両例とも、大正から昭和の初め頃に定期から臨時化し、その後程なくして途絶えている。謝名では、臨時化してから数十年ぶりの実施であったが、その契機となったのは、ある村人が病気になったためで、それがなければ

写真43　牛の畜殺と共食が行われたウシガリミャー
（沖縄本島北部 今帰仁村謝名。2016年撮影）

実施されることはなかったと思われる。限りなく途絶に近い、定期からの臨時化であったと捉えられよう。

まとめると、両例が臨時化して後に途絶えている点や、謝名の事例から、「定期からの臨時化」は、村人の儀礼への関心や重要性の低下によるものと考えられ、儀礼の大きな形骸化、また途絶の前段階の状態と言えよう。そうであれば、「臨時からの定期化」は、人々の儀礼に対する関心が高まった結果と推測できるのではないか。

四　定期と臨時の事例が併存する意味

小野重朗の提唱したシマクサラシ儀礼の「定期化説」を検証した結果、その仮説の前提となる、臨時の方が定期よりも古いと考えられることが分かり、限られた数だが臨時から定期化した実例（二例）も確認できた。

筆者自身も、その仮説の裏付けとなる確証や傍証が調査により多くみつかることを予想していたが、これまでの調査と今回の分析で、定期と臨時のシマクサラシ儀礼の関係に新たな側面が見えてきた。

結論から言うと、定期と臨時のシマクサラシ儀礼は、期日の変化した同じ儀礼ではなく、臨時とは別に定期的なシマクサラシ儀礼が新しく現れ、行われるようになったと考えられる。そのことを根拠を示しつつ、筆者の見解を述べる。

シマクサラシ儀礼を行う村落の中には、定期と臨時のシマクサラシ儀礼が併存する村落がある。両儀礼は期日が異なるだけで、内容は同じという事例があることは先に述べた（三例）。

それ以外に、併存する定期と臨時の儀礼が、期日の変化した同じ儀礼ではないと想定される事例がある。確認できた八村落の儀礼内容を分析し、両儀礼の相違点と共通点を整理したのが表22である（大宜味村根路銘［聞］、旧石川市山城［山城 二〇〇六：下巻三二、中巻四五八―四六〇、四六二―四六四、六二四］、旧与那城町桃原［沖縄国際大学総合文化学部社会文化学科アジア文化ゼミ 二〇〇四：一六二］、伊計［琉球大学民俗研究クラブ 一九六二：三七―三八］、宮城［聞］、浦添市牧港［牧港字誌字誌編集委員会編 一九九五：八〇―八二］、旧玉城村屋嘉部［聞］、座間味村慶留間［聞］）。

表22をみると、明らかに共通点より相違点が多い。事例数の多い、意識（八例）、名称（七例）、村落レベルの防災方法（六例）、村落の入口の位置と数（五例）という相違点を具体的に挙げていきたい。

ここで言う意識とは、聞取り調査や文献資料で確認できた、併存する定期と臨時の二つのシマクサラシ儀礼に対する人々の認識である。人々が、定期と臨時という時期の異なるシマクサラシ儀礼を、同じ儀礼あるいは異なる儀礼のどちらと認識しているか、ということを分析した。異なる儀礼と考えている場合は相違点に意識と記したが、表22の全村落で両儀礼は異なる儀礼と捉えられていた（写真44）。

名称の相違点は以下のようになっている。中黒を境に前者は定期、後者は臨時の名称で、ハンカ・フーキゲーシ（根路銘）、カンカー・フーチゲーシ（山城）、シマクサラー・フーチゲーシ（桃原）、シマクサラシ・フーチゲーシ（宮城）、カンナー・お願ぶ解き（牧港）、フーチゲーシ・シマクサラサー（屋嘉部）、シマクサラサー・ハナシキヌウグヮン（慶留間）である。詳細な分析は次項で行うが、定期はシマクサラシ系やカンカー系、臨時はフーチゲーシといった目的名称系で言い分けられていることが多い。

村落レベルの防災方法における相違点は以下の通りである。浜辺に豚肉を供える・路上に縄を張りススキを吊

表22　併存する臨時と定期の相違点と共通点

村落名	期日	相違点	共通点
大宜味村根路銘	5月、8月、12月 臨時	名称、災厄の種類、防除方法(村落レベル)、防除空間の位置と数、吊るすもの、意識	祭司
旧石川市山城	12月 臨時	名称、防除方法(村落レベル)、防除空間の位置と数、意識	災厄の種類
旧与那城町桃原	8月 臨時	名称、屠られる動物、意識	災厄の種類、防除方法(村落レベル)、吊るすもの
旧与那城町伊計	3月、8月、9月、12月 臨時	災厄の種類、防除方法(村落レベル)、防除空間の位置と数、拝所、意識	祭司、畜殺される動物、吊るすもの
旧与那城町宮城	3月、8月、12月 臨時	名称、災厄の種類、畜殺される動物、防除方法(村落レベル)、防除空間の位置と数、吊るすもの、意識	祭司
浦添市牧港	2月 8月(臨時)	名称、共食場、意識	祭司、畜殺される動物、共食方法
旧玉城村屋嘉部	8月頃 臨時	名称、防除方法(村落レベル)、吊るすもの、共食方法、食べる人、意識	祭司、防除空間の位置と数
座間味村慶留間	11月 臨時	名称、災厄の種類、祭司、畜殺される動物、防除方法(村レベル、家レベル)、防除空間の位置と数、共食方法・分配方法、意識	畜殺場、共食場・分配場、食べる人

る（根路銘）、路上に牛の血をぬった縄を張り牛の骨を吊るす・路上に縄を張る（山城）、浜辺に豚の頭を供える・疫病の神を宿にみたてた村落で最も清潔な家で供物などでもてなし、後日浜辺に豚の頭を供える（伊計）、路上に縄を張り山羊の肉を吊る・路上に縄を張り豚の骨を吊る（宮城）、路上で餅を投げる・路上で豚の血をサンにつけて撒く（屋嘉部）、豚の血をつけた木枝を浜辺に立てる・浜辺に山羊料理を供える（慶留間）。宮城と慶留間では使う動物も異なる。

村落の入口の位置と数の相違点は、一カ所の浜辺・二カ所の路上（根路銘）、一カ所の路上・三カ所の路上（山城）、三カ所の浜辺・一カ所の浜辺（伊計）、一カ所の路上・三カ所の路上（宮城）、三カ所の浜辺・二カ所の浜辺（慶留間）となっている。山城、伊計、宮城、慶留間では場所によっては重複するが、その数が異なる。

写真44　定期のシマクサラシ儀礼における村入口での祈願
（沖縄本島北部 大宜味村根路銘。2005年撮影）

共通点が多いのは祭司（五例）で、女性神役（根路銘、伊計、宮城）と男性役員（牧港、屋嘉部）に分けられる。

災厄の種類は、臨時ではフーチ（疫病）だけであるのに対し、定期では疫病に加え、ヤナムンやアクフウといった抽象的な災厄が意識されるという相違点が四例みられた（根路銘、伊計、宮城、慶留間）。定期と臨時が、ともに疫病だけを災厄として意識する例は二例みられる（山城、桃原）。ここでは余談であるが、臨時では疫病、定期では疫病に加えて霊的な災厄を意識する四例は、定期的な防災儀礼には死霊といった抽象的な災厄が意識されるようになるとした小野重朗の指摘の傍証と言えよう［小野 一九七九：二四―二五］。

定期と臨時のシマクサラシ儀礼が併存していること、その過半数（八村落中六村落）で両儀礼の共通点より相違点が圧倒的に多いことから、表22の八村落における定期のシマクサラシ儀礼は、臨時から変化したのではなく、臨時とは別に現れ、新たに行われるようになったと考えられる。

もし、ある一つの儀礼が臨時から定期化したのなら、両者を併行する必要性は無くなる。または非常に低くなると思われる。併存したとしても、前掲した実例（今帰仁村古宇利、旧勝連町比嘉、竹富町祖納の計三例）のように、異なるのは時期だけで、内容は同じものとなるであろう。時期だけが異なる同じ儀礼であれば、表22のように相違点が多くなることはないと思う。定期化して後、臨時の儀礼と併存しながら、その名称や防災方法、畜殺される動物、そして人々の意識までもが大きく変わるとは考えにくいのではないか。表22のように、定期と臨時の儀礼が併存し、相違点が多い上に、人々も異なる儀礼と考えている場合、それは時期だけが異なる同じ儀礼ではなく、別々に行われていた儀礼であった可能性が考えられる。

今回の分析結果は、小野重朗の示した「臨時から定期化説」を否定するものではない。数は少ないが、臨時から定期化した実例（二例）や、それを示唆する事例があることは確かであり、伝承の残らないほど古くに臨時から定期化した可能性も十分に想定できる。それに加えて、もう一つの新たな可能性が今回の分析で浮かび上がってきたと言える。

沖縄諸島の周辺離島に多くの臨時の事例は、本島では新規に発生した定期儀礼によって多くの臨時の儀礼は淘汰されていったが、周縁部には残った結果と把握される。このことから考えると、定期のシマクサラシ儀礼は沖縄本島で発生したと思われるが、その発生地の詳細は今後の課題としたい。

小野重朗も、定期と臨時という時期の異なる、内容の類する臨時と定期の防災儀礼が同じ村落に併存することを把握していた。加計呂麻島須子茂の臨時のキトウと定期のカネサルを報告している。両儀礼とも疫病の防災を目的としており、村落入口に同じ木枝を挟んだ縄を張るというが、カネサルでは豚を畜殺し、その足や爪を吊したという。つまり、定期と臨時の儀礼の間に、名称、防災方法、動物（使用の有無）などの相違がみられる。もし、一つの防災儀礼が臨時から定期化したという仮説を提示するなら、両儀礼が一つの村落に併存する理由を考察しなければならないが、小野は「よく似た行事」とするに留まっている［小野一九八二ａ：七六］。

最後に、定期と臨時のシマクサラシ儀礼の新旧の問題に、儀礼名称の側面からアプローチする。臨時の事例群のうち二九例で名称が確認できた。過半数の六割弱（一七例）がフーチゲーシ（疫病返し）といった目的名称系で呼び、シマクサラシやカンカーという儀礼を代表する名称では呼ばれていなかった。儀礼を代表する名称で呼ぶ事例は九例にとどまる（うち三例は目的名称系でも呼ばれる）。

次に、表22で扱った定期と臨時の儀礼が併存する八例のうち七例で、両儀礼の名称が確認できた。うち六例が定期的な儀礼をシマクサラシ系やカンカー系など、臨時をフーチゲーシやその他の名称などで呼び分けている（根路銘、山城、桃原、宮城、牧港、慶留間）。

臨時に行われる事例の過半数（二九例中一七例）において、儀礼はシマクサラシやカンカーではなくフーチゲーシ（目的名称系）と呼ばれ、定期と臨時が併存する事例の過半数（八例中七例）でも、定期はシマクサラシ系やカンカー系、臨時はフーチゲーシなどの名称で呼び分けられていた。七〇年ほど前に途絶え、その内容を明らかにすることはなかったものの、定期を目的名称系（フーチゲーシ）、臨時をシマクサラシ系と呼んでいたという例は一例のみであった（旧玉城村屋嘉部）。以上から、シマクサラシやカンカーと呼ばれる儀礼は当初から定期的なものとして、フーチゲーシなどと呼ばれる臨時の儀礼とは別に存在したと考えられる。

シマクサラシ儀礼を臨時に行っていた後に、定期的にも行うようになり、その後、両儀礼の名称、動物、災厄の種類、防災方法、意識などが、分化していったという別の可能性も留意し、定期と臨時のシマクサラシ儀礼の問題を考察していきたい。

五　課題

これまで、臨時と定期のシマクサラシ儀礼は、内容の類似性から、時期が変化しただけの同じ儀礼として把握されてきた。しかし、琉球諸島には、フーチゲーシ系（臨時）、シマクサラシ系（定期）、カンカー系（定期）などといった、村落レベルの疫病の防災を目的とした動物を要する複数種の儀礼が存在した可能性が明らかになった。

備考及び今後の課題として虫送りの事例を挙げたい。琉球諸島には広く、田畑の害虫を海に流し、害虫駆除を祈願する虫送りがある。沖縄諸島ではアブシバレーやムシバレー、先島諸島ではムヌンと呼ばれる［沖縄大百科事典刊行事務局編 一九八三：下巻六三三］。

災厄を払う点では、シマクサラシ儀礼と同じく防災儀礼と言え、同じく定期と臨時がある。しかし、異なる時期の意味や変遷の問題を考察した研究は、シマクサラシ儀礼と同様にみられない。

ただ、沖縄諸島のアブシバレーとムシバレーについては、「ムシバレーとアブシバレーが同一内容の行事となっている地域が多いが、民俗としてはムシバレーが古いと思われる」［沖縄大百科事典刊行事務局編 一九八三：下巻六三三］、また、両儀礼が併存する事例から、アブシバレーとムシバレーを混同した村が多いといった指摘がある［崎原 一九七五：四九―五〇］。定期と臨時の虫送り儀礼は、時期が変化しただけの同じ儀礼ではないと言えよう。

本節で結論づけた、シマクサラシ儀礼の臨時と定期の関係と同様である。

高嶺亨は、アブシバレー儀礼の性格と、その複合性を琉球諸島全域での悉皆調査から明らかにした［高嶺二〇〇八］。その期日の分析の中で臨時に行われるアブシバレー儀礼を取り上げている。そこで定期と臨時の関係や変遷の問題については言及していないが、地域別に事例群を整理している。それによると、アブシバレー儀礼の臨時の事例の分布は、沖縄本島に限られ、周辺離島には一例も確認されていないという。沖縄本島での分布形態も周縁に残っているとは言えず（北部五、中部一六、南部一）、先島諸島にもみられない［高嶺二〇〇八：三〇－三五］。

臨時のシマクサラシ儀礼は、周辺離島（沖縄諸島）に集中していることから、定期の儀礼より古いと結論づけたが、それと同じ現象はアブシバレー儀礼にはみられないようである。この点は、定期より臨時の防災儀礼が古いということを考える上で解明すべき問題である。

また、定期と臨時が併存する村落では、定期の事例はアブシバレー、臨時の事例はムシバレー・ムシアシビと呼ばれ、臨時ではないが、アブシバレーより先に行われるムシバレーやムシアシビと呼ばれる事例も散見される［高嶺二〇〇八：三三］。

臨時をムシバレー、定期をアブシバレーと異なる名称で呼び分ける事例を、沖縄大百科事典や崎原の指摘を踏まえると、シマクサラシ儀礼にみる定期と臨時の儀礼と同じように、定期的な虫送り（アブシバレー）は臨時の虫送り（ムシバレー・ムシアシビ）が定期化したのではなく、臨時の方が古く、後に内容を同じくした定期的な儀礼（アブシバレー）が新規に発生したのではないか。そして、同じ村落で、ムシバレーとアブシバレーという名称の異なる同内容の儀礼が行われ、ムシバレーをアブシバレーより先に行う点を、小野が提唱した「民俗変遷の仮説」と合わせて考えると興味深い［小野一九九六：一七－二二］。民俗変遷の仮説は、ドイツの生物学者のエルンスト・ヘッケルの提唱した発生反覆説を踏まえ、鹿児島の太鼓踊り、大隅半島の柴祭、宮崎県の内神祭を例にして提示されたもので、民俗行事の順序は当民俗の歴史的変遷過程や新旧を表しているというものである。

小野の仮説を踏まえると、定期的に行われるアブシバレーより、先に行われるムシバレーの方が古いと考えられる。ムシバレーが臨時から定期化した後に、新しく現れた定期的なアブシバレーが、ムシバレーの期日の後に行われるようになったと推察される。今後、虫送りにおける定期と臨時の儀礼内容の相違についての詳細な分析が必要であろう。

註

（1）本著で扱う期日はすべて旧暦である。

（2）八重山諸島には、干支を基準として儀礼を行う例が多い。某月の儀礼と意識されていても、年によって、一カ月前後することがあるため、儀礼間の間隔の分析では省いた。

（3）旧与那城町平安座では、儀礼は、シマクサラシ・ハマウグヮン・ンジガニーなどと呼ばれる。かつて、儀礼は辛に行われていたという。また、「ンヂーガニーの行事に対し、別にイリガニーの日を選び、魚がたくさん入ってくるよう、豊漁の祈願をする。ウタキにおけるのと同様の注連を張って祈願をする。供物のウサンデーは終了後に神人と共食する」［平安座自治会編 一九八五：六一四］ということから、ンジガニーとは、儀礼実施の選定基準となった十干が儀礼名称となったもので、出るカネ（最後の辛の日）の意味であったと推測される。儀礼名にもなるほど、辛への強いこだわりがあったと言えるが、その理由は不明である。宜野湾市野嵩では、イリカニーは初庚、ンジガニーは辛ではなく、その次の庚を意味するという［宜野湾市史編集委員会 一九八五：四二一］。類似する用語の採集が課題となる。

（4）干支は十干（一〇種）と十二支（一二種）の組み合わせだが、一二〇種類あるわけではなく、半分の六〇種類しかない。例えば、甲という十干を含む干支は、甲子、甲寅、甲辰、甲午、甲申、甲戌の六種で、甲丑、甲卯、甲巳、甲未、甲酉、甲亥は実在しない。各十干を含む干支は六種ずつで、計六〇種類となる。シマクサラシ儀礼における暦日の分析の中で、実在しない干支が認識されていることが分かった（民俗干支として、下線を引いた）。民俗干支の意味の考察については別稿で行った［宮平 二〇一七］。

（5）聞取り調査及び文献［竹富町史編集委員会編 二〇一一：三六三、三六五］では、シマクサラシ儀礼だけが庚・辛に行われるという。しかし、小浜の年中行事を報告した他の多くの文献には、シマクサラシ儀礼も壬・癸とされている。文献上の誤記か、ミズの日からカネの日に変遷したのかという疑問が残る。

（6）同市内では、儀礼の日を表現する、ヒヌビー（丙の日）、アトヒニー（最後の丙）という言葉が確認できているが、それぞれが火の要素を持つ十干であるという話は現時点で未確認である。

（7）宜野湾市我如古では、屋根を葺く日は、火と関係のある丙（ヒニー）は縁起が悪いといって避けたという［賀数 一九七八：七九］。火が好まれない日なのでヒの日を避けている。この事例のような、十干に対する人々の認識についての調査分析は今後の課題としたい。

（8）宮良の儀礼の実施月は、文献によって一二月［櫻井 二〇〇〇：一四二］または臨時［稲福 一九九五：三九］とされ、聞き取り調査でも、話者によって九月や一〇月、年に一回や数回と一定していなかった［聞］。琉球大学民俗研究クラブの調査でも、「期日については一〇月とも、一一月、一月ともいわれ明らかでない」と報告されている［琉球大学民俗研究クラブ 一九七七：七二］。これは儀礼の期日の柔軟性が大きく、限りなく臨時に近い定期的な儀礼であったことを示唆しているのではないか。

（9）復活した実施月は話者によって、五、六月または八月と一定しないため、不明確としておくが、暑い時期であったという証言は一致していた。

（10）南風原町喜屋武では、定期的に行われていたシマクサラシ儀礼が途絶後、村人の不幸をきっかけに一度だけ復活し、再び途絶えたという［聞］。定期から臨時化した謝名や牧港に類する事例と把握できよう。

第四章　畜殺される動物の変遷と意味

シマクサラシ儀礼を確認できた五三五例中、九割強に相当する四九一例（文献六九・聞取り四二二）において、共食、防災、供物のために動物が使われる。各地の割合も、沖縄本島北部八割半ば（一〇七例中九〇例）、中部一〇割弱（一四五例中一四〇例）、南部九割半ば（一一〇例中一〇四例）、周辺離島七割半ば（二六例中二〇例）、宮古九割半ば（一一三例中一〇七例）、八重山九割弱（三四例中三〇例）と、七〜九割と高い。動物はシマクサラシ儀礼の根幹をなす要素と言えよう。

本章では、シマクサラシ儀礼の動物に関する問題を、「動物の種類」、「動物の変遷」、「畜殺される動物の意味」という三項目に分けて考察する。

第一節　動物の種類

儀礼に使われる動物の種類であるが、肉であれば、その種類は問わない例は未確認で、ほとんどの村落で動物の種類は特定されている。それが一種類の村落（四一六例）と、複数種類の村落（七五例）があるが、前者が圧倒的に多い。後者の場合でも、複数の動物を使うのではなく、その中のどれか一種類を使ったという。つまり、本

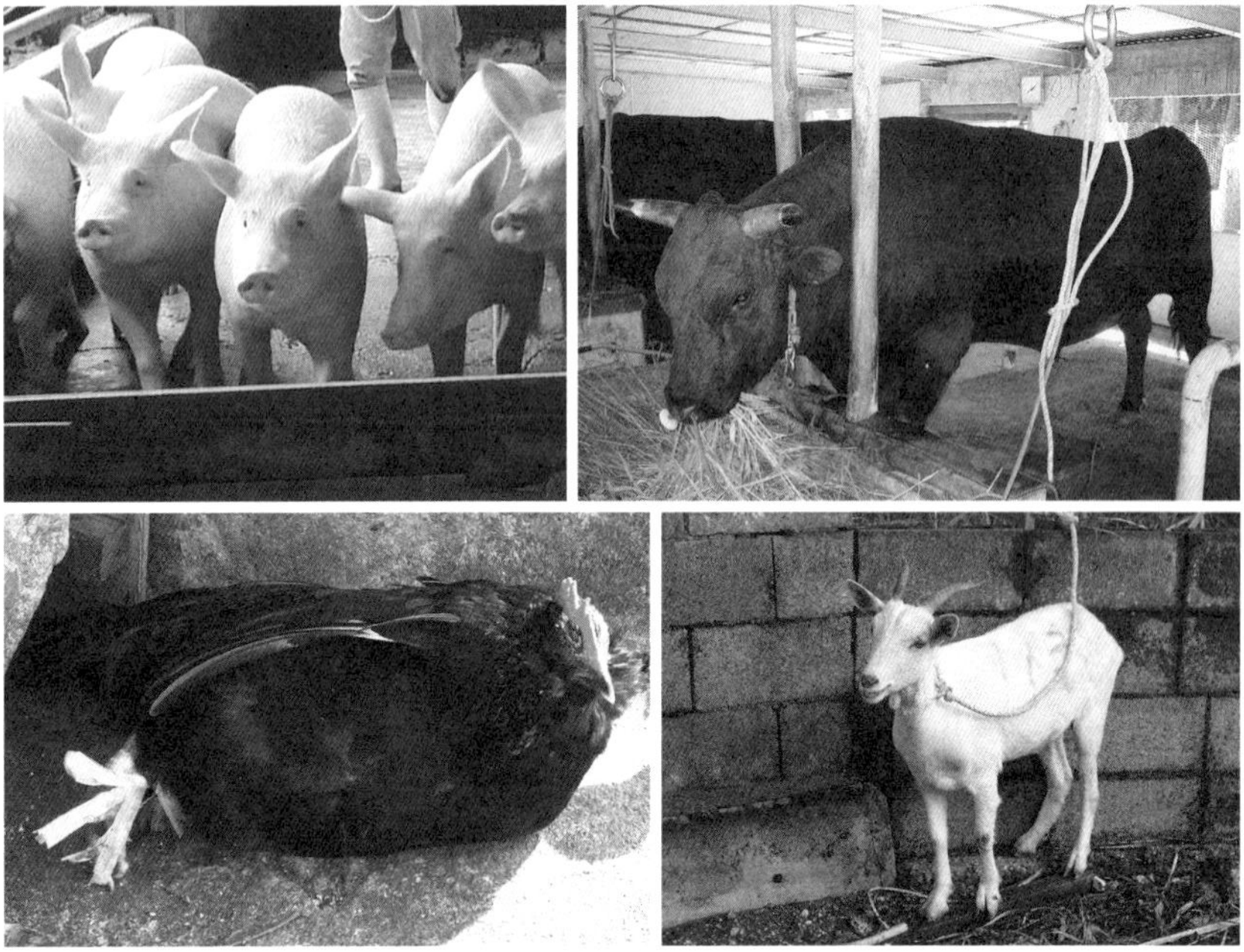

写真45　牛、豚、山羊、鶏
（沖縄本島中部・周辺離島・宮古諸島。2008～17年撮影）

来は動物の種類は特定されていたものが、調達できない場合を鑑み、複数種類のいずれかを使うという事例が発生したと推測できる。

動物の種類が確認できた四九一例を地域別に分けたのが表23である。動物の種類は、豚、牛、山羊、鶏、馬、その他の六つに分けることができる（写真45）。多い順に並べると、豚（三五一例）、牛（一七五例）、山羊（三三例）、鶏（七例）、馬（五例）である。動物ごとの地域的特性を見ていきたい。数種類の動物のうち、いずれかを畜殺する村落（沖縄本島北部六、中部二三、南部三三、周辺離島二、宮古一、八重山一〇。計七五例）についてはそれぞれの動物に一例ずつ加算した。

もっとも多く用いられる動物は豚である。琉球諸島全域にみられ、全体の割合が七割強と過半数を占めるのは、六種類の中で豚

表23　動物の種類分析表

	豚	牛	山羊	鶏	馬	その他
沖縄本島北部	79 (88%)	16 (18%)	0 (0%)	0 (0%)	0 (0%)	3 (3%)
沖縄本島中部	86 (61%)	68 (49%)	5 (4%)	3 (2%)	0 (0%)	2 (1%)
沖縄本島南部	63 (61%)	69 (66%)	8 (8%)	3 (3%)	0 (0%)	2 (2%)
周辺離島（沖縄諸島）	10 (50%)	6 (30%)	6 (30%)	0 (0%)	0 (0%)	0 (0%)
宮古諸島	105 (98%)	0 (0%)	2 (2%)	0 (0%)	0 (0%)	1 (1%)
八重山諸島	8 (27%)	16 (53%)	12 (40%)	3 (10%)	5 (17%)	0 (0%)
合計	351 (71%)	175 (36%)	33 (7%)	9 (2%)	5 (1%)	8 (2%)

のみである。琉球諸島の六地域中、北部、中部、周辺離島、宮古の四地域で最多の動物となっている。各地の割合は、北部九割弱（九〇例中七九例）、中部（一四〇例中八六例）と南部（一〇四例中六三例）が六割強、周辺離島（二〇例中一〇例）は五割、宮古一〇割弱（一〇七例中一〇五例）、八重山三割弱（三〇例中八例）である。北部と宮古は八割を超えるが、中南部や周辺離島は五～六割で、八重山は三割弱と低く、地域差がある。

豚の次に多いのが牛で、合計数は全体の三割半ばに相当する（一七五例）。前述した通り、沖縄本島南部と八重山では最多の動物となっている。割合には地域差があり、沖縄本島では中部が五割弱、南部が六割半ばを占めるのに対し、北部では二割弱と低い。先島諸島では、八重山は五割強と最多であるのに対して、宮古では一例もみられず、対照的であった。

牛あるいは豚を使った例は、四九一例中四六五例と、全体の九割半ばに相当する。

三番目に多いのが山羊である。計三三例という数は、全体の一割にも満たず、豚と牛に比べると非常に少ない。しかし、周辺離島と八重山では二番目に多い動物となっており、とくに八重山の事例数は当域の四割に相当する。

鶏の例は計九例と僅少で、分布圏も沖縄本島中部（三例）、南部（三例）、八重山（三例）と限られている。また、沖縄本島の六例中四例（中部一、南部三）は土帝君祭祀と同日で、いずれも土帝君を拝する。また、鶏の他、村落によっては牛や豚、山羊を畜殺することから、それらがシマクサラシ儀礼に使う動物で、鶏は土帝君祭祀に付随する動物であったと考えられる。

馬は、八重山諸島の石垣島に五例のみ確認できた（石垣市白保［聞］、伊原間［聞］、宮良［聞］、平久保［聞］、安良［石垣市総務部市史編集室 一九九七：一一七］）。これまで挙げた五つの動物の中では最少である。

シマクサラシ儀礼を含め、馬肉を使う民俗祭祀は琉球諸島には非常に少ない。村落レベルでは、伊平屋村田名の港祭［新垣 一九五六：五七］、石垣市伊原間の豊年祭［聞］、そして、正月には豚を畜殺する家庭が一般的であったが、馬も使ったという事例が先島諸島にみられた（旧伊良部町前里添［聞］、石垣市白保［聞］、平得［聞］）。このように、八重山に多いことから、シマクサラシ儀礼に馬を使う例が八重山だけにみられることは、八重山の肉食文化を反映したもの、また、琉球諸島における肉食文化の多様性としても捉えられよう。

これまでの五種類の動物以外のその他には、ヤマシシ（猪。一例）、ヒートゥ（巨頭鯨。一例）、魚（二例）、蟹（三例）などが含まれる。猪は沖縄本島北部、鯨は沖縄本島中部の半農半漁の村落で、その生態的環境を反映したものと思われる。しかし、両村落とも豚や牛も畜殺したことから、それが儀礼に使う主な動物で、猪や鯨は儀礼当日に捕まえることができれば使ったという二次的な動物であったと推測できる。

魚を使ったという二例のうち、一例が沖縄本島北部の名護市山入端［聞］、もう一例が宮古の旧平良市大神の事例である［根間 二〇〇〇：五〇五］。蟹の三例はいずれも、土帝君祭祀と同日にシマクサラシ儀礼を行う事例であった。土帝君を拝むことから、沖縄本島中南部における鶏の事例と同じく、土帝君祭祀付随する供物［窪 一九七四：四〇四］がシマクサラシ儀礼の供物として統合されたと考えられる。

シマクサラシ儀礼に使われる動物を家畜か野生かという観点からみれば、野生はその他の七例だけで、ほぼすべてが家畜であった。捕獲した野生動物を使った例は興味深いが、その数の少なさは家畜が使われることの多さをより明瞭にしている。

シマクサラシ儀礼に用いられる動物の種類の地域的特性を整理したい。沖縄本島で注目したいのが牛と豚との割合である。各地での牛の割合は、北部一割半ば、中部四割強、南部五割弱で、豚の割合は北部八割、中部五割強、南部四割半ばであった。つまり、本島北部から南部に行くにつれて牛の割合が高くなり、逆に、南部から北部につれて豚の割合が高くなる。同じ島でありながら、北部と南部では牛と豚の割合が二倍近く異なる。

先島諸島については、まず宮古は一〇七村落中一〇五村落とほぼすべての村落で豚が使われ、豚以外はわずか三例のみである（山羊二、魚一）。特定の動物への集中度が琉球諸島で最も高く、動物のバリエーションが最も少ない地域である。対して、八重山の特徴としては牛が最多である点や、琉球諸島で唯一、馬を畜殺する点などが挙げられる。最多の動物が全体を占める割合は三割半ばと、琉球諸島で最も低く、動物のバリエーションが豊富であることを示している。同じ先島諸島でも、動物のバリエーションや集中度など、その特徴が宮古と八重山では対照的であった。

第二節　動物の変遷

一　先行研究

小野重朗は、シマクサラシ儀礼に畜殺される動物が豚から山羊（旧勝連町浜比嘉）、豚や山羊から鶏（座間味村座間味）に変化した事例を挙げ、古くは牛であったのが豚へ山羊へと略化され、終いに鶏になったとした［小野一九七〇：三二]。その他、臨時に行われる重病人の災難除けにおける、牛↓鶏（喜界町志戸桶）、牛・豚・鶏↓鶏卵（竜郷村赤生木）という変化例を挙げた［小野 一九七〇：三四―三七］。

小野は、シマクサラシ儀礼における動物の変遷を［牛↓豚↓山羊↓鶏］と捉えている。ただ、シマクサラシ儀礼を含めた防災儀礼に関しては、古くは牛で他の動物に変化したという実例は挙げていない。

原田信男は、シマクサラシ儀礼を含めた牛を使う儀礼において、使われる動物が別の動物へと変わった理由を近世の文献史料から考察している。『法式』（一六九七）の牛は農耕用として貴重なため祝儀における牛の畜殺を禁止するという通達、『球陽』（一七二九）の牛の畜殺を禁ずる記事、そして、「翁長親方八重山規模帳」（一八五七）の牛改帳などの帳簿を作成し、頭数の徹底的な管理を行っていることなどから、首里王府は、薩摩藩から課せられた石高制システムの下で、日本的な水田稲作を重視し、これに大きな役割を果たす牛の畜殺・食用を禁じようとしたと考えられるとした。そうした状況下で、シマクサラシ儀礼の牛は別の動物へと変化していったという［原田 二〇一二a：一四六―一四七］。

二　変化例の分析

これまでの調査で、動物が変化したという例は、沖縄本島北部六、中部二八、南部一一、周辺離島五、宮古二、八重山六の計五八例確認できた（文献一四・聞取り四四）。琉球諸島全域にみられ、とくに沖縄本島中部に多い。事例群を類型化し、整理したのが表24である。

事例群は一八種類に類型化でき、牛から豚に変わった［牛↓豚］という変化が最多であった。五八例中二五例と、全体の四割強に相当する。すべて沖縄本島の事例で、ほとんどが中部であった（二五例中二〇例）。［牛↓豚］

表24　動物の変化例一覧表

	牛→豚	牛→山羊	牛→山羊→豚	牛→豚・鶏	牛→鶏	牛・豚→山羊	牛→豚・山羊→鶏	牛→豚→鶏	牛→豚・山羊	牛・豚→豚	牛・山羊→豚	豚・山羊→山羊	豚・鶏→鶏	豚→山羊	豚→鶏	豚→魚	山羊→鶏	猪→豚
沖縄本島北部	2			1						2								1
沖縄本島中部	20	2							1	3				1	1			
沖縄本島南部	3	1	2	1		1		1		1	1							
周辺離島(沖縄諸島)		1					1					1					2	
宮古諸島															1	1		
八重山諸島		3			2								1					
合計	25	7	2	2	2	1	1	1	1	6	1	1	1	1	2	1	2	1

以外の類型の数は多くても六、七例で、本類型との差は大きい。

次に多いのが［牛→山羊］（七例）である。沖縄本島中南部、周辺離島、八重山と、類型の中でももっとも広くみられる変化例である。［牛・豚→豚］が三番目に多い（六例）。牛か豚を使っていた事例が豚のみになったもので、［牛→豚］と同様の変化例と捉えられる。

事例数の多い三類型を挙げたが、その他一五種類の類型は数例ずつで、その中の六類型、計八例に［牛→豚］という流れが確認できる。具体的には、［牛→山羊→豚］（二例）、［牛→豚・鶏］（二例）、［牛→豚・山羊→鶏］（一例）、［牛→豚→鶏］（一例）、［牛→豚・山羊］（一例）、［牛・山羊→豚］（一例）である。

全類型のうち計三九例と、全体の七割弱に相当する九種類の類型が、牛から豚へと変化した事例と把握でき、シマクサラシ儀礼に使われる動物の主な変化の流れは、牛から豚へと把握できる。

また、事例群は、牛から別の動物に変わったという見方もできる。そのような例は、一八類型中一一類型で、その数は全体の八割半ば（五八例中四九例）を占める。とくに、その割合は沖縄本島中部（二八例中二六例。九割強）と南部（一一例中一一例。一〇割）で高い。古くは牛が使われていたことを示す明証と言える。別の動物から牛に変わった例が皆無であることも、それを示唆している。

小野重朗の提示した［牛↓豚↓山羊↓鶏］という変化パターンを検証したい。先に明らかにしたように、事例群の八割半ばが牛から別の動物に変化していること、牛から別の動物に変化した例が皆無であることから、牛が最も古く、変化の過程の最初に来ると考えられる。また、鶏から別の動物に変化した例が無いことと、表24に含まれる一一例の鶏すべてが変化後の動物であることから、鶏は最も新しく、変化パターンでは最後に来る動物と言える。つまり、小野の提示したい変化の流れにおける牛と鶏の位置は、その実態に合致している。

ただ、牛の次の動物が豚なのか、山羊なのか、という問題がある。小野重朗は、［豚↓山羊］（旧勝連町浜比嘉）の事例は挙げているものの、牛から他の動物に変化したというシマクサラシ儀礼の実例は挙げていない。

豚と山羊のどちらが古いかという視点から表24を分析した。その結果、豚の古さを示唆する類型には［牛・豚↓山羊］（一例）、［豚↓山羊］（一例）があり、山羊の古さを示唆する類型には［牛↓山羊↓豚］（二例）、［牛・山羊↓豚］（一例）がある。前者二例、後者三例と、ほぼ同数と言える。これに対して、両動物が変化例の中では同列であったことを示す類型は、［牛↓豚・山羊］（一例）、［牛↓豚・山羊↓鶏］（一例）、［豚・山羊↓山羊］（一例）と、計三例みられた。現時点で牛の次の動物を豚と山羊から択一することは難しいことから、豚と山羊を変化の過程では同等に位置づけ、［牛↓豚・山羊↓鶏］と把握したい。

整理すると、小野重朗の提示した［牛↓豚↓山羊↓鶏］は、シマクサラシ儀礼における動物の変化例と、牛が最も古く、鶏が最も新しい動物で、その間に豚と山羊が位置づけられる点などは合致している。しかし、豚と山羊の新旧は現時点で一概には言えない。筆者は、シマクサラシ儀礼における動物の変化を［牛↓豚・山羊↓鶏］と捉えておきたい。(1)

三　変遷の理由

原田信男の指摘を踏まえ、変化例の八割半ばを占める、牛から別の動物へ変化した理由を考察する［原田 二〇一二a：一四六―一四七］。

まず、変化例に含まれる主な動物を成体時の体が大きい順に並べると、牛・豚・山羊・鶏になると思われるが、四つの動物のいずれかに変化したという五六例中五四例と、全体の九割半ばに相当する事例が、その順番に沿うように、以前の動物より小さい動物へと変化している。ほか二例は、［牛↓山羊↓豚］と、山羊から豚へという変化である。

数は少ないが、実地調査で動物が変化したのは、「牛が高価であったため」、「より安価な動物へ」、「入手、調達しやすい動物へ」など、合理的な理由が確認できた。

それから、牛から別の動物に変化した年代であるが、牛から別の動物に変化した四九例中、その年代が確認できた二六例を整理すると、昭和初期（一三例）、大正期（七例）、明治以前の遠い昔（六例）という結果であった。つまり、牛から別の動物に変化した年代が確認できた二六例のうち、七割半ばに相当する二〇例が、大正から昭和初期に変化したという事例であった。聞取り調査で、牛が使われていた当時の儀礼を体験した話者にお会いできることも多かった。

そして、『羽地仕置』の祝儀における牛の畜殺を禁止する通達の中には、「前々より禁止したりといえども」［沖縄県教育委員編 一九八一：一六］とあることから、王府による牛の畜殺禁止が、なかなか功を奏さなかったことが読み取れる［宮平 二〇一二b：七〇］。

もう一つ、王府の規制が後に功を奏したとしても浮かび上がる矛盾がある。それは、沖縄本島における牛の割合である。牛が全体を占める各地の割合は、北部一割半ば（一六例）、中部四割強（六八例）、南部五割弱（六九例）と、本島北部から南部に行くにつれて牛の割合が高くなる。もし、王府による牛の畜殺禁止が功を奏したのであれば、その影響が大きかったと予想される中南部で牛の割合は低くなることはあっても、高くなることはないのではないか。

つまり、王府による牛の畜殺禁止は、村落レベルで行われるシマクサラシ儀礼における動物の種類には、変更を与えるほどの影響はなかったと思われる。儀礼における動物が変化した理由や年代、『羽地仕置』にみる牛の畜殺禁止の効果、沖縄本島各地における牛の割合などから、シマクサラシ儀礼における動物の変化は、原田が指摘したような王府などの外部からの圧力によってではなく〔原田 二〇一二a：一四六―一四七〕、村落内部の経済的あるいは合理的な理由から、近年に生じたと考えられる。

今後の課題として、馬や猪、魚などの希少な事例を、［牛↓豚・山羊↓鶏］の中のどこに位置づけられるかという問題が挙げられる。とくに馬は変化例がなく、数も少ない上に分布圏は石垣島だけに限られているが、馬と人との関係の歴史を念頭に明らかにしなければならないと思われる。

第三節　畜殺される動物の意味

シマクサラシ儀礼に使われる動物の種類には地域的特性があり、地域差も大きいことが分かってきた。本節では、動物の中で、牛は聖獣であるために畜殺されるという小野重朗の仮説の検証を中心に、特定の動物が要される意味を考える。

一　先行研究

小野重朗は、シマクサラシ儀礼を含めた奄美・沖縄の防災儀礼に牛が使われる意味について、農耕などの使役に重要であるからではなく、牛そのものが聖なる動物と考えられていたためと考察した。そして、牛肉には、外からの危害を防ぎ、身を守るような不思議な力があると考えられていたという［小野　一九八二b：四五三、四五六］。牛から豚、山羊、鶏などに変化した事例があるものの、それらは牛の入手が困難なためという理由からの単なる代用で、聖なる動物ではなかったとした［小野　一九八二b：四五五］。牛が聖なる動物であることの傍証として、南九州の盆や八月に牛のツクリモノが出現すること、奄美のオムケ、オホリという祭りに、海の他界から怪牛が現れて活動するという伝承があること、宮古島には海や地下の他界にいる怪牛が人界に現れ、神・祖神として活動するといった説話があることなどを挙げた［小野　一九八二b：四五六］。

二　分析

これまでの調査で、シマクサラシ儀礼において特定の動物が使われる理由についての人々の見解が確認できたのは、沖縄本島中部一〇、南部六、宮古一、八重山六例の計二三例と少ない。牛や豚、山羊といった特定の動物を儀礼に畜殺することは決まっていても、その理由を尋ねると、「分からない」、あるいは「昔からの風習を踏襲しているだけ」という答えが多い。

二三例を動物の種類別に分けると、牛（一三例）、豚（五例）、山羊（三例）、鶏（一例）、馬（一例）で、牛が最多である。豚は五例、山羊は三例と僅差であるが、それぞれの合計数（豚三五二例、山羊三四例）を考慮すると、使う理由が確認できる動物としては山羊が多い。また、シマクサラシ儀礼に使う動物としては豚が最多で、その数は牛の二倍であるにも関わらず、動物を使う意味が確認できた事例の五割半ば（二三例中一三例）と、牛が最多であることも重要である。

確認できた理由には、①大きいため（八例）、②家畜の中で一番強いため（七例）、③肉のにおいが強いため（三例）、④肉に効能があるため（三例）、⑤鳴き声が魔除けとなるため（三例）、などがある。他、⑥村落の発祥元とされる隣村が牛を使っており、それよりは小さな動物でなければならないため鶏を使った（一例）、⑦豚の伝染病の流行を防ぐため豚を使った（一例）という事例もある。

事例の集中するのは、①大きいためと、②家畜の中で一番強いためで、③〜⑦は一〜二例と極端に少なくなる。

①は村落の人口が多く、小さな動物では共食の肉や、防災に使う骨や血が足りないため、大きな家畜を使ったという事例である。この場合の動物は、牛（五例）、豚（二例）、馬（一例）であった。牛の事例は、家畜の中で最大の牛を使ったというものである。豚の事例は、牛では大きすぎるため豚を使ったという例であった。

②は、家畜の中で最も身体が大きく、角を持ち、気性が荒いなどの心身の特徴から、牛を使ったというものである。本例はすべて牛で、七例中五例は、災厄が強い牛そのものに、あるいは、その牛を畜殺することができる人々に対して脅威を抱き、村落への侵入を諦めるという認識であった。

③は、豚や鶏に比べて肉のにおいにくせがあるため、牛や山羊を使ったという例である（二例）。二例とも、その肉のにおいによって、疫病の村落への侵入を防ぐことができると考えている。④は、その肉を食べると流行病にかからないという効能があるためというもので、二例とも山羊であった。⑤鳴き声が魔除けとなるための二例はいずれも豚であった。豚の鳴き声が災厄を払うという考えは、夜間の帰宅の際、家に入る前に豚舎の豚を鳴かせると、ついてきた悪霊を払うことができるという家庭の風習にもみられる［渡邊二〇〇八：四五一―四五二］。

分析結果は、防災との関連性の有無という視点から二つに分けることができる。②〜⑤の四つの見解には防災との関連性がみられ、①、⑥、⑦にはほぼみられない。②〜⑤には、特定の動物の容姿や性格（②）、肉のにおい（③）、肉の効能（④）、鳴き声（⑤）などに、災厄を払い除ける力があるとされる。防災を目的としたシマクサラシ儀礼に特定の動物を使う理由として、説得力のある意味付けと考えられる。

対して、①、⑥には防災との関連性がまったくみられない。①は特定の動物が使う理由というより、大きな動物を使う理由という意味合いが強い。共食や防災方法に使う肉、骨、血をまかなうために、大きな動物が小さな動物より合理的であるという観念がみられ、特定の動物を使う意味としては説得力がない。⑥は当村落の発祥元となる村落を意識することによって生まれた特定の動物への執着で、シマクサラシ儀礼の本質とは関係のない例外的な事例と言える。これら二つは、シマクサラシ儀礼の主眼である防災との関連性がみられないことから、新たに発生した意味付けと思われる。

⑦は防災との関連性が多少みられるものの、豚の流行病に限定されたものとなっている。シマクサラシ儀礼における防災対象は人間の流行病が主で、豚の流行病を対象とする例は少ないことを考慮すると、防災儀礼に特定の動物を使う理由としては説得力に欠ける。

災厄を防ぐ力があるという豚の鳴き声について、もう少し掘り下げたい。一般的に、豚の鳴き声が防災につながると考えられているのは、フールと呼ばれる家庭の豚舎兼便所に限られている。フールには屋敷神の一神で、非常に霊力の高いフドゥカミと呼ばれる神がいるとされる［真栄田 一九七二：三四二―三四三］。フドゥガミの存在を考慮すると、魔除けの力があったのは豚の鳴き声ではなく、それによって起きるフールの神様である可能性が推測できよう。鳴き声に魔除けの力があるとされるのは、便所にいる豚だけであることや、豚がいなくても便所に行くだけで魔物を除けることができるという例があることから、豚の鳴き声ではなく、フドゥガミに魔除けの力があったのではないだろうか。フドゥガミの力が、豚の鳴き声の力として誤解、あるいは転換されたと思われる。このことから、豚の鳴き声が災厄を防ぐという⑤は、シマクサラシ儀礼に特定の動物を使う理由という問題においては、②〜④とは分けて考えるべきである。

②〜④は、動物そのものの容姿や性格、肉の性質などが防災につながるというもので、シマクサラシ儀礼において特定の動物を使う理由としては信憑性の高いものと思われる。その動物が豚などではなく、牛（八例）と山羊（三例）であることは、小野重朗の提示した、牛が聖獣であったためという指摘の重要な傍証と考えられる。

三　牛を使う意味

シマクサラシ儀礼において特定の動物を使う信憑性の高い意味づけが与えられた動物は、豚などではなく、牛と山羊だけであることが分かった。そして、牛（八例）が最多であるが、山羊（三例）の事例も看過できない。山羊には、角を持つ容姿や、くせのある肉のにおいなど、牛との共通点がみられる。儀礼に牛か山羊を使う村落の中には、角のある動物でなければならないという認識がみられ、両動物を同質のものと捉えていたことを示している。また、肉のにおいや効能に着目した意味付け（③、④）は牛以外では山羊だけで、豚や鶏にはみられない。

これらのことから、山羊は、豚や鶏と同じように、牛の代用物であることには変わりないが、唯一その聖性を補え得る動物と捉えられていたと考えられる。山羊にみられる容姿や肉の性質に着目した意味付けは、牛から移ったものと考察される。肉に力が付与された動物の種類の分析［第二章―第四節―二―（二）］で、山羊が比較的多いことが分かったが、それは牛そのもの、そして、その肉にまつわる聖性が移りやすい動物は、豚や鶏ではなく、山羊であったことの傍証と考えられる(2)。

動物の中では牛や山羊だけに、防災儀礼に使う理由が存在したことを示唆する事例がある。それは、儀礼に用いる動物の身体的特徴が限定されているという事例である。沖縄本島と八重山に計九例確認できたが、いずれも角のある動物でなければならないという認識で、牛（六例）と山羊（三例）を使う村落で確認できた。

角を持つ動物という以外に、例えば、一回で一〇頭近くの子供を産む動物（豚）、鬣《たてがみ》のある動物（馬）、蹴飛ばす力が強い動物（馬）、卵を産む動物（鶏）、羽のある動物（鶏）など、角以外に生物的特徴を限定したものは未確認である。これは動物の中では牛や山羊だけに、防災儀礼に使う理由が付与されていたことを示唆している。

また、特定の動物への強い執着心がみられる事例がある。具体的には、シマクサラシ儀礼には決まった動物を使わなければならない、それ以外の動物では意味がないという認識で、中には、村人に不幸が起こったのは、前回の儀礼に本来の動物を使わなかったためとして、元の動物に戻したという村落もある。そういった例は、沖縄本島中部五、南部二、宮古一例の計八例で確認できた。動物の種類は牛六例、豚二例と、牛が最多で、山羊や鶏にはみられなかった。

これは、牛にこそ、シマクサラシ儀礼という防災儀礼に使う意味が存在したことの裏付けと捉えられる。牛を使う理由が忘れ去られた後に、その動物への執着だけが残ったと思われる。

最後に、シマクサラシ儀礼の由来譚の一つである言葉を喋る牛という話型に触れたい。確認できた由来譚は大きく七つの話型に分類できるが、その中で言葉を喋る牛は二番目に多い話型であった［宮平 二〇一二ａ：五〇］。その概要は、言葉を話す牛が村人に、近い将来に蔓延する流行病の対処法（シマクサラシ儀礼）を教えるというものである。

安里和子は、もの言う牛という話型の分析から、シマクサラシ儀礼の由来譚の中で、牛が自ら望んで食べられることの意味を考察している。安里は、牛が言葉を喋り、自ら望んで食べられるという説話は、かつて沖縄には人間から牛、牛から人間への転生を信じる信仰が存在したことを示唆しているとした［安里 一九七九：四二］。

安里の指摘を鑑みれば、シマクサラシ儀礼の由来譚に登場する言葉を喋る牛は、シマクサラシ儀礼における牛に対する人々の認識の象徴という見方もでき、牛が単なる家畜ではなく、神秘的な性格を持つ動物とも捉えられていたと考えられる。言葉を喋る牛という由来譚が多いことと、牛以外に言葉を喋る動物の由来譚が未確認であることも、小野の指摘する「牛の聖性」、あるいは人々の牛への聖視の傍証と把握できる。

四 小括

動物の中で、牛は聖獣であるために儀礼に要されるという小野重朗の提示した仮説の検証のために、特定の動物が要される理由について考察してきた。要点を整理したい。

シマクサラシ儀礼において使う意味が確認できた動物（二三例中一三例が牛）、容姿が規定されている動物（牛六、山羊三）、執着心が強くみられる動物（牛六、豚二）のいずれも、牛が最多であることは、本来、シマクサラシ儀礼に使われる理由が付与された動物は牛だけであったことを示している。儀礼の由来譚における言葉を喋る牛という話型の多さと、牛以外の動物が主人公となる由来譚がないことは、牛の聖性を示す傍証であろう。

シマクサラシ儀礼に牛が使われるのは、他の動物が持たない神秘的な力を持った動物と認識されていたためという小野の提示した仮説の実証的な裏付けを確認できた。

第二章―第四節―二―（二）で肉を食べる意味を分析し、食べることによって防災の力を手に入れることができるシマクサラシ儀礼にみられる肉の力は、厳密に言えば、牛肉の力であると結論づけた。本節での、動物の中では、牛にのみシマクサラシ儀礼に使う意味が付与されていたという分析結果は、「牛肉の力」の傍証に加えられる。

また、確認できた七つの理由の中で、シマクサラシ儀礼の主眼である防災につながるとされる、動物そのものの容姿や性格、肉の性質などに着目した理由（②〜④）が、シマクサラシ儀礼に牛に付与された本来の意味で、それ以外の四つの意味（①⑤⑥⑦）は、新たに意味付けられたものと思われる。

さらに、牛の容姿や性格に着目した意味付け（意味②）が本来の理由でそれを土台にしなければ、牛の肉の匂い（意味③）や、肉を食べることにより獲得できる効能（意味④）は発生しえないであろう。土台となる意味付け（意味②）の七例すべてが牛であることは、重要であり、やはり、シマクサラシ儀礼に使われる動物の中では、牛だけに神秘的な力があると考えられていたと言える。

小野重朗は言及していないが、牛が聖なる動物と捉えられるようになったのは、牛の容姿や性格が原因と考えられる。牛の容姿や性格に災厄を払うことができる神秘的な力を感じ、その肉を食べ、防災方法に使うと、災厄を払い除けることができると認識されていたことが分かった。

それから、小野重朗は、牛以外の動物を単なる代用と捉えたが、分析の結果、山羊だけは特別な代用であったことが明らかになった。その根拠として、動物を使う意味を確認できた動物は、牛に次いで山羊が比較的多いこと（牛一三、豚五、山羊三）、肉のにおい（意味③）や効能に関する意味付け（意味④）と、容姿に関する規定が確認できた動物は、牛以外では山羊だけであったことが挙げられる。これらのことから、山羊は、牛の持つ神秘的な性質を補え得る、唯一の牛の代用の動物であり、山羊にみられる容姿や肉の性質に関する意味付けは、牛から移ったものと考えられる。

註

（1）備考として考古学的資料を挙げたい。沖縄本島南部、南風原町の仲間村跡A地点という遺跡から、約一メートル間隔で一列に並べられた、左右に分割された計五つの牛の下顎骨が出土したという。骨は意識的に据え置いた状態で、何らかの祭祀儀礼が行われたものと思われるという［南風原町史編集委員会 二〇〇一：三四六］。顎骨以外の部位は未確認であるが、並べられた点から、動物の様体を表す供え方に関連するものとして参考となる資料と考えられる。

　上記の事例と比較参考すべきシマクサラシ儀礼を挙げたい。同遺跡は南風原町津嘉山に位置するが、同村落ではシマクサラシ儀礼が現行である。かつては、本儀礼には牛が使われていたというが、現在は豚のチラガー（顔の皮）と鶏本体が使われている。注目すべきは、その供え方である。四カ所の村落入口で、線香、ビンシー、豚のチラガーと鶏、豚の三枚肉、ご飯、揚げ豆腐、赤い饅頭などが、順に縦一列に並べられるのである。複数の供物は横に並べるのが一般的である。縦に並べる意味は未確認であるが、豚のチラガー（顔の皮）の他、鶏の本体を供える点、縦一列という一般的ではない供え方から、それは動物の様体を表す並べ方とは推測でき、さらに、かつては牛を使ったという伝承から、牛の様体を表す供え方が存在した可能性が考えられる。津嘉山の例は、それが動物の様体を表すという認識が未確認であるため、供犠的要素には含めていない。

　同字であることをもって、考古学的遺物が示唆する儀礼と現行の民俗は直結できない。しかし、動物の様体を表すと思われる稀有な供物の供え方が、津嘉山にみられるという点で興味深い。ちなみに、津嘉山は、琉球諸島でわずか八例、南部では三例しかみられない、牛を痛めつけてから畜殺するという供犠行為が確認できた村落でもある［南風原町誌編集委員会編 二〇〇三：四四三］。津嘉山の事例は牛を使う儀礼の古さと、牛に対する特別な認識があったことを示唆しているのではないか。

（2）この視点から考えれば、もともとの事例数が少ないという問題点もあるが、動物の大きさという理由しか確認できていない馬も、山羊とは異なり、豚や鶏と同様の代用物であった可能性が考えられる。

第五章　悉皆調査からの展開と考察

琉球諸島におけるシマクサラシ儀礼の実態の解明を目指し、広域的かつ膨大な村落を対象とした分析を行ってきた。その過程で、大きく四つの問題が展開できることが分かった。本章ではそれらの問題について、実証的な分析に基づいた新たな見解を提示する。第一節では沖縄への鉄の流入と本儀礼の伝播との間に密接な関連性があった可能性、第二節では名称の地域的特性からシマクサラシ儀礼には大きく二つの同内容の異なる儀礼が存在し、伝播する過程で緩衝や融合が起こった可能性、第三節では儀礼中の除災を主眼とした祭司の行為が仮面来訪神へと変化した可能性、第四節では日本レベルの習俗における八日という暦日の起源についての仮説を提示する。

第一節　鉄と動物の交差した場所
――カンカー系名称の語意と分布的特性の分析から――

本節では、シマクサラシ儀礼を代表するカンカーという名称の語意を同名称の分布的特徴と用語の分析から考察し、それが一四～一五世紀の沖縄への鉄器の流入と深く関係するという可能性を提示する。

一　儀礼内容にみるカンカーの語意

第一章―第二節で分析したように、カンカー系には主にカンカーとハンカがあり、その分布は琉球諸島に広くみられるシマクサラシ系とは対照的で、沖縄諸島に限られている。さらに、沖縄本島でも全域ではなく、主に北部から中部に分布し、北部には広くみられるものの中部は西海岸の市町村に目立ち、東海岸には少ない。そして、本島南部は八例（文献一、聞取り七）と非常に少なく、旧佐敷町だけにみられた。

カンカーの語意を考察した研究者は少なく、宮城真治は沖縄本島北部において一二月八日に行われる村落への感冒の侵入防止を願う儀礼としてハンカを扱い、語意は「弾く」で、儀礼では防御や予防という意味で使われると指摘した［宮城 一九八七：二五八］。仲程正吉は、国頭村の年中行事であるハンカは半夏生《ハンゲショウ》の日（夏至から一一日目に当る日。太陽暦では七月二日頃）に行われる魔除けの行事とし、ハンカに半夏という字を当てた［仲程 一九七〇：一七］。

では、カンカーの語意についての人々の認識に焦点を当てたい。現在のところ、その意味が確認できた村落は九例（文献四、聞取り五）のみで、シマクサラシと同じく多くの村落で認識されていない。九例とは、国頭村宇嘉［聞］、大宜味村城［聞］、根謝銘［聞］、根路銘［聞］、名護市幸喜［津波 一九八二：二〇］、恩納村安富祖［津波 一九八二：二〇七］、沖縄市与儀［聞］、宜野湾市［宜野湾市史編集委員会 一九八五：三八八］、渡名喜村渡名喜［渡名喜村 一九八三：三六四］で、その意味は、弾く・払う・防ぐ（宇嘉、根路銘、幸喜、安富祖、与儀）、集まる（城、根謝銘）、牛の畜殺（宜野湾市）、畜殺される動物（渡名喜）の四つに整理できる。九例中五例が防災と関係する言葉であるという認識で、宮城の指摘と合致している。しかし、他の認識もみられ、シマクサラシのように一様ではなかった。

次に、儀礼中に使われるカンカーやハンカという語を含む用語の分析から、さらにカンカーの意味を考える。確認できた四五例（文献二六、聞取り一九）を表25にまとめた。

表25から、カンカーという語は地名に多く含まれていることが分かる。四五例中三〇例がカンカーモーやハンカマーなどの地名であった（写真46）。内容は、儀礼に用いる動物を畜殺する場所（畜殺場：一七例）、村落の入口など災厄の侵入を防ぐ場所（防災空間：一二例）、動物を食べる広場（共食場：七例）などである。他に、人々に振る舞われる料理（六例）や、カンカーウシ（カンカー牛）やカンカーゥワー（カンカー豚）など、畜殺される動物（七例）もある。

これらに共通しているのは動物である。つまり、動物を畜殺し、食し、吊したりする場所の地名や、畜殺される動物、その料理の名称などに、カンカーやハンカという語が含まれていた。

金武町屋嘉［聞］では、牛を畜殺することをカンカー、またはウシカンカーという。宜野湾市では、カンカーは儀礼名称であると同時に牛を畜殺することを意味するという。渡名喜村渡名喜では、儀礼名称はシマクサラシだが、畜殺される動物をカンカーと呼んだ。

以上の分析から、カンカーとは儀礼に畜殺する動物そのもの、または、畜殺行為と何らかの関係がある言葉と推測される。

写真46　畜殺と共食が行われたカンカーモー
（沖縄本島中部 読谷村渡具知。2006年撮影）

二　鉄とカンカー

カンカー系は主に沖縄本島北部、つまり、琉球諸島の北側に分布している。そして、奄美諸島にはシマクサラシ儀礼と内容の類似するカネサルと呼ばれる儀礼がある。その儀礼名称が表すように、一

表25　名称以外のカンカーの使用例一覧

村　落	用　語	分　類
国頭村浜	ハンカマー	地名（拝所、防災空間、畜殺場）
東村平良	ハンカジョー	地名（防災空間、共食場）
本部町石嘉波	ハンカーモー	地名（拝所、防災空間、畜殺場、共食場）
名護市我部祖河	ハンカジョー	地名（拝所、防災空間）
名護市川上	ハンカジョー	地名（拝所、防災空間）
名護市振慶名	ハンカジョー	地名（拝所、防災空間）
名護市真喜屋	ハンカ	地名（防災空間）
名護市仲尾次	ハンカジョー	地名（畜殺場）
恩納村名嘉真	カンカーモー	地名（拝所、畜殺場）
恩納村仲泊	カンカーゥワー	動物（要される豚）
恩納村真栄田	カンカーマーチ	地名（畜殺場）
	カンカーモー	地名（拝所、共食場）
恩納村塩屋	カンカーマーチ	地名（拝所）
恩納村恩納	カンカーゥワー	動物（要される豚）
読谷村伊良皆	カンカーモー	地名（畜殺場）
読谷村大湾	カンカーモー	地名（拝所、防災空間）
読谷村儀間	カンカーモチ	料理（餅）
読谷村喜名	カンカーモー	地名（畜殺場、共食場）
読谷村瀬名波	カンカーウシ	動物（要される牛）
	カンカーモー	地名（防災空間、畜殺場、共食場）
	カンカーナナジョー	地名（防災空間）
読谷村楚辺	カンカーモー	地名（畜殺場）
	カンカームーチー	料理（餅）
読谷村渡慶次	カンカーモー	地名（畜殺場）
読谷村渡具知	カンカーモー	地名（拝所、畜殺場）
読谷村長浜	カンカーマーチュー	地名（畜殺場、共食場）
読谷村古堅	カンカーモー	地名（拝所、畜殺場）
読谷村座喜味	カンカーウスメー	祭司者（56～60才男性）
	カンカー汁	料理（肉汁）
嘉手納町屋良	カンカーモー	地名（拝所、畜殺場、共食場）
	カンカーンバギー	料理（ご飯）
北谷町桑江	カンカーヌカミ	地名（拝所）

旧具志川市栄野比	カンカーモー	地名(防災空間)
旧具志川市江洲	シマカンカン	地名(拝所、防災空間)
北中城村喜舎場	カンカー森	地名
宜野湾市嘉数	カンカーイシ	地名(拝所、畜殺場)
宜野湾市宜野湾	カンカーウシ	動物(要される牛)
宜野湾市喜友名	カンカーウシ	動物(要される牛)
宜野湾市宇地泊	カンカーウシ	動物(要される牛)
旧佐敷町外間	カンカーヌシル	料理(肉汁)
伊江村	ハンカモー	地名(畜殺場)
	ハンカジシ	料理(豚肉)
渡名喜村渡名喜	カンカー	動物(要される動物)
粟国村東、西	カンカーハイ	地名(拝所、畜殺場)
粟国村西	カンカーウチ	分配方法(牛肉を各戸に均等に分けること)

○月の庚申（カネサル）の日に行われる。さらに、儀礼で畜殺する豚をカネワー（庚豚）と呼び、儀礼の日に餅を食べれば、鉄のような丈夫な体になると考える村落がある［山下 一九七四：一四九、一五二］［小野 一九七七：九二］。名称、期日、動物の名前、餅を食べる意味から、カネサルは鉄に関する儀礼名称であることが明らかである。

カンカー系とカネサルの分布地域が近いこと、さらに、沖縄の方言の鉄（カニ）を連想させるカンカニーという名称が確認できることなどを鑑みると、カンカー系は鉄に関する言葉と考えられる。

上原孝三は根拠は提示していないものの、カンカーという儀礼名称は鍛冶屋が鉄を鍛えるのに使う鉄床（カナカ）を表す言葉としている［前嵩西 一九九六：三七］。そして、シマクサラシのクサラシは鎖の意味で、カンカーと同じく鉄にまつわる言葉とし、シマクサラシやカンカーと呼ばれる儀礼が鉄器の伝播とどこかで重なりあった可能性を指摘した。

鉄床《かなとこ》あるいは鉄敷《かなしき》とは、鍛冶屋で加工する鉄器をのせる鉄製の台で、方言でカナカと呼ばれる［福地 一九八九：二九七］。奄美諸島の沖永良部島では鉄床をハンカという［沖縄国際大学南島文化研究所 一九八一：八四］。沖縄本島中南部のカンカー、北部のハンカというシマクサラシ儀礼の名称に類似している。

宮古島の旧城辺町の友利と保良にカンカという言葉が付く拝所と地名がある。友利の嶺間御嶽には、古く宮古島に漂着し宮古に初めて農具を普及させ農業を広めたという大和人がヤマトガムスマヌス（大和神島の主）、またはカンカ主（男神）として祀られている［平良市史編纂委員会 一九九四：三四六］。カンカという語及び鍛冶や鉄器に関する記述はないが、『琉球国由来記』（一七一三）には嶺間御嶽の由来として、宮古島に漂着した大和人が島民と結婚し、アマレ村の始祖となったことが記されている［外間編 一九九七：四七八］。

谷川健一は、沖縄への鍛冶技術の伝達という問題について嶺間御嶽を分析し、大和の人間による鍛冶技術の宮古島への伝達、そして、カンカ主のカンカは鉄敷を意味する言葉であるという伝承を確認している［谷川 一九八三：二〇―二二］。

保良は友利から東に約七キロメートルの距離にあり、村落の内外にある約二〇カ所の拝所の中にカンカムトゥという御嶽がある。カンカムトゥ近くには、御嶽の名称に因んだと思われるカンカあるいはカンカンニと呼ばれる場所がある。当所は村落の入口と考えられ、シマクサラシ儀礼では豚骨の懸架と祈願が行われた（写真47）。保良での聞取り調査において、カンカの語意を伝え知る話者に出会うことはできず、鍛冶屋や鞴、鉄に関する言葉との関係も採集できなかった。

ただ、カンカムトゥはカッチャームトゥとも呼ばれるという。カッチャーの語意は保良では確認できなかったが、宮古島では鍛冶屋を指す方言という。つまり、カンカはカッチャーとも置換できる鍛冶屋の類語と考えられる。また、カンカムトゥの祭神はキカイザー（機械ザー）といわれ、農耕機や自動車にまつわる神とされる。カンカムトゥは鉄属に関する神様が祀られている御嶽であり、保良におけるカンカムトゥのカンカは友利と同様に、鍛治や鉄に関する言葉と把握できよう。

以上から、シマクサラシ儀礼の儀礼名称の一つであるカンカーは鉄に関する言葉と考えられる。

カンカーの語意を探るため、カンカー系の分布形態を細かく分析する。まず、カンカー系は沖縄本島中北部には広くみられるものの、沖縄本島南部では旧佐敷町にしかみられない（地図7）。旧佐敷町以外の南部一帯では、カンカーという名称はもちろん、儀礼の中にそれに類する言葉がみられることもない。

次に、沖縄本島中部西海岸の市町村において、カンカー系の南限となっている村落が浦添市牧港である点に注目したい。そして、一一五例のカンカー系の中で、唯一、牧港だけにはカンカー以外に、カンナー［牧港字誌編集委員会 一九九五：八〇］、カンカナー［浦添市史編集委員会一九八三：三五三］、カンカニー［聞］といった類のない複数の特異なカンカー系名称が採取されたことは、当村がカンカー系の語意を理解する上で重要であることを示していると考える。とくに、カンカニーという名称から、カニという鉄との関連性が想起できる（地図7）。

写真47　カンカ（村入口）での祈願
（宮古諸島 旧城辺町保良。2017年撮影）

具体的な根拠に基づくものの推測の域を出ない点に留意した上で、次の可能性を提示したい。つまり、浦添市牧港と旧佐敷町にみられるカンカー系の特異な分布形態と、牧港だけにみられる特異なカンカー系名称は、一四～一五世紀、沖縄の両地域に鉄器と、カンカーと呼ばれる動物を使う防災儀礼が流入してきたことを示す痕跡と考えられる。以下にそ

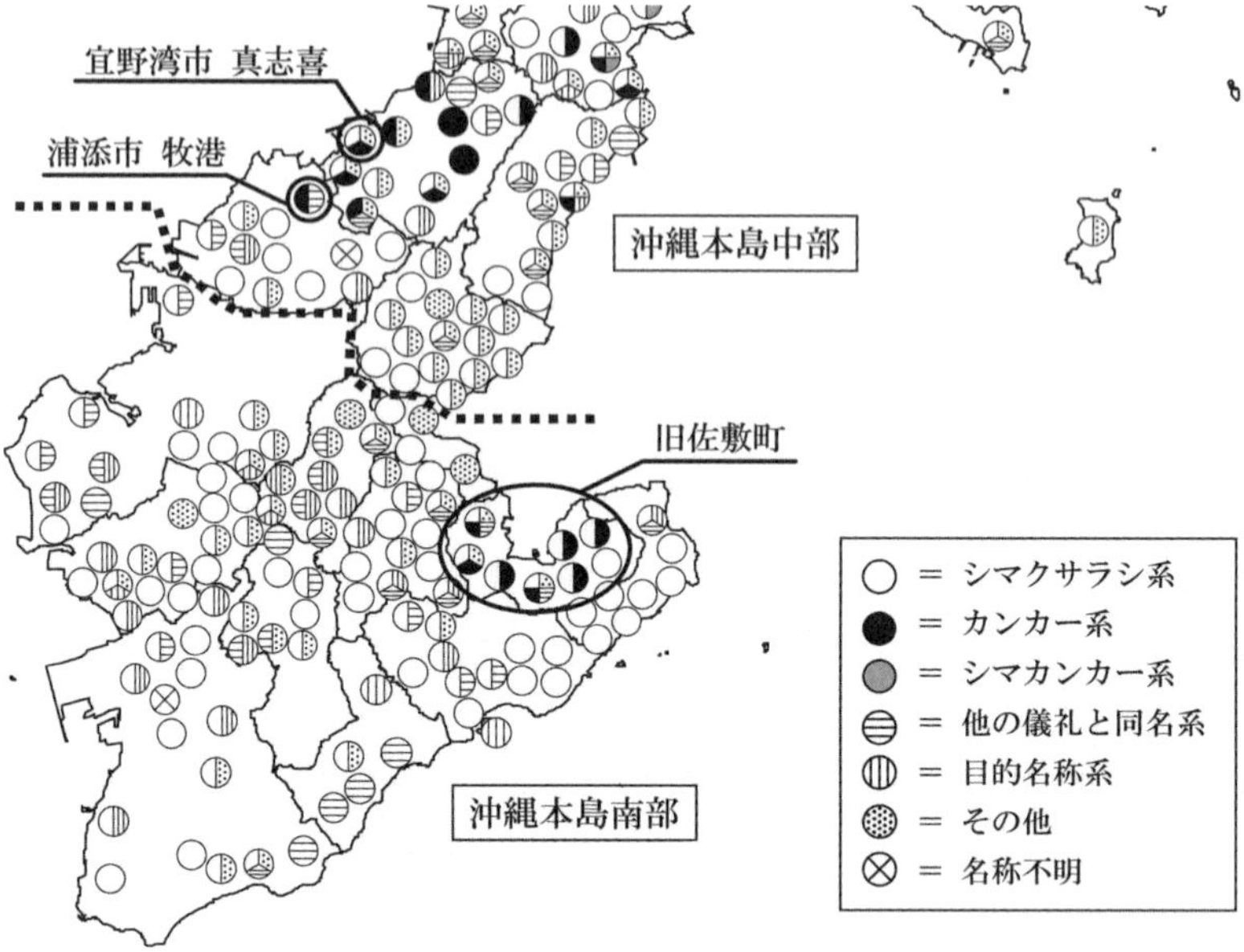

地図7　南部におけるカンカー系の分布地図

の根拠を整理する。

まず、一四世紀後半、中山と呼ばれる現在の沖縄本島中部を支配し中山王となる察度が、中国や日本と貿易を行った港が牧港といわれる。

一六五〇年に書かれた琉球最初の正史である『中山世鑑』の一三五〇年に国王となった察度の項目に以下の記述がある。

「(中略) 当時、牧那渡《まきなと》には日本の商船が数多くやって来ていたが、そのほとんどが、みな鉄を積んでいた。そこでこの男は、黄金や銀で鉄を全て買取った。その頃は牧那渡の橋は無かったので、南北を往来する道は、金宮の麓を通っていた。この夫婦は、元々慈悲の心が深かったので、この道を通る者の老若男女を問わず、飢えている者には酒食を与え、寒そうにしている者には綿の服を着せ、農耕を営む者には鉄を与えて農具を作らせた」

そして、一五世紀初め、北山、中山、南山という三山の統一を成し遂げ、琉球王国を成立させたのが第一尚氏王統の尚巴志であり、その拠点が旧佐敷町であったという。［首里王府編 二〇一一：七六］

一七〇一年に『中山世鑑』を漢訳し編集された『中山世譜』という王家の系譜がある。一三七二年に生まれ、後に察度王統を滅ぼし、三つに分かれていた沖縄本島を統一した尚巴志王の項に、次の記事がある。

「（中略）この時、外国人が四五隻の船にのって、鉄塊を積こみ、与那原に来て商売していた。鉄商人は、その剣を珍らしがって、鉄塊と交換したがった。小按司が承知しないため、しまいに数隻に積んでいた鉄と交換して帰っていった。小按司はこの鉄を手に入れて、百姓たちに広く与えて、農具を作らせた。百姓は感服して、大いに民心をつかんだ」［蔡 一九九八：九二］

尚巴志の拠点となる佐敷から、海岸沿いに約五キロメートルの北西に位置する与那原にて交易を行い、鉄を入手したという記事である。

文献史料の上では、察度と尚巴志の両王には、一四〜一五世紀に、異国船との貿易によって鉄を入手し庶民に与えて人望を得たという共通点がある。牧港は鉄器を入手した貿易港、佐敷は鉄器を入手した王の拠点であった（写真48）。

両地域には、文献史料と同じ内容の民間伝承も残っている［佐敷町史編集委員会編 一九八四：一八九］［宜野湾市史

写真48　カンカニー・カンカナーで共食と祈願が行われたティランガマ（当地には源為朝伝説も残る）
（沖縄本島中部 浦添市牧港。2007年撮影）

写真49　黄金宮（クガニナー）
（沖縄本島中部 宜野湾市大謝名。2009年撮影）

編集委員会 一九八五：六二九—六三〇］［浦添市史編集委員会 一九八九：六九］。また、両氏に由緒ある場所の名称には、宜野湾市の黄金宮（クガニナー）［宜野湾市史編集委員会 一九八五：三〇四］、旧佐敷町の佐敷金《さしきかな》杜《もり》［外間 二〇〇二：六四二、五四六、五四七、六四〇、六四一］と、鉄《かに》に関する言葉が入っている（写真49）。察度が進貢貿易を行った港の村落（牧港）、尚巴志の出身地あるいは第一尚氏の拠点（旧佐敷町）に、カンカー系が特徴的な分布形態がみられることと、鉄にまつわる伝承と地名があることは単なる偶然ではないと考える。

シマクサラシ儀礼の一名称のカンカーは、鉄に関する言葉で、カンカー系の儀礼は一四世紀末から一五世紀初め頃の沖縄への鉄器の流入に何らかの関連性があると推測できる。

なぜ、古くから数多に存在したであろう農耕儀礼や先祖祭祀といった様々な民俗儀礼の中で、シマクサラシ儀礼の名称に鉄器の流入に関する言葉が結びついたのだろうか。

城間武松は、沖縄における鉄器と農業の歴史についての分析の中で、「十四世紀に入ってから少量ではあったが、限られた地域、たとえば牧港や、与那原その他の貿易港に比較的近い農地では、鉄製農具が、木製、石製にとって替っただろう」としている［城間 一九九一：四五一］。ただ、利便性や耐久性の高い鉄器の流入によって影響を受けた道具は農具だけではなかったと考える。

鉄器が流入してきたとされる一四世紀頃、当時の沖縄の人々にとっての鉄器の価値がうかがえる史料がある。一三七三年、後に琉球国王となる察度によって、沖縄は初めて明（中国）との交易を始めたとされる［球陽研究会編 一九七四：一〇五］。その四年後（一三七七年）に明の太祖から沖縄に派遣された李浩という司法官（刑部侍郎）に、次の報告がみられる。

「国俗、市易は紈綺を貴ばず、惟磁器・鉄釜のみ是れ尚ぶ。李浩、帰りて之れを言ふ。次後市易は多く是の物を用ふ」［球陽研究会編 一九七四：一〇五］

沖縄の人々は高級な織物ではなく、磁器や鉄釜を喜んだという記述である。

それから一六〇年ほど経過した一五三四年に琉球国王の尚清王の冊封正使として琉球を訪れた陳侃によって記された『使琉球録』という冊封使録がある［夫馬 一九九九：四、五］。その中に、「几殺牲不血刃但以水淊之而火其毛（生きものを殺すには刃で切ることはせず、水に溺れさせ、その毛は火でやく）」という記述がみられる［原田 一九九五：七一、二一〇］。

伊波普猷は、この記述から牛馬の畜殺法について、「この頃までは、鉄槌を揮って額を打ったり、出刃庖丁で喉を突いたりするような屠殺法はまだ発明されないで、これを水中に沈めて殺していたことは明らかである」とした［伊波 一九二七：一〇二］。

同史料には、琉球の人々について、「古画とか銅器は好んではいない。好むのは、ただ鉄器と綿布だけである。その地に鉄が産出せず、土地に木綿を植えないからであろう。従って、庶民の炊事には、多くは法螺貝の殻を用いる。（中略）もし、釜や甑で煮炊きをし、鉄の農具で耕作しようとする者は、必ず王府から拂出しをうけてから使用する。そうでないと、禁を犯したこととなり、罪とされる」ともある［原田 一九九五：七五］。『球陽』の李浩の報告と同様であり、当時の沖縄の人々にとって鉄器が重要であったことを物語っている。これらの文献史料は、一四〜一六世紀は琉球諸島の人々にとって、鉄器の入手や使用、牛馬などの大型動物の畜殺が困難な時代であったことを物語っている。

沖縄本島周辺離島の伊平屋村我喜屋、渡嘉敷村渡嘉敷では、古く、祭事ではない普段の場合でも、牛を畜殺する際は村落近くの崖から突き落として絶命させたという伝承が確認できた［聞］。わずか二例であるものの、周辺離島で確認できた点は興味深い。そして、鉄器以前の牛の畜殺法であったとするのは明らかな早計であるが、大型動物の畜殺が困難な時代があったことを示唆する伝承とは捉えられないだろうか。

沖縄に、畜殺に際して大型動物を気絶させる金槌、絶命させるための血抜きや肉の解体に用いる包丁といった鉄器が無かった時代、畜殺は何を使って、どのように行われたのだろうか。農具のように鉄器以前の木製あるいは石製の道具を使ったとしても、非常に困難であったことが予想される。

沖縄に流入した鉄器は、農具における木製や石製からの変化と同等、あるいはそれ以上に利便性の高い畜殺の道具として扱われ、難度の高い大型動物の畜殺を容易なものへと変化させたと思われる。前掲の表25に整理したように、名称以外でカンカーを含む用語のほとんどは畜殺にまつわるものであったことは、その傍証と捉えられる。

谷川健一は、沖縄に初めて鉄器が流入してきたとき、人々は目もくらむほどの衝撃を受けたと推測できるとした［谷川 一九八三：二四］。前述したように、その衝撃の背景には農具としての利便性だけではなく、動物を容易に畜殺できる道具としての意味合いも間違いなく存在したであろう。

そして、鉄器の流入に際してのインパクトが、動物を要する豊作祈願や通過儀礼といった様々な儀礼の中で、シマクサラシ儀礼の名称に残った理由であるが、それは鉄器とカンカーと呼ばれる防災儀礼が同時期に流入してきたことによるものと考える。畜殺にも便利な鉄器が沖縄本島に入ってきたとき、同時に鉄器によって畜殺された動物の肉や骨は、村落レベルにおいても災厄を防ぐ力としても使えるといったように、防災儀礼（カンカー）も流入してきたためと推測される。

以上のことから、文献史料、民間伝承、そして、カンカーという民俗儀礼という三つの要素が、牧港と佐敷という地域は、一四〜一五世紀という時代に鉄器が流入し、初めて民間レベルへと普及した場所であることを指し示している。

最後に、カンカー系の分布形態から、牧港と佐敷という二つの地域が浮かび上がってくる理由を考えたい。鉄器の流入は、牧港や佐敷の人々のみならず、それ以外の地域の人々にも大きな衝撃を与えたはずである。その中で、唯一、牧港だけで他に類を見ないカンカー系の名称が確認され、南部では旧佐敷町だけにカンカー系が分布するという特性がみられたのは、両地域が他に先んじた鉄器の流入口という特別な地域であったことや、長期的な年数あるいは相当量の鉄器といった他地域より親密な鉄器との交流があったことを示唆していると考える。後の人々が、「ここ（牧港）には鉄が流入し、普及した場所という史料や伝説が残るから、儀礼名称を鉄に関するカニという方言になぞらえてカンカニーと呼ぼう」、あるいは「ここ（佐敷）だけにカンカーを残そう」と付け足したとは考えにくい。同時期における鉄器とカンカーと呼ばれる動物儀礼が流入してきた痕跡が、同儀礼（カンカー系）の名称や分布形態の特異性となって現代まで残り続けたのであろう。

これまでに提示した可能性が、民俗祭祀と伝承、歴史を結びつけた強引な考察であることは十分に理解している。ただ、偶然とは一蹴できないカンカー系のバリエーションや分布形態の特性が分析結果として浮かび上がってきた以上、そこに解釈を付与する義務があると考え、その可能性の一つを提示した。現時点では推考の域を出ないことを留意し、調査分析を進めていきたい。

第二節　異なる儀礼の伝播と融合——儀礼をたずさえた人々の移動——

第一章―第二節での儀礼名称の整理分析と地図化により、各系統の特徴と分布形態が明らかになったが、そこに、多面的な検討と事例研究を加えることで、儀礼名の枠を超える問題を展開できることが分かった。本節で具体的に二つの問題について考察したい。

一　人々の移動と交流

儀礼名称の類似性から、村落や人々の来歴が垣間見える場合があることが分かった。まず、儀礼をカウルガマと呼ぶ村落がある。現時点で語意の判明していない特異な名称であることに加え、三村落にしか確認できていない。宮古島近くの池間島と、伊良部島の前里添と池間添である（地図8）。海上約一〇キロメートル離れた三村落の関係は約三〇〇年前に遡る。古く、伊良部島の佐良浜（前里添、池間添）は池間島の人々の出作り場で、一七二〇年に、池間島の一四戸が移住し村落を形成していったという〔伊良部村史編集委員会編 一九七八：二一六〕。

三村落の儀礼には名称以外に、一二月という実施月や女性神役が「ヤマグイダシバ」と言いながら村落を回る除災行為が共通している。伊良部島には、池間添、前里添の他、伊良部、仲地、国仲村落にも儀礼があり、村入口に豚の骨を吊すという方法は同じだが、実施月は八月で、女性神役による除災行為はなく、これまでの調査でカウルガマという言葉が通用することもなかった[1]。

また、シマクサラシ系のバリエーションの一種にスマッサラまたはシマッサリという名称がある。石垣島の真栄里と黒島（東筋、仲本、宮里、保里）の計五村落でのみ確認できた。

約二〇キロメートルの海を隔てた両地域に同名称がみられる原因は一七七一年に遡ると考える（地図9）。同年四月に大津波が先島諸島を襲った。明和の大津波と呼ばれ、両諸島で甚大な被害を出した。とくに八重山諸島

地図8　池間と佐良浜（池間添、前里添）の位置関係

地図9　真栄里と黒島の位置関係

の死亡行方不明者は計九三一三人（全人口の約三割）に達し、真栄里での死者は村落全体の七七％（九〇八人）にのぼった。真栄里では、その再建のため、黒島から二九三人の住民が移住したという［牧野 一九六八：七九、一四四―一四五、二〇一］。このことが両地域に同じ名称がみられる原因と考えられる。スマッサラやシマッサリは、他の村落や、古くは真栄里と同一村落であった隣接の平得村落にもみられない。(2)

沖縄本島南部のカンカー系の事例に触れたい。前述したように、沖縄本島の南部ではシマクサラシ系が圧倒的だが、旧佐敷町だけにカンカー系がみられる。南部に広く存在したカンカー系が佐敷町にのみ残った、または、佐敷町にのみカンカー系が流入してきた、という二つの仮説が想定できよう。もし、前者なら、中部の浦添市牧港以南や南部の旧佐敷町以外にも、カンカー系名称や、儀礼の中でカンカーに関する用語が僅かでも点在しそうである。しかし、皆無であることから考えにくい。つまり、後者のような、カンカー系の流入があったと考えられる。しかも、その流入は前掲した宮古のカウルガマ、八重山のスマッサラのように、ある程度の数の集団の移動または交流が関係しており、(3)さらに、その流出元は北中部やそれより北のカンカー圏の地域であったと考える。

最後に、琉球諸島以外でただ一例だけ確認できたシマクサラシ系名称の事例を分析する。それは、奄美諸島の徳之島である。

事例　伊仙町上面縄（奄美諸島）

四月二七日のシマクサラシに、トネィアムトの南低地を流れる西竿川のトネィ山で牛を殺し、肉は村落のみんなで分けあった。骨は村落の入口に辻々の木に吊した。

［山下 一九九八：一五六］

シマクサラシは大正の頃まで行われていた。［水野 二〇〇二：一八〇］

シマクサラシ儀礼と類似する儀礼は、奄美諸島の奄美大島、加計呂麻島、喜界島などにみられるが、琉球諸島のようにシマクサラシやカンカーではなく、カネサル、ファネー、モーバレーワー、ハラタミー、ウシガタミーなどと呼ばれた［山下 一九六九］［小野 一九七〇］。上面縄の事例は、シマクサラシ儀礼の分布と伝播、さらに琉球諸島と奄美諸島の動物を要する防除儀礼を比較する上で重要と考えられる。

なぜ、琉球諸島の沖縄本島中南部や先島諸島に顕著なシマクサラシという名称が、奄美諸島で唯一面縄だけにみられるのだろうか。面縄は、「方名は面縄《ウンノウ》で、按司時代の豪者ミナデ恩納《ウンノウ》と沖縄の恩納城《オンナグシク》に由来するという。面縄貝塚からは縄文遺跡が発掘され、南北の接点として意義深い。特に南方、沖縄の恩納との結びつきが強い」とあり、歴史的に沖縄と関係の深い村落であった［角川日本地名大辞典編纂委員会編 一九八三：一七三］。儀礼の実施や伝播などが年代的にそこまで遡るかは不明だが、人々の移動や交流の痕跡とは考えられないだろうか（地図10）。

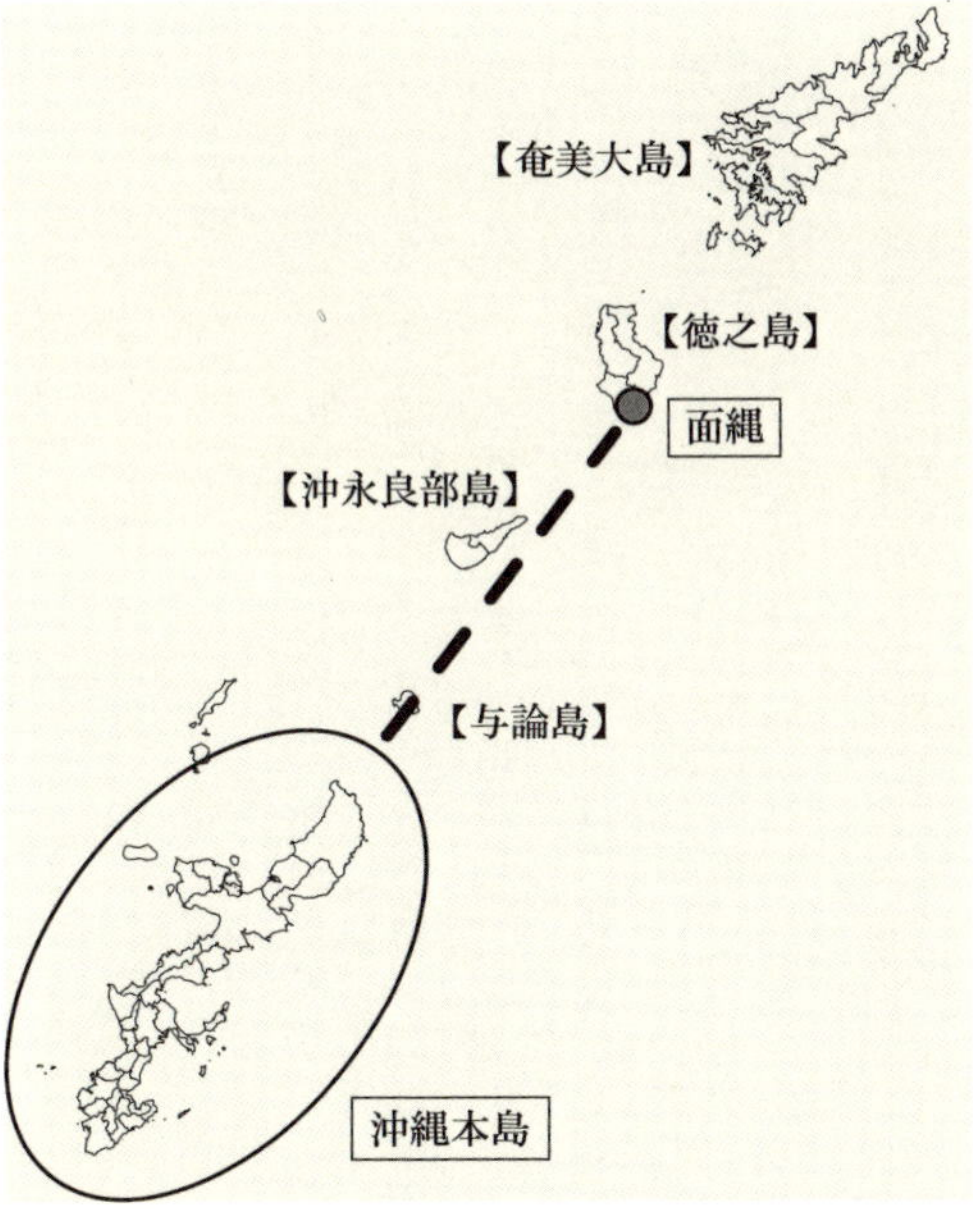

地図10　徳之島（面縄）と沖縄諸島の位置関係

二　異なる儀礼の伝播と融合

次に、シマクサラシ系とカンカー系という儀礼を代表する名称の分布形態の特徴と個別の事例分析から、その意味を考察する。

まず、第一章―第二節で作成した地図4をみると、シマカンカー系（灰色）の分布圏は、沖縄本島北部のカンカー系（黒色）と南部のシマクサラシ系（白色）のほぼ中間となっていることが分かる。この特徴的な分布形態と、シマカンカーという言葉、また、北部ではシマクサラシ系、南部でカンカー系名称がほぼみられないという実態から、本来シマクサラシとカンカーは別種の儀礼であったが、目的と方法が類似することから、両儀礼が伝播する過程で、その緩衝地帯において儀礼名が結合し、シマカンカーという名称が発生したと考えられないだろうか。そう仮定した場合、沖縄本島中部の宜野湾市真志喜の事例は興味深い。

事例　宜野湾市真志喜（沖縄本島中部）

八月の主要な年中行事として、一〇日には牛屠りのカンカー、一一日にはシマクサラシが催された。シマクサラシには、部落の役員がカンシキモーとトーグヮー沿いの集落入口のナカミチに豚の骨を挿した左縄を張り、他所から来る伝染病等の厄除けを行った。

［沖縄県宜野湾市教育委員会 一九九四：一四］

真志喜では、シマクサラシとカンカーが併称されずに、一日違いで別の儀礼として行われていたとある。類のない事例である。聞取り調査では、八月一〇日に村落の人々が牛肉を共食するカンカーは戦前までは行われていたというが、一一日のシマクサラシについては、文献にある縄を張った二カ所の地名は伝承されているものの、その儀礼名及び縄や骨を用いた防除方法を知る話者に会うことはできなかった［聞］。文献にみるシマクサラシの防除方法は明細で、一一日にシマクサラシが行われていたことは確実と思われることから、シマクサラシはカンカーより前に途絶えたと思われる。続いて牧港の例を挙げる。

事例　浦添市牧港（沖縄本島中部）

二月カンナーといって、部落の厄払いとして牛一頭をつぶして、部落内の中通りで各自がお椀を持参して牛のお汁を貰い、中身はグーシ（竹の枝）にぬいて食べた。（中略）

毎年ではなかったが、お願ぶ解きといって麻疹が流行した場合、牛一頭をつぶしてティランガマを拝んで、その周辺で牛汁と竹串に刺したものなどを食べた。二月カンナーと同様、昭和一五年頃までしかなかったのである。［牧港字誌編集委員会 一九九五八〇：八二］

二月のシマクサラシ儀礼（カンカー系）とは別に、牛を要する防除儀礼が存在した。真志喜と同様、希有な事例である。

次に、真志喜と牧港の位置関係であるが、両村は沖縄本島中部の西海岸に面し、所属する市は異なるものの、村落間は約二キロメートルと近い。当地域は先述したように、カンカー系が頻出する地帯である（地図7）。ただし、中部西南端の浦添市以南からカンカー系は激減する。というより、宜野湾市に南接し、浦添市の北端にある牧港以南から、カンカー系は皆無となる。つまり、牧港は沖縄本島中部の西海岸におけるカンカー系の南限村落となっており、真志喜・牧港一帯はシマクサラシ系とカンカー系の緩衝地帯と言える。そこにシマクサラシとカンカーが異なる儀礼であったことを示唆する無二の事例がみられることは、決して偶然ではないであろう。

以上、シマカンカーという言葉と特徴的な分布形態、さらに、カンカー系の南限地帯（またはシマクサラシ系との緩衝地帯）にみられる真志喜と牧港の事例から、シマクサラシとカンカーは、村落レベルで行われる、動物・境界・防除という要素を持つ、内容の類似する別種の儀礼であったと考える。シマカンカーという名称は、二種の儀礼が伝播する過程で、その緩衝地帯で混在し融和した結果、発生したと推測できよう。

聞取り調査において、北部ではシマクサラシ、南部・周辺離島・先島諸島ではカンカーという名称と用語が確認されることは殆どなく、話者のほとんどに通用しなかったことも、両者が別種の儀礼であった傍証と把握できる。牧港から、類のない多くの特異なカンカー系名称（カンナー、カンカナー、カンカニー）が採取されたことも、そのことと無縁ではなく、当村がカンカー系の伝播やその語意を理解する上で重要な村落であることを示している。

第三節　神になる人と仮面――祭司と来訪神による除災行為の比較――

シマクサラシ儀礼の事例群の中には、村落によっては村人たちによる災厄を祓うための行動がみられる。村落内を中心に行われることから、その主眼は村落内の災厄を払う、いわゆる除災と言える（以下、除災行為で統一）。

それから、宮古島の旧平良市島尻村落には、旧暦九月に村落内の災厄を払い、人々に豊穣と健康をもたらすパーントゥと呼ばれる来訪神が現れる祭りがある。パーントゥは、八重山諸島のアカマタ・クロマタ、マユンガナシ、アンガマのように、枝葉や蓑笠で覆われた異形の姿で、他界から時季を合わせて村落を訪れ、村人たちに健康と豊穣、そして災厄を払い、再び去っていく来訪神として捉えられてきた［クライナー 一九七七：一一、一三］［宜保 一九八三：一八六］［平良市教育委員会編 一九八五：一九］［比嘉 一九九〇：九二］［本永 二〇〇〇：四九八］［本林 二〇〇一：二〇］［吉成 一九九五：八五、八七―八八］［佐藤 二〇一三：一四六］。

島尻のパーントゥは、シマクサラシ儀礼の後日に行われ、同儀礼に使う左縄を帯として身に付ける。シマクサラシ儀礼の除災行為とパーントゥの間には、期日や使用道具などに関連性がみられる。

本節は、シマクサラシ儀礼にみられる除災行為と宮古諸島の旧平良市島尻のパーントゥという来訪神の比較分析を行い、両者の類似点や相違点を明らかにした上で、両者の関係性を考察するものである[4]。

島尻のパーントゥに関するフィールドワークについては、二〇〇五、一三、一四年に現地調査を行い、一四年にはシマクサラシ及びパーントゥの儀礼観察を行った。

写真50　シマクサラシ儀礼の除災行為
(沖縄本島北部 名護市辺野古。2007年撮影)

一　祭司による除災行為

シマクサラシ儀礼にみられる除災行為は、村落によって異なるが、女性神役や男性役員、子供たちが、唱え言あるいは鳴り物を叩きながら、村落内を回った後、村落の端まで歩くというものである。村落内の災厄を村の端まで追い払うという意味があるとされる。実施者が草を持ち、あるいは身につけて仮装する村落もある（写真50）。

これまでの調査で、沖縄本島北部六、中部一、南部四、周辺離島二、宮古一一、八重山一二例の計三六例確認できた[5]（文献一〇・聞取り二六）。

三六例という数は五三五例という儀礼全体の数から見ると、一割未満（六％）と少なく、儀礼に普遍的にみられる行為ではない。

分布的特徴としては、沖縄本島では北部が六例と最多で、南部（四例）、周辺離島（二例）と続き、中部が最も少ない。先島諸島は宮古一一例、八重山一二例と、その合計は全体の過半数（六割強）に相当する。

さらに、各地のシマクサラシ儀礼全体数を占める除災行為の数の割合であるが、沖縄本島北部一〇七例中六例、中部一四五例中一例、南部一一〇例中四例、周辺離島二六例中二例、宮古一一二例中一〇例と、それぞれ一割に満たない。しかし、八重山は三四例中一二例と三割半ばに達している。除災行為は、琉球諸島の中では沖縄諸島より先島諸島、そして、とりわけ八重山に多くみられることが分かった。

除災行為の一例として、八重山諸島の竹富町干立の例を挙げる［聞］。

事例　竹富町干立（八重山諸島）

旧暦一〇月の年に一回、シマフサラー、あるいはジュウガツニガイ（一〇月願い）と呼ばれる年中行事がある。かつては、村落の男性役員らが、村落への入口に動物の血をぬった縄を張り、塩とニンニクを包んだ葉を張り渡したという。これによって疫病などの災厄の村落への侵入を防ぐとされる。村落内の特定の十字路では大きな鍋を使い動物を料理し、老若男女、村中の人々が集まって共食した。動物は鶏を使ったが、古くは牛であったといわれる。

ツカサたちは、村のウタキ、村落入口、浜辺などで、肉雑炊、酒、米などを供え、祈願を行った。今から七〇年ほど前まで、儀礼に用いる少量の縄を身につけたツカサたちが、村落内の災厄を払う行為が行われて

写真51　縄を身につけたツカサ（除災行為の名残）
（八重山諸島 竹富町干立。2014年撮影）

写真52　枝葉を振り村落内の災厄を払う（徒歩から車へ）
（左：宮古諸島 旧平良市久松。2018年撮影）
（右：八重山諸島 竹富町小浜。2014年撮影）

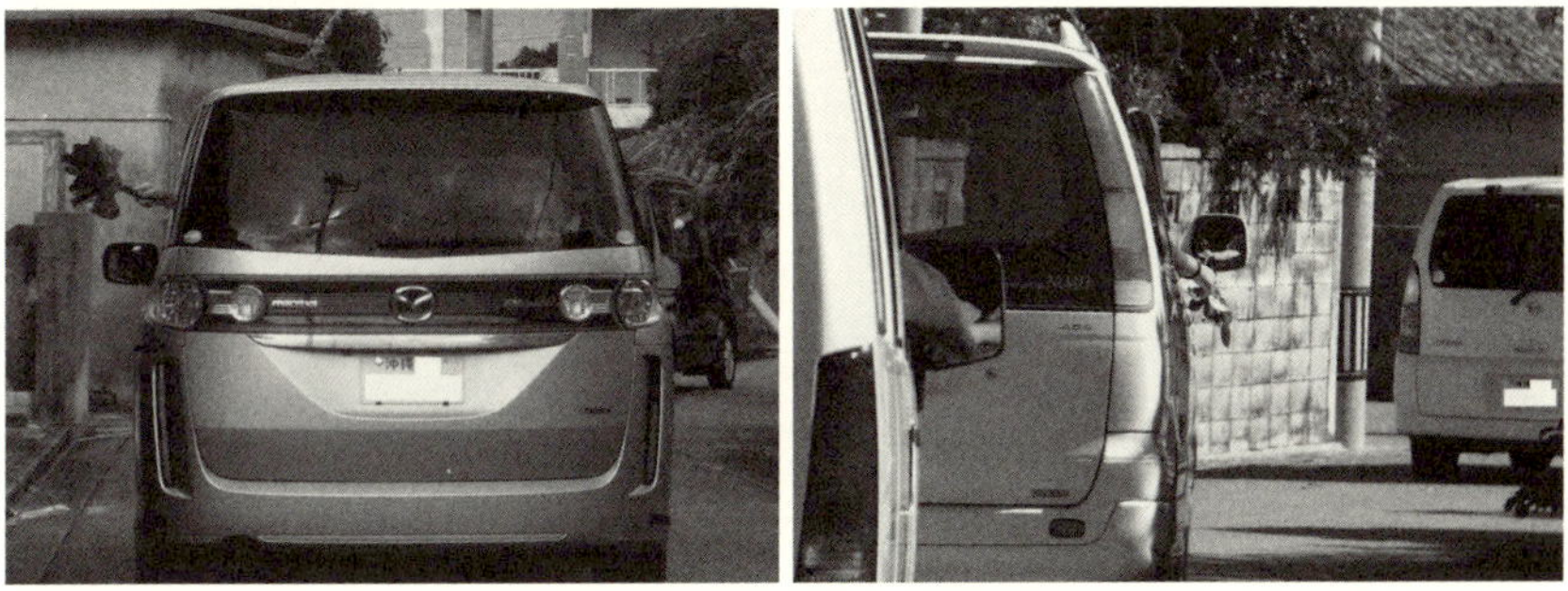

いた。当日の夕方、薄暗くなってきた頃、マジムンを村落から追い払うため、ツカサたちが両手に持ったヒノキガイ（貝）を叩き合わせ、大きな声で「ユートゥンパーレー」、「ウラウラウラ。マジムヌよー」、「逃げた逃げたー。こっちこっちー」と言いながら、村落内を走って回った。最後、ツカサたちは浜辺へ行き、身につけていた縄を焼却したという。ツカサの巡回を見てはいけないといった禁忌はなかった。村落内での除災は無くなったものの、儀礼の終盤にツカサたちが縄を身につけ、外したものを焼却する行為は現在も残っている（写真51）。

儀礼自体は継承されていても、除災行

為が存続している事例は少なく、村落内の巡回は車で行うようになった村落もある（写真52）。

二　仮面神（パーントゥ）による除災行為

宮古島の北部に位置する旧平良市島尻では、パーントゥと呼ばれる来訪神が登場する祭りがあり、一九九三年には国指定重要無形民俗文化財、二〇一八年にはユネスコの無形文化遺産に登録された（写真53）。

写真53　パーントゥによる除災行為
（宮古諸島 旧平良市島尻。2014年撮影）

毎年旧暦九月の二日間、仮面をかぶり枝葉に身を包んだパーントゥが、村落内を巡回し、村落内の悪霊や災厄を祓い、村人に健康と幸せ、豊穣をもたらす行事である。パーントゥは、産湯や死水を汲むンマリガー（生まり湧泉）という湧泉で泥をまとって登場する。体にキャーン（シイノキカズラ）という枝葉を巻きつけ、スマッサリ（シマクサラシ儀礼）で村落入口に張る左縄を帯に使う。巡回後、パーントゥは古島の近くに港に行き、海で身にまとっていた枝葉や縄を取り外す［大城 一九八八：四三―四四］。

パーントゥが腰帯に使う縄は、村落への災厄の侵入防ぐために行われるシマクサラシ儀礼において、村入口に張るために作られたものである。パーントゥとシマクサラシ儀礼が不可分の関係にあることが分かる。

パーントゥは、時季に合わせて村落を訪れ、村人たちに健康と豊穣、そして災厄を払ってくれる来訪神と捉えられてきた［クライナー 一九七七：一一、一三］［宜保 一九八三：一八六］［平良市教育委員会編 一九八五：一九］［比嘉 一九九〇：九二］［本永 二〇〇〇：四九八］［本林 二〇〇一：二〇］［吉成 一九九五：八五、八七―八八］［佐藤 二〇一三：一四六］。

対して、来訪神ではないと捉える研究もある。比嘉実によると、来訪神と捉えられることが多いパーントゥの目的は、棒、仮面、泥という諸要素によって災いを村外へ払うこと、つまり、方向的には内から外への動きであり、来訪神にみられる他界から村落へという動きとは逆であることから、来訪神とは言えないとした［比嘉 一九九一：一九八―一九九］。

佐藤純子は、パーントゥは他界から来訪する神であることは確かであるとしながらも、八重山のアカマタ・クロマタ、アンガマ、マユンガナシといった他の来訪神と同一視できない要素がみられるとした［佐藤 二〇一三：一四五―一四六］。それは、主な目的が魔除けである点、泥に象徴されるように姿が怪異で、畏怖の対象となっている点などであるという。

三 比較

島尻のパーントゥがシマクサラシ儀礼の後日に行われる点、同儀礼に使用する左縄を帯として使用する点から、両者は不可分の関係にあることが分かった。

ここで、シマクサラシ儀礼にみられる除災行為とパーントゥを比較したい。両者の目的、シマクサラシ儀礼を基準とした時期、実施者、巡回場所、始点と終点、装身具、身につけるもの、手に持つもの、装身具を捨てる場所、音、唱え言、撒くもの、村人との宴会、禁忌の計一四項目での分析を行う。項目ごとに整理したのが表26である。シマクサラシ儀礼の除災行為は、地域的特性を明らかにするため、沖縄諸島、八重山諸島、宮古諸島の三地域に分けた。

時期　除災行為はシマクサラシ儀礼の前日や後日ではなく、三六例すべてが同日に行われる。具体的なタイミ

表26　シマクサラシ儀礼の除災行為とパーントゥの比較分析表

地域＼項目	沖縄諸島	八重山諸島	宮古諸島	パーントゥ(島尻)
時期	シマクサラシ儀礼と同日(13例)(うち4例が縄張りの後)	シマクサラシ儀礼と同日(13例)(うち12例が縄張りの後。1例が縄張りの前)	シマクサラシ儀礼と同日(11例)(うち2例が縄張りの後)	シマクサラシ儀礼の後日(縄張りの後)
目的	除災(13例)	除災(12例)	除災(9例)	除災。豊穣。健康(村人、新生児)。新築祝い。
実施者	女性神役(3例) 男性神役(1例) 女性古老(1例) 成人男性(3例) 子供(1例)	女性神役(4例) 女性古老(1例) 成人男性(5例) 子供(2例)	女性神役(4例) 成人男性(2例) 子供(4例)	成人男性
巡回場所	村落内(4例)	村落内(9例)	村落内(8例)	村落内(旧家、新生児、新築、仮面を保管する家、病人)
出発点		湧泉(1例) 村外れ(4例)	湧泉(2例) 村外れ(2例)	湧泉(出現地点)
終点	村外れ(4例) 浜辺(4例)	浜辺(5例)	村外れ(1例) 浜辺(3例) 湧泉(2例)	浜辺
身に付けるもの	手ぬぐい (頭：1例)	蓑・笠(2例) 枝葉(頭：1例) 手ぬぐい(頭：1例) シマクサラシ儀礼の左縄(たすき・1例)	枝葉(頭：4例、帯：1例)	枝葉・泥(全身)。面。ススキを結ったもの(頭)。シマクサラシ儀礼の左縄(枝葉の固定用)
手に持つもの	棒・竹槍(1例) 木枝(3例) 松明(1例) ススキを結ったサン(1例)	木枝(3例) 木剣(1例) 杖(1例)	木枝(5例)	杖
装身具等を捨てる場所	浜辺(1例)	浜辺(4例)	村外れ(1例) 浜辺(3例)	浜辺

音	太鼓(6例) 鉦(6例) 法螺貝(2例) 気勢(1例) 各戸を叩く(1例)	太鼓(6例) 鉦(6例) 杖(1例) 焼き物の破片(2例) 貝殻(2例) 各戸を叩く(1例)	鉦(3例) 法螺貝(2例) 笛(1例) 各戸を叩く(3例)	
唱え言	3例	12例	8例	
撒くもの		豆(1例)	塩(1例) 塩水(1例)	泥
村人との交流		接待(1例)		宴会。追走。
禁忌		実見(5例)	実見(3例)	邪魔。反抗。

ングが確認できた一九例は、すべて村入口への左縄の設置を基準にしていることが分かった。村入口に縄を張った後が一八例、縄を張る前が一例と、大半が縄を張った後に行われる。これは、シマクサラシ儀礼の除災行為は、防災を達成した上で行われる、災厄の消滅をより完璧なものにするための二次的な方法であり、シマクサラシ儀礼の主眼は防災であることを示している。

パーントゥはシマクサラシ儀礼の後日に行われる、という点は各文献の報告に共通している。具体的な日数は、七〜一〇日といった報告［大城　一九八八：四三］にみるように特定されてはいないが、二〇一三年と一四年は、シマクサラシ儀礼の翌日にパーントゥを行ったことが確認できている［聞］。

シマクサラシ儀礼の後に行われる点、そして、シマクサラシ儀礼の縄をパーントゥの帯に使う点から、多くのシマクサラシ儀礼の除災行為と同じく、パーントゥもシマクサラシ儀礼の防災方法である左縄の設置を基準にして行われている。

目的　除災行為の目的は、確認できた三六例中三四例が、村落内の災厄を払うこと、つまり除災であった。シマクサラシ儀礼に多くみられる村入口に骨や縄を設置するという方法も災厄を意識したものであるが、両者は村落外部の災厄が内部へ侵入することを防ぐか（防災）、村落内部の災厄を外部へ払い除けるか（除災）という点で異なる。縄や骨を使った防災方法に加え、除災行為を実施することで、災厄の完全な掃滅を目指したと思われる。

パーントゥは、除災のほか、村人たちの健康、豊穣、新築祝いなどを目的としている。しかし、パーントゥが塗りつける泥には災厄を払う力があると信じられている点、シマクサラシ儀礼において災厄を払うために村入口に掲げられる縄や、同じ効力があるとされるマータというススキを結った呪具を身につけている点［平良市教育委員会編 一九八五：三九］を考慮すると、根幹には除災という目的があったと考えられる。宮古島ではマータは、隣家へ料理のおすそわけをする際や葬儀に、魔除けの道具としても使われる［平良市教育委員会編 一九八五：三九］。その形状や用途は沖縄諸島のススキを結んだサンと呼ばれる道具に類似している。パーントゥの主眼は村落の人や家の災厄を払うことであり、その後に自ずと訪れる健康や豊穣は二次的な目的と思われる。

実施者　除災行為の実施者が確認できた三一例は、多い順に、女性神役（一一例）、成人男性（一〇例）、子供（七例）、女性古老（二例）、男性神役（一例）の五つに整理できる。女性神役が最多で、ほぼ同数の成人男性、そして、子供と続く。多少の順位の変動はあるが、琉球諸島全域において、この三種が最多、あるいは二番目に多い実施者となっている。

パーントゥの実施者は成人男性である。村落内を走るという激しい運動に耐えられるためと説明される［大城 一九八八：四四］(6)。

巡回場所　除災行為が行われる場所が確認できた二一例は、すべて村落内であった。災厄を払うために、村落内の大通りや路地裏、辻々、各家庭を巡回したという。重点的に巡回するのは村落内で、縄の設置された村入口ではないことからも、防災ではなく除災を目的としていることが分かる。特定の聖地や旧家などを回る例はない。

パーントゥの巡回場所は、村落内である点は除災行為と同じであるが、旧家や仮面を保管する家、新生児や病人がいる家、新築の家を回る点が異なる。

出発点　除災行為の出発する地点が確認できた事例は七例と少ない（八重山三、宮古四例）。その場所は、村落の湧泉（八重山一、宮古二。計三例）と村落の端（八重山四、宮古二。計六例）に整理できる。村落の端とは、具体的には村落の家が途切れる場所で、村落内を巡回し、災厄をくまなく払うためと説明される。湧泉は、個人ではなく村落レベルの湧泉であること、一カ所の湧泉が特定されていることが共通している。湧泉から出発する理由は未確認であるが、いずれも村落から近い湧泉であった。湧泉から出発する理由が認識されておらず、その湧泉において祈願や特定の行動をすることも確認できていないので、単なる目印として設定された可能性も考えられる。距離という視点から見れば、村の端と湧泉は、いずれも村落から近いという類似性がみられた。

パーントゥが現れるのは、産湯や死水を汲む湧泉としても使用されるンマリガー（生まり湧泉）である。パーントゥに不可欠な泥を入手する場所となっていること、他界からの出現場所とも考えられることから、祭祀上の重要性は高い。村落からの距離は、直線で約一〇〇メートルと近い。

パーントゥの出現する地点と、除災行為が始まる地点が、湧泉であるという点、そして村落から比較的近いという二点が共通していることが分かった。

終点　除災行為の終点は、浜辺（一二例）、村落の端（五例）、湧泉（二例）の三つに分類できる。琉球諸島の各地でも最多なのが浜辺であった。当地は、装身具を捨てる場所となっていることも多い。装身具を捨てる場所についての分析は後項で行う。次に多い村落の端は、出発地点と同所という例と、出発地点とは反対側の村落の端という例があるが、いずれも村落の災厄をくまなく追い払うためと考えられよう。湧泉に関しては、出発地点が湧泉である理由と同じく、現時点では確認できていない。

以上三つの場所の村落との位置関係は、村落の端や湧泉は村落に近いのに対し、浜辺は村落によって数百から数キロと異なるが、総じて村落から遠く離れている場合が多い。

パーントゥの最終地点も、村落から離れた浜辺となっている点は、除災行為と共通している。浜辺を終点とする除災行為と同じく、装身具を捨てる場所となっている点も同じである。

身につけるもの　除災行為の実施者が何かを身に付ける例が一一例みられる。身に付ける部分は頭、腰、全身があるが、中でも頭に巻く例は琉球諸島全域にみられる。また、身に付けるものには地域的特性があり、沖縄諸島では仮装する事例は手ぬぐいで鉢巻をするという一例のみで、その他、枝葉を身に付ける例はみられない。対して、先島諸島は宮古と八重山ともに五例と多い。蓑笠をまとう例や、シマクサラシ儀礼で村入口に張り渡す左縄を余分に作り、身につけた例が一例みられた。そして、枝葉を使う例は沖縄諸島に皆無、八重山は一例であるのに対し、宮古は確認できた全例（五例）が枝葉であった。枝葉を身に付ける例は、宮古諸島に顕著である（写真54）。

パーントゥであるが、その全身は、キャーンと呼ばれる枝葉と泥で覆われ、魔除けの道具をしても使われるマータというススキを結ったものを頭に挿し、枝葉を固定するために、余分に作ったシマクサラシ儀礼の

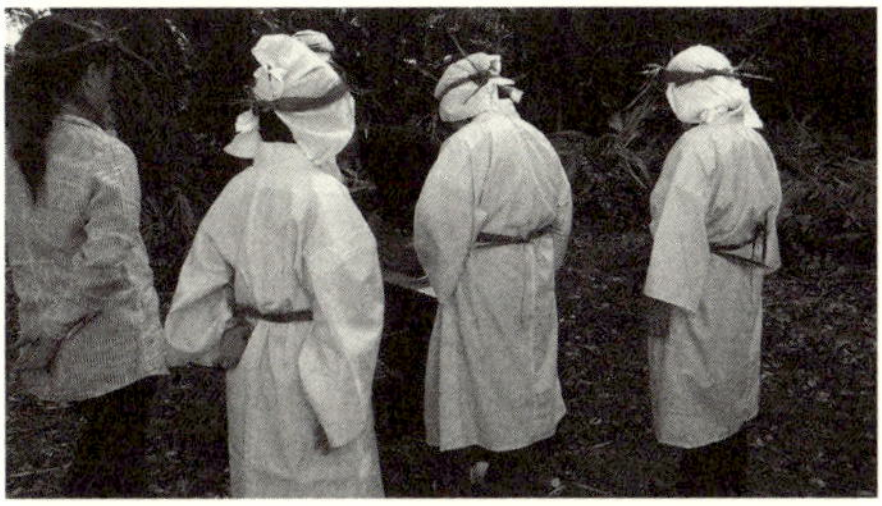

写真54　葉を身につけ除災行為に向かうツカサ
（宮古諸島 旧平良市久松。2018年撮影）

縄が使われた［琉球大学民俗研究クラブ編 一九七六：五五―五六］。一九八四年から、村入口に設置した左縄を外して身につけるようになったという［平良市教育委員会編 一九八五：三四、三九］。二〇一四年現在も、七カ所の村入口のうち一カ所から左縄を外し、パーントゥに使用された［聞］。

パーントゥが身につける泥、呪具、左縄などはいずれも災厄を払うためのものであることからも、その主眼が除災であることが分かる。

泥を使う例はシマクサラシ儀礼の除災行為にはみられないものの、パーントゥのようにシマクサラシ儀礼の縄を身につける事例があること（八重山二）、そして、パーントゥに多用される枝葉を使う事例が、琉球諸島の中で宮古に顕著であること（沖縄諸島〇、八重山一、宮古五例）は注目すべきである。

ところで、島尻のパーントゥと酷似する仮面を使った魔除けの習俗は、宮古島の野原や来間にもみられたというが、両村ともに泥が使われたことは未確認である。

島尻の北方海上、約五キロメートルの距離に浮かぶ大神島に島尻のパーントゥのような泥を使った魔除けの習俗があったという。大神では、毎年三月、浜辺で害虫を乗せた小舟を流すムスルンという年中行事が行われた。虫送りの後、四、五人の大人が蔓草や泥を全身にまとい、村中を歩き各戸の魔除けを行われたといわれる。簡素化し、蔓草だけを巻くようになり、さらに、神役だけの祈願となったとされる［岡本 二〇一一：三一三―三一五］。戦前の様子を知る古老によると、子ども達は怖がって家の中で息を潜め、大人もあまり外に出ることはなかったという［聞］。

仮面は使われないものの、魔除けのために泥を使うという貴重な事例である。そして、泥を使う魔除けの行為が、琉球諸島にほとんどみられない点と、宮古諸島の中の約五キロメートルという近隣の二村落にのみみられる点は興味深い。その新旧は不明であるが、互いに影響し合い、形成、継続されてきたと推測できる。

手に持つもの　除災行為を行う者が手に何かを持つ例が一六例確認できた。各地にみられることから、除災行為の普遍的特徴と言える（沖縄諸島六、八重山五、宮古五）。ただ、その種類は、沖縄諸島では棒や竹槍、木枝のほか、松明やサンというススキを結った呪具といったように五種類ほどみられるのに対し、八重山は木枝、木剣、杖の三種類、宮古は木枝の一種類のみであった。沖縄諸島のバリエーションは先島諸島より豊富で、さらに、先島諸島の中でも宮古は一種類と少ない。

除災行為で実施者が手にするものの長さは三〇〜五〇センチ、一メートルほどで、巡回中、横に振ったり、各家庭の戸を叩いたりしたという。除災行為の実施者が手に持つものはバリエーションがあるものの、共通して災厄を払うためのものであった。

パーントゥは、長さ一メートルほどのダティフと呼ばれる竹を杖として持つ。各戸を叩く、横に振るといった行為は未確認であるが、その長さや形状に加え、除災行為の中には杖を持つ事例（八重山一例）があることを鑑みると、やはり除災のための道具と考えられる。また、除災行為の中には、パーントゥが頭に挿すススキを結ったものを手に持つ事例があることは、両者が除災を主眼とした行為であること示す重要な共通点と言える。

装身具を捨てる場所　除災行為を行う者が身につけていたもの、手に持つものは、災厄を払った後に捨てられ

写真55　除災行為に使った枝木の浜辺での投棄
（左：沖縄本島北部 名護市辺野古。2007年撮影）
（右：八重山諸島 竹富町小浜。2014年撮影）
（下：八重山諸島 竹富町鳩間。2017年撮影）

る。それは単なる道具としてではなく、災厄を流すという意味があった。

装身具を捨てる場所が確認できた九例は、浜辺八、村落の端一例に分けられ、ほとんどが浜辺であった（写真55）。浜辺は不特定ではなく、災厄を流す場所として決まっており、村落によって数百メートルから数キロと離れ、除災行為の終点とも考えられている。確認はできていないが、枝葉や木などを使う他の事例も、災厄を流すという意味で処分されたと推測される。

村落から少し離れた道ばたなどの適所で捨てるのではなく、浜辺に事例が集中しているのは、村落内から払った災厄を海へ流し、完全に去ってもらいたいという人々の認識を表していると考えられる。

パーントゥが枝葉を処分し、泥を洗い流す場所は、村落から五〇〇メートルほど離れた浜辺となっている。浜辺で面以外の装身具を処分し、泥を洗い流す意味は、多くの文献資料や研究者、筆者の聞取り調査でも、確認または指摘されていない中［比嘉 一九九〇］［平良市教育委員会編 一九八五］［本林 二〇〇二］［佐藤 二〇一三］、その行為には災厄を流すという意味があるという大城学の指摘がある［大城 一九八八：五二］。

シマクサラシ儀礼の除災行為に使われた物を捨てる場所の分析結果を鑑みると、大城の指摘通り、パーントゥに使った枝葉を捨て、泥を洗い流す行為は災厄を流すことを意味し、浜辺は災厄を流す場所として設定されたと考えられる。

また、パーントゥの最終地点である浜辺という場所についての人々の認識は確認されておらず、研究者の見解もみられない［平良市教育委員会編 一九八五］［クライナー 一九七七］［大城 一九八八］［比嘉 一九九〇］［本林 二〇〇二］［佐藤 二〇一三］。パーントゥという来訪神の住む他界との出入口と推測できるかもしれないが、出現場所と帰る場所が異なることは不自然である。シマクサラシ儀礼の除災行為との共通点、パーントゥの主眼が除災であることなどを鑑みると、装身具を捨て、泥を洗い流す浜辺は、神が帰って行く異界との出入口ではなく、災厄を捨てる場所として設定されたと考えられる。

音　除災行為に際し、村落内を巡回しながら、楽器や道具を鳴らしたり、手に持った木枝で各家庭の戸を叩いたりなどして、音を出した例が一九例確認できた。重複を含むが、表には音を出す方法ごとに整理した。太鼓や鉦、法螺貝といった楽器が多いが、両手に持った陶器の破片や貝を打ち合わせて音を出した例もある。琉球諸島に広く見られ、全体の過半数（三六例中一九例）を占めることから、除災には音を出すことが不可欠と考えられていた。

パーントゥには、音を出す行為はみられない。手には木枝を持っているものの、それを使って音を立てることはない。

ただ、ここで比較したいのが、除災行為の中にみられる、手に持った枝葉を上下左右に振りながら歩いたという事例である。意識しなくても、多少の音が出たと思われる。それを考慮すると、パーントゥが全身を枝葉で覆った姿で走るのは、音を出すためと推測されよう。

唱え言　除災行為のときに唱え言をする例が二三例みられる。沖縄諸島は一三例中三例と少ないが、宮古は一一例中八例、八重山は一二例すべてにみられ、先島諸島に多い。具体的には、沖縄諸島では、「ヤナムンキタナムン、ウリリヨー（災いよ、去りなさい）」、八重山では「ヨートーパーレー（疫病、出て行け）」、アンガレパーレー（早く行け）」、宮古では「ヤマグ、イダシバ（魔物、出て行け）」、「パレー、パレー（出て行け、出て行け）」などであった。言葉通り、災いに対するもので、村落から去ることを促している。

パーントゥは言葉を発することはない。前述したが、枝葉を全身にまとい走る行為そのものが、除災行為の音や唱え言に相当するものであったと考えられる。

撒くもの　除災行為の実施者が、何かを撒く例は、先島諸島の宮古二、八重山一例の計三例と少ない。豆、塩、塩水を撒くという事例で、それらが除災につながると考えられている。パーントゥの場合は泥であるが、厳密には撒くのではなく、家や人につけながら村落内を巡回する。豆や塩とは異なるが、災厄を払うものという点では同質である。

村人との交流　除災行為において、実施者と村人たちの交流はほとんどみられない。除災行為の最中、一般の村人たちは見物や実施者と会話をすることはなく、行為が終わるまで、家の中で息を潜めていたという。実際に見てはいけないという禁忌が象徴的である。唯一、家によって、軒先に簡単な料理あるいは酒を並べ、除災行為の実施者が自由に飲食したという事例が八重山にみられる（一例）。しかし、家人が酒をつぐことや、実施者と会話をすることはなかったという。除災行為において村人との交流は非常に希薄であった。パーントゥの村人との交流は、除災行為に比べると深いように見える。しかし、かつてはそうではなかったという。その詳細は次の「禁忌」で扱う。

禁忌　除災行為を行う者を見てはいけないという禁忌が、先島諸島に宮古三、八重山八例と、計一一例確認できた。災厄を払う行為なので、それを見ると災いが身に降りかかり、病気や死に至ることもあると考える事例がある。また、村人との交流が一例しか確認できていないことは、実見してはいけないといった禁忌の存在を示唆している。

パーントゥに関する禁忌は、泥をつけるパーントゥに反抗してはいけない、邪魔をしてはいけないといったものである。見てはいけないといった禁忌は確認されず、シマクサラシ儀礼の除災行為に比べると緩やかである。

現在、パーントゥは、村人を始めとして観光客などに対する追走など、人々との交流は盛んなようにみえる。しかし、「昔は、パーントゥ神の自由奔放、神出鬼没の如く出現するので、恐怖の夜の祭事として、人々からこわがられ、子供は一子として家から出なかった」という報告（傍線筆者）［岡本二〇一一：一三九―一四〇］にみるように、かつては現在よりも距離を置いて、畏怖された存在であったという。

戦前の儀礼の様子を知る八〇代以上の古老によると、子ども達をはじめ、多くの大人も屋内でパーントゥが去るのを待ったという。古老の多くが、仮面や草、泥を身につけたパーントゥの容姿をはっきりみたのは比較的最近のことで、幼少期には見ることも、触れることもなかったと語る［聞］。

パーントゥの禁忌は除災行為に比べ緩やかなようにみえるが、率先して見るものではないと考えられていた。シマクサラシ儀礼の除災行為ほど厳しいものではないにしても、深く交流する存在ではなかったことが分かる。それを踏まえると、両者の禁忌の類似性は高く、共通点として数えられると思う。

四　考察

以上、シマクサラシ儀礼の除災行為とパーントゥの比較分析を行ってきた。その結果、時期、目的（除災）、実施者、巡回場所、出発点、終点、身に付けるもの（枝葉、ススキ、シマクサラシ儀礼の左縄）、手に持つもの、装身具等を捨てる場所、禁忌など、多くの類似点があることが明らかになった。

パーントゥにしかみられない特質には、除災以外の目的（豊穣、健康、新築祝い）、身に付けるもの（面、泥）、村人との交流などがある。しかし、目的には除災、身に付けるものには枝葉やシマクサラシ儀礼の縄などの類似点があることを考慮すると、明らかな相違点としてではなく、村落における変化の一つと捉えた方が良いと思われる。村人との交流が盛んである点も、除災行為に比べ禁忌が厳しくないことに起因すると思われる。つまり、旧平良市島尻におけるパーントゥは、シマクサラシ儀礼に付随する除災行為の一種と考えられる。

玉木順彦は、近世史料の分析から、パーントゥについて次のような指摘を行っている。

『琉球国由来記』（一七一三）、『球場』（一七四三〜四五）、「与世山親方規模帳・宮古島規模帳」（一七六七）によると、首里王府は、具体的に八重山のアカマタ・グロマタやマユンガナシを挙げ、異様な支度をして神を真似る祭りの禁止を命じている。それに類似するパーントゥも禁止の対象となるべきであるが、その記事が一切みられないという。それは、一八世紀の半ば、島尻の村落の悪疫除け（シマクサラシ儀礼）には、現在みられる仮面を被った神（パーントゥ）は参加していなかったからであり、パーントゥが出現するようになったのは、一八世紀半ば以降と結論づけた［玉木 一九九六：八七―八八］。

玉木の指摘を踏まえ、シマクサラシ儀礼の除災行為とパーントゥの分析結果をみると、仮面をつけたパーントゥという来訪神は、シマクサラシ儀礼の防除行為が変化したものと考えられる。

小野重朗は、子供たちが田畑の神となり家々を回って餅をもらう行事（鹿児島県喜入町生見）や、神女がテルコ神（奄美大島）やカンジャナシー（久高島）という神となる来訪神事の分析から、「来訪神事は神の姿を見たい、神の詞を聞きたいという人々の願望の中で創出され発展した演劇だと言える」とした。そこで来訪神となるのは、災厄そのものではなく、人々の災厄を祓い、豊作を授ける神であるとした［小野 一九九四：八七―八九］。

シマクサラシ儀礼の除災行為を見てはいけないという禁忌がある村落では、一般の村人たちは戸を閉めた家の奥に身を潜め、近づいてくる枝葉の擦れる音、鳴り物、唱え言を聞き、それが過ぎ去るのを待ったという。実施者の姿を一度も見たことがないという話者も少なくない。本来、多くの村人たちは除災行為を行う者の姿を音や声からしか想像できなかった。小野の指摘を踏まえると、パーントゥという草木を全身にまとった来訪神は、人々の想像の中でのシマクサラシ儀礼の除災行為を行う者が携えていた草木が強調され、具現化されたものと考えられる。

第四節　日本の歳時習俗における「八日」の起源
――鬼餅・鞴祭・コトヨウカ・庚申信仰を事例に――

沖縄諸島の家庭では、一二月八日に家族の健康と防災を目的としたムーチー（鬼餅）という儀礼がある。月桃の葉で包んだ餅を仏壇に供えた後、家族によって食べ、子供の年齢の数の餅を屋内に吊るす（写真56）。また、魔除けとして餅の煮汁を家の周囲に撒き、食べた後に残った葉で十字の形を作って軒下に吊るす。現在も、ムーチーが店頭に並んだり手作りする家もみられ、多くの家庭で行われている（写真57）。当日はムーチーの他、村落レベルではシマクサラシといった儀礼がみられるものの、八日という暦日の起源が議論されることはなかった。

一二月八日には、日本本土には全国的にコト八日がある。二月八日と一二月八日の行事で、厄病神の侵入防止のために、家の入口に蒜、柊、鰯の頭等が設置され、庭には目籠が立てられる［福田他編 一九九九：上巻 六三六］。

小野重朗は、一二月八日という期日や、防災という目的、その方法といった内容の類似性から、沖縄のムーチーやシマクサラシ、奄美のカネサル（庚申）、本土のコト八日などは同型の防災儀礼であるとした［小野 一九

写真56　屋内に吊るされた子供の年齢の数の鬼餅
（沖縄本島中部 西原町。2016年撮影）

写真57　ムーチー（鬼餅）
（沖縄本島北部 恩納村前兼久。2017年撮影）

七九]。民俗学において、コト八日そのものに関する研究は多いものの、その暦日の起源に関する研究は沖縄のムーチーと同様に少ない。

本節は、一二月八日というムーチーの暦日の分析を中心に、期日の類似する鞴祭や日本本土のコト八日の暦日の起源、庚申信仰との関連性などを考察するものである。(7)

一 先行研究

なぜ、ムーチーの暦日は、新月や満月といった月の満ち欠けによって比較的把握しやすい旧暦の朔日や一五日ではなく、八日に設定されたのだろうか。

上江洲均は、以前は一二月の庚子、庚午に行われていたムーチーが、一八世紀半ば、首里王府が八日に固定したのは、本土の厄除けの行事であるコト八日を知る為政者によるものとした[上江洲 一九九一:三一九]。ムーチーの暦日が本土のコト八日と一致し、干支から八日に変更したのは為政者であるという指摘は、ムーチーの暦日の起源を考える上で重要である。

コト八日の暦日の起源を初めて考察したのは柳田国男で、小正月の一月一五日の前後の二月と一二月の上限の月の出る八日が、物忌の基準となるコト八日の暦日として設定されたとした[柳田 一九九〇a:三七六][柳田 一九九〇c:三一二—三一三]。

野本寛一は、柳田の説の妥当性を支持した上で、コト八日の暦日である八日は、漁撈では動きのとれない潮の干満の差が小さな小潮で、慎しみの日としては相応しいのかもしれないとし、暦日の背景に月が関係している可能性を指摘した[野本 二〇〇九:三四—三五]。

小野重朗は、充分な理解は得られていないとした上で、コト八日を含め、七日や八日という暦日の起源について、祭りが基本的には一〇日で終るのは、月の日数あるいは干支による数え方のどちらも十を単元にしているためで、朔日に迎えた神を送る日が七、八日あたりであったのではないかとした〔小野 一九八一：一七〇〕。

コト八日に焦点を当てた研究は多く、その実態や多様性のある性格が明らかになってきた〔窪 一九八〇、一九九六〕〔小花編 一九八八〕〔大島編 一九八九〕〔飯田 一九八九〕。しかし、八日の起源については、月齢と関係があるという仮説の再検討は行われず、仮説を実証する月待ちの事例が報告されることもなかった。

沖縄の首里や那覇には、月待ちの習俗が一、五、九月の十三夜、十八夜、二十三夜などにみられた〔沖縄大百科事典刊行事務局編 一九八三：中巻 八一四―八一五〕。しかし、一二月八日に行われるムーチーやシマクサラシ儀礼において、月と関係のあるような行動や認識はほぼみられない（一例を除く・名護市久志〔聞〕）。八日が設定された背景には、月とは関係のない原理が存在したのではないだろうか。

二　ムーチーの暦日と定日化

文献史料と実地調査の両面からムーチー儀礼の実態を明らかにし、その暦日の起源を考える。

（一）史料にみるムーチーの暦日

ムーチーの初見の史料は、首里王府によって編集された『琉球国由来記』（一七一三）で、鬼となった兄を妹が退治するムーチーの由来説話が記載されている〔外間編 一九九七：二二八―二二九〕。その中で注目したい部分を抜粋した（傍線筆者）。

内金城村者、十二月初庚日一度、次庚日一度、作鬼餅、小嶽ニ祭奠之。作餅米者、松川里之子所之内、与那覇堂原田貢ヨリ、二斗五升、与于根神・受取之、而作餅云。往昔八、餅六度作タリトイヘドモ、至于今者、十二月節会ノ外、二度仕ルトナリ。

ムーチーが、一二月の庚という十干に、一〇日間空けて、二回行われていたことが分かる。十干とは、甲《きのえ》や癸《みずのと》などの日数を数える符号で、その名の通り一〇種類ある。「往昔八、餅六度作タリ」と、昔は六回ムーチーを作ったともある。

次に、一八世紀半ば、王府が実録風に編集した歴史書である『球陽』の尚敬王一三年（一七三六）の項に、以下の条文がある（傍線筆者）［桑江訳注 一九七一：一八七］。

球陽　巻之十三　尚敬王

年浴、柴指、鬼餅等ノ日ヲ改定ス

往古ノ時ヨリ、六月吉ヲ択ンデ糯飯ヲ蒸シ、以テ年浴トナス。八月吉ヲ択ンデ糯米ヲ蒸シ、赤小豆ヲ交ヘテ飯ヲ為ル。之レヲ名ケテ柴指ト曰フ。十二月庚子庚午ニ逢ヘ八、糯米粉樱葉ニ包裹シテ糕ヲ為ル。之レヲ名ケテ鬼餅ト曰フ。コノ年ニ至リ、年浴八六月二十五日、柴指八八月初十日、鬼餅八十二月初八日ニ改定ス。

各地で日を選び行われていた年浴や柴指、鬼餅などの行事を、それぞれ六月二五日、八月一〇日、一二月八日に定めるというものである。注目すべきは、庚子、庚午に行われていたムーチーが、八日に固定された点である。「十二月庚子庚午」という記述から、一二月に二回行われていたと思われる。しかし、庚子と庚午は三〇日離れている。旧暦はひと月が二九日か三〇日で、一二月一日に庚子が来たとしても、庚午が来るのは翌月の一月一日であり、一二月中に庚子と庚午の二つが当たることはない。一二月の庚子と庚午の二回ではなく、一二月中のどちらかの干支に行ったという意味であろう。一つの干支なら、年によって一二月には当たらないが、二つ設定すれば、必ずどちらかが同月に巡ってくる。月と干支を熟知する者による設定と考えられる。

中鉢良護によると、羽地仕置（一六六六〜一六七三）を契機にして、一七世紀後半から首里王府は祭祀・行事の日撰に対して統制の度を強めたという。それは、吉日を選んでの占いや祈禱が、王府の目の届かないところで行われることが、王の支配精神の強化にマイナスに機能する恐れがあったためであるとした［中鉢 一九九三：三六―三九］。『球陽』にみられる、年浴、柴指、鬼餅の暦日の統一も、王府による祭祀日撰の統制の一環と言えるだろう。

『大島筆記』にムーチーの記述がみられる（傍線筆者）［琉球史料研究会編 一九五八：一九］[8]。

> 十二月庚午の日餅を調え、機櫚の葉に包み蒸して相贈る、鬼餅と云。鬼やらいの咒也と云。

王府によるムーチーの八日への定日化政策（『球陽』一七三六）から二六年後の史料だが、まだ庚午に行われていたことが分かる。

『産物方日記』という薩摩藩の物流・流通を主管する機関に関係する日記［高良 一九八九：五一七―五一八］に、

「一二月八日　鬼餅拾壱本ツツ八寸重」と、一二月八日とムーチーの記述があり、咸豊一〇〜一一年（一八六〇〜一八六一）という記録の年代から、一九世紀半ばには一二月八日に定日化していたと考えられる［琉球王国評定所文書編集委員会編 二〇〇〇：三八七―三八八］。

以上の史料から、一七世紀以前には、ムーチーは少なくても士族たちの間では、一二月の庚、庚子、庚午などに行われていたが、一八世紀半ば、王府によって一二月八日に固定され、一九世紀半ばには定日化していたことが分かった。

（二）琉球諸島におけるムーチー

①分布

ムーチーは、沖縄諸島（沖縄本島及びその周辺離島）の広い範囲にみられるが、宮古や八重山といった先島諸島にはほとんどみられない(9)。

②暦日のバリエーション

沖縄諸島に広くみられるムーチーの期日はほとんど一二月八日である。沖縄本島では全市町村に八日の事例が確認できた。しかし、八日に次ぎ、一二月七日という事例もある。沖縄本島の三三市町村の中で(10)、北部（五市町村一二村落）、中部（九市町村六二村落）、南部（一村落）の計一五市町村七五村落に確認できた。

七日及び八日に行う地域を整理したのが地図11である。濃い網掛けの部分が七日、薄い網掛けが八日の事例がみられる地域である。七日の地域にも、多くの八日の事例がみられることを注意しておきたい。七日は沖縄本島

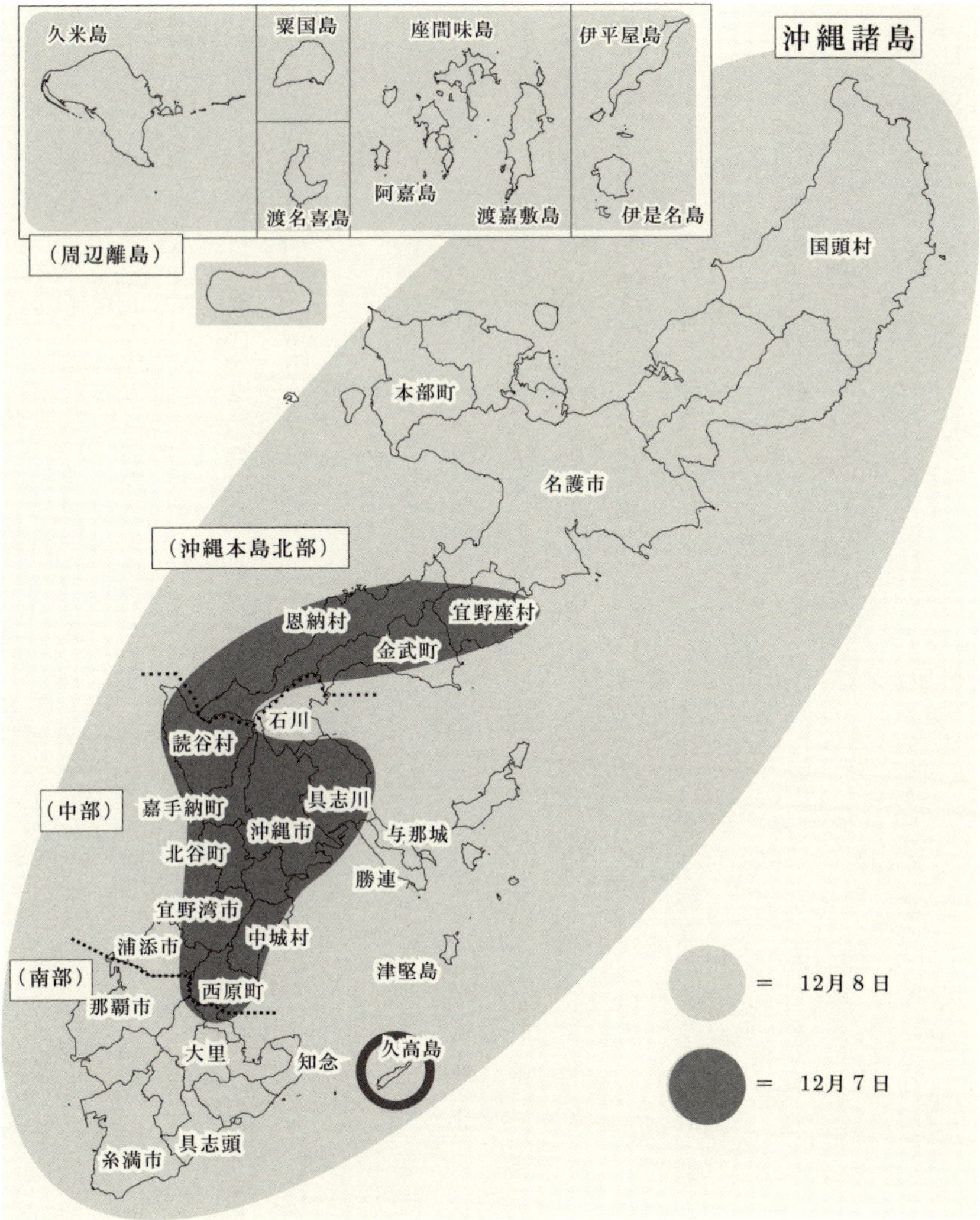

地図11　ムーチーにおける暦日の分布形態
※7日ムーチーの地域には、8日にムーチーを行う村落もみられる。

中部（浦添市・旧石川市を除く）に多く、まとまった圏となってみられる〔西原町一七、中城村四、宜野湾市二、沖縄市二、旧勝連町一、旧具志川市一二、北谷町二、嘉手納町一、読谷村一五、恩納村五、金武町三、宜野座村二、名護市一、本部町二〕。しかし、濃い網掛けの地域も含め、沖縄本島北部や南部、(11) その周辺離島など、一二月八日の方が分布圏が広く、村落数も圧倒的に多い。

一二月七日や八日の他に、一二月一日（旧勝連町五、旧与那城町九）、一一月一日（恩納村四）という例もある。とくに、旧勝連町と旧与那城町では一二月一日が多く、八日の例は未確認である。これらの地域は七日の分布圏と重複している。

それから、同じ町村内で、村落によって一二月七日か八日かが異なるところがある。沖縄本島中部西海岸の読谷村では、一二月七日（大湾、比謝、比謝矼、伊良皆、喜名、親志、古堅、上地、楚辺、瀬名波、宇座、長浜、儀間、渡慶次、渡具知）と一二月八日（長田、牧原、大木、都屋、波平、座喜味、高志保）に分かれている〔上江洲 二〇〇八：一三二〕。中部東海岸の西原町では、下地区といわれる町の東部に位置する低地では七日（呉屋、津花波、小橋川、内間、掛保久、崎原、嘉手苅、小那覇、仲伊保、伊保之浜、兼久、与納城、我謝、安室、桃原、池田、小波津）、上地区という西部の高地では八日に行われる（幸地、棚原、徳佐田、森川、千原、上原、翁長）〔西原町史編纂委員会編 一九八九：九一〇〕。

最後に、特定の十干や干支にムーチーを行った例は、王府やその関係者の編集した史料上だけにみられ、聞取り調査や民俗誌からは一例も確認できないことを付記しておきたい。十干は、旧暦の一日や一五日のように、月の形をみても特定できず、その選定には最新の暦の入手とその読解力が必要であった。沖縄における暦の大衆化は明治期以降で、それから、農民個々人が暦の二十四節気を農耕過程の目安として利用し、また年干支や日干支を自らの占いに使うようになったという〔中鉢 一九九三：二〇〕。一八世紀半ば、沖縄諸島の農村において毎年一二月の十干や干支が把握できたとは考えられず、当時、ムーチーを十干に行うことができたのは首里一円などの士族だけで、一般の農村にムーチーが普及したのは七日や八日に定日化した後と考えられる。暦が無くても半月という月の形から八日は特定できたと思われるが、月待ちの習俗がほぼ皆無であることから、ムーチーの一般的な普及は暦の大衆化した一九世紀半ば以降と推定される。ムーチーの分布圏が琉球諸島の中で沖縄諸島に限られていることも、普及が比較的新しいことを示唆している。

③古村と新村における暦日の違い

上江洲均は、読谷村内での村落ごとのムーチーの暦日の相違について、七日の村落が圧倒的に多く、歴史の新しい屋取集落の多くは八日に実施されている実態から、七日の方が同村の伝統行事と考えられるとした［上江洲二〇〇八：一三二］。

沖縄の村落は、発生時が明確でない在来伝統の古村と、比較的明確な新村に大別できる［沖縄大百科事典刊行事務局編 一九八三：中巻三七九］。

七日と八日の村落がみられる西原町を古村と新村という視点でみると、八日が多い上地区より、七日が多い下地区に古村が多い（古村の数。上地区三。下地区一一）。下地区より標高が高く、首里に近い上地区に八日が多いのは、首里からの影響ではないか。首里から離れ、下地区の古村の多くにみられる七日の方が、上江洲の指摘したように、同町における伝統的なムーチーの日であったと考えられる。

旧具志川市では、古村は一二月七日、新村は一二月八日と、村落の歴史の新旧によって、暦日が明確に分かれている。同じ村落内でも、先祖が首里出身で当地に移住してきたとされる人々は八日、それ以前からの住人の子孫は七日にムーチーを行う（旧具志川市天願［聞］・宇堅［聞］・志林川［聞］・赤道［聞］）。旧与那城町では、多くの村落が一二月一日という中、首里士族の入植により形成されたといわれる照間では一二月八日に行われる［聞］。金武町でも、古村（金武［聞］、並里［聞］、屋嘉［聞］、伊芸［聞］）は七日、屋取（中川［聞］）は八日であった。

これらの事例と上江洲の指摘を照らし合わせると、一二月八日は比較的新しい暦日で、首里や那覇といった中央から移入された暦日と考えられるのではないだろうか。

ただ、一二月八日以外の暦日が、中央から離れた北部に非常に少ない点が疑問として残る。八日以外が古い暦日であれば、それらが北部に残りそうだが、北部の多くの村落のムーチーは八日である。

赤嶺政信は、ムーチーの由来譚に出てくる鬼について、沖縄では日本本土に比べて鬼にまつわる伝承が希薄である印象を持つとした［赤嶺 一九九八：一一四］。確かに、ムーチーはウニムーチー（鬼餅）とも呼ばれ、食べた後の魔除けに使われる月桃の葉は、ウニヌヒサヤチュン（鬼の足を焼く）、ウニヌヒサユゲースン（鬼の足を湯がく）と説明され、鬼とは不可分の関係にある。鬼を意識し米が素材となる餅を使うという内容や、一二月八日以外の暦日が周縁にみられない点、先島諸島にはムーチーがみられない分布形態などを併せると、琉球諸島におけるムーチーの発生はそれほど古いものではないと考えられる。

④首里王府とムーチー

西原町東部の一二月七日にムーチーを行う村落には、八日にムーチーを作ると、ウチャヤタイマグラー（御茶多真五郎）の亡霊によって腐らされてしまうという伝承が伝わる。

『遺老説伝』三巻（一七四三～一七四五）には、ウチャヤタイマグラーについて、「昔、西原間切嘉手苅村に、一人有り、名を五郎と叫ぶ。其の勇力人に過ぎ、常に歌絃及び相撲（俗戯）を好くす。（中略）此れより人々御茶多理五郎と号す」とある［嘉手納編訳 一九七八：一五二］。

言い伝えでは、ウチャタイマグラーは、後の第二尚氏初代国王（尚円王）となる金丸が内間（現西原町内間）に隠棲中に側近として仕えていたが、金丸が王位（一四七〇年即位）に就き、首里に上るときには随行せず、西原に留まり一生を終えたといわれる［西原町史編纂委員会 一九八九：三五五］。

『琉球国由来記』（一七一三）において、ムーチーとウチャタイマグラーとの間に興味深い一致が確認できた。『琉球国由来記』には約五〇〇もの村落の聖地や行事が記されているが、鬼餅という祭事の記述された地域は、首里城、金城（首里）、周辺離島（伊江島、伊平屋島、粟国島、渡名喜島、鳥島、座間味島、渡嘉敷島、久米島）、そして、嘉手苅（西原町）の四地域だけであった。つまり、沖縄本島では、首里城と同じく首里の金城以外では、唯一、ウチャタイマグラーの出身とされる嘉手苅だけに「鬼餅」が記載されているのである。

嘉手苅の事例は、具体的には嘉手苅にある内間御殿の行事に鬼餅とある。内間御殿は、第二尚氏初代国王となる金丸（後の尚円王）の屋敷跡に作られた祭祀施設で、尚円亡き後も国家の聖地として永きに渡り整備されてきた。王府が御殿での祭祀内容を指示した書物、『内間東江御殿御祭之次第』（一七六〇）にも鬼餅が記され、一七〇〇年代の初めから中頃に、当地に八日に定日化する前の古い鬼餅が行われていたことが分かる［西原町史編纂委員会 一九八四：二五五］。王府の関連施設とは言え、首里から離れた一農村に当時の最新行事が行われていた点は興味深い。内間御殿は村落の中央に位置し、周囲には民家が立ち並んでいた。嘉手苅の一般家庭でも庚の鬼餅が行われたと捉えるのは早計であるが、農村では珍しいこの条件を踏まえれば、村人たちが他地域より早く、鬼餅という祭事を見聞していた可能性は高い。

首里以外では早い段階から鬼餅が行われていた嘉手苅（内間御殿）、七日に行う理由とされる武人の所在地は嘉手苅と、鬼餅に関する書物と民間伝承の間に「嘉手苅」という奇妙な一致が浮かび上がってきた(12)。

これは、沖縄本島においては、首里以外では、八日に定日化する以前の古い形としての七日のムーチーが西原町の嘉手苅から波及したことを示唆していると考える。西原町の低地（嘉手苅一帯）では、後に波及してきた八日のムーチーに対しても、旧来の七日のムーチーを固守したことによって、他に類をみない濃密な七日地帯が形成されたのであろう。この七日と八日の村落が混在せず七日のムーチーだけがみられるという特性も、一帯が七日ムーチーの発祥地であった傍証と考えられる。

王府が八日に改定したのを機に、七日の地帯をも覆い、本島全体に八日の鬼餅が勢いをもって広まった。その頃に、古くから嘉手苅には鬼餅があり、一般的な八日ではなく七日に行うという事実に、真五郎と縁のある村落という伝承が混ざって、「真五郎が原因で七日に行う」という言説が生まれたと推測される。

(三) 十干・干支の定日化

一八世紀半ばまで、少なくとも士族の間では、ムーチーは一二月の庚や庚子、庚午に行われていたことが分かったが、なぜ、首里王府は、月の満ち欠けで分かりやすい一日や一五日ではなく、八日にしたのだろうか。

上江洲均は、干支が八日に定日化したのは何らかの根拠があったはずであるとし、本土で一二月八日に行われる厄除けの行事であるコト八日を知る為政者が、暦日を一致させた可能性を指摘した［上江洲 一九九一：三一九］。その可能性も考えられるが、八日に設定する論理が存在したと思われる。

結論として、筆者は、ムーチーの暦日が七日と八日に多いのは、甲から始まる十干の七番目（庚）と八番目

（辛）に金に属する十干があるという認識に由来するものと考える（表27）。王府は、十干における金《カネ》の日の順番に基づき、ムーチーの暦日を八日に固定したのであろう。

その根拠を整理する。まず、十干にはそれぞれ五行説と呼ばれる、木（甲・乙）・火（丙・丁）・土（戊・己）・金（庚・辛）・水（壬・癸）という自然界の五つの要素が配され、金の属性が庚と辛で、順番は七番目と八番目である。

十干はそもそも、ひと月を三分した十日を数える符号であったという［福田他編 一九九九：上巻 二〇五］。柳田国男と小野重朗によると、沖縄には十干十二支や干支で日にちを数える習慣があったといわれる［柳田 一九六〇：一九〇－一九二］［小野 一九七九：一六］。

『球陽』のムーチーの定日化の記事に「初八日」とするとあるのは、二回目の八日（一八日）でも、三回目の八日（二八日）でもない、最初の八日であることを示し、ひと月が三〇日ではなく、一〇日が三回巡ってくるものと考えられていたことがわかる。

表27　十干の順番と五行説一覧表

順番（日数）	十干	五行
1	甲《きのえ》	木
2	乙《きのと》	木
3	丙《ひのえ》	火
4	丁《ひのと》	火
5	戊《つちのえ》	土
6	己《つちのと》	土
7	庚《かのえ》	金
8	辛《かのと》	金
9	壬《みずのえ》	水
10	癸《みずのと》	水

（二）―②で明らかになったように、七日が八日の次に多く、六日は二例のみ、九日が皆無であることは、七と八という日数へのこだわりを示している。沖縄諸島以外にみられる数少ない宮古諸島のムーチーも七日であった（旧平良市池間〔琉球大学民俗研究クラブ 一九七二：五二〕、旧伊良部町〔伊良部村史編纂委員会編 一九七八：一四一三〕）。

庚、辛に配された金という五行は金属、つまり鉄（方言でカニ）を意味するが、『琉球国由来記』の由来譚には、偶然とは考えにくいほど鉄というワードが頻出する。舞台となる村名は金城《カナグスク》、兄妹の生家及び鬼の退治される御嶽の神名はカネノ御イベ、鬼と化した兄に食わせる餅に入れるのは鉄《カニ》である。ムーチーそのもの、あるいはその暦日に対して、金属に関する認識があったことを示している。

さらに、同史料には鬼に食べさせる「鉄餅七本」と「蒜七本」、主人公自らが食べる「米餅七本」と「蒜七本」と七という数字もよく出てくる。七番目という庚の順番と関連し、ムーチーの定日化における原理となる数字を意味していると思う。『球陽』と『大島日記』にムーチーは庚午に行われたとあるが、当干支は甲子を始点とした場合、七番目に当たる。

ところで、もし、七、八日の金の日にムーチーを行うという認識があったのなら、七日か八日のどちらでも良い、あるいは、その二日間続けて儀礼を行ったと考えられる。前者のような例はみられないのに対して、後者について興味深い事例がある。

それは一二月八日のために、前日の七日の夜からムーチーを準備したという事例である（久米島町兼城〔沖縄県教育庁文化財課史料編集班編 二〇一八：下巻三三二〕・真謝〔沖縄県教育庁文化財課史料編集班編 二〇一八：下巻三四五〕、西銘〔久米島西銘誌編集委員会二〇〇三：六〇四―六〇五〕・比屋定〔琉球大学民俗研究クラブ一九六七：五二―五三〕・具志川〔宮里一九七九：二〇六〕、粟国村西〔琉球大学民俗研究クラブ 一九六八：四四―四五〕・浜〔聞〕、渡名喜村渡名喜〔琉球大学民俗研究クラブ一九六六a：三九〕）。沖縄本島の周辺離島、とくに久米島に多い。渡名喜では、七日の夜が明ける前に餅を作ったことから、アカチチムーチー（暁餅）と呼ばれる。

粟国村の各村落では、ムーチーは一二月八日とされ、現在も各戸でムーチーを供え、魔除けのために煮汁を撒き、軒先には十字にした月桃の葉を吊す（粟国村東［聞］・西・浜）。戦後しばらくまで、浜村落では事前連絡があったという。一二月六日に、数人の役員が「アサティヌムーチードー（明後日はムーチーだよ）」と言いながら、村落内を走り回ったという。前日の七日ではなく、六日に村人に知らせたのは、儀礼を始める日と関係があったと思われる。浜と西村落では、七日の晩からムーチーを作り始め、翌八日の早朝に仏壇に供えたという。七日から始めるため、六日に連絡したと考えられる。

八日以外の一、六、七日にムーチーを行う事例の中で、その前日にあたる三〇、五、六日からムーチーを始めた例は未確認である。七日の夜からムーチーを作り始めたのは、単に準備のためではなく、金の日に相当する七、八日の二日間かけて儀礼を行うため、つまり、両日を跨ぐためと考えられる。

最後に、ムーチーには、七、八日の以外に、数は少ないが、一二月一日（恩納村四）、一二月一日（旧勝連町五、旧与那城町九）、一二月六日（旧勝連町一、旧知念村二）という事例がある。これらは、七、八番目にあたる庚と辛の順番が定日化したという原理では説明がつかない。一日に関しては、分かり易いという理由から変化した可能性が推測できる。シマクサラシ儀礼の事例群の中に、数は少ないが、暦日が十干から定日化した村落があり、その三例中二例が一日に変わっている。

六日にムーチーを行うのは、旧知念村久高［聞］と旧勝連町津堅［聞］の二例である。沖縄本島中南部の東海上に浮かぶ直線距離約一〇キロメートルの離島で、六日という点は同じだが、久高では八日にも行われる。久高

写真58　沖縄本島南部 旧南城市久高のムーチー
（左：12月6日の力餅。右：12月8日の鬼餅に家庭の門で行われた餅の煮汁と月桃の葉を使った魔除け。2018年撮影）

では、六日はチカラムーチーといって大きめのムーチーを男の子に与え、八日はウニムーチーといい、煮汁を使った魔除けが行われるなど、内容に差があり、二種類のムーチーが行われていると把握できる（写真58）。なぜ、同じような儀礼を、一日空けて、別日に行ったのだろうか。七日を意識し避けているようにみえる。首里王府により七日のムーチー、または二日間のムーチーが禁じられたため、七日を避け六日に繰り上げた結果と考えられる。

　これらの仮説の反証として、一例だけ、月を意識する沖縄本島北部の名護市久志の事例がある［聞］。久志では、一二月八日の月が災厄のやってくる場所と意識されている。一例だけといって無視はできない。本例がムーチーの原型である可能性も考慮し、月齢との関係性を探る必要があろう。

三　鞴祭りにみる金の日の定日化

　著者が提示したムーチーの暦日である七、八日は、庚と辛という金に属する十干の順番が定日化したものという仮説の検証のため、沖縄の鞴祭りを分析する。

　琉球諸島全域の鍛冶屋には、一年の安全を祈るカンジャーヌウグヮ

写真59　鍛冶屋跡に残る鞴と祠
（左：沖縄本島北部 金武町。2004年撮影）
（右：宮古諸島 旧上野村。2014年撮影）

ン（鍛冶屋の御願）やフーチヌユーエー（鞴の祝い）と呼ばれる祭りがみられた（以下、鞴祭りで統一）。戦後以降、鍛冶屋の消失とともに途絶えていったが、鍛冶屋や村落によっては継続されている（写真59）。全国的には一一月八日に行われるという［森栗一九八四：九四］。しかし、琉球諸島では一一月七日または八日と地域によって異なり、ムーチーのようにどちらかに固定されている事例が多い。七日の例は、琉球諸島全域にみられ、とくに沖縄諸島と八重山諸島に多い（計三七村落）。八日のみという例はすべて宮古諸島の事例（計一四村落）であった。

実施月はムーチーよりひと月早いものの、暦日はムーチーと酷似している。両儀礼の暦日の背景には類似する論理があったと推測されるが、それを考察した研究は少ない。

朝岡康二は、日本の鉄器文化や鍛冶技術の研究の中で、沖縄の鞴祭を分析し、一一月七日と八日という二つの暦日の違いを、王府鍛冶奉行配下の鍛冶勢頭たちの執り行う鞴祭が八日であることから、これに先駆けて、家や村落で非公式の鞴祭が七日に行われる習慣から生じたと考えた［朝岡一九九三：三二三］。上江洲の報告した、王府の設定した一二月八日に拮抗し、一日早めて七日にムーチーを実施したという伝承に類する考察と考えられる。

また、沖縄本島南部の旧知念村志喜屋の一一月初旬の鍛冶屋の祭りで餅が食されることや、沖縄では一一月八日近辺の寒さをフーチビーサ（鞴寒さ）、一二月八日近辺をムーチービーサ（餅寒さ）という表現方法があり、一一月八日をムーチービーサと表現するところもあることから、鬼餅と鞴祭には何らかの関係があると指摘した［朝岡 一九九三：五〇九、五一七–五一八］。

そもそも、鍛冶屋という鉄の精錬や加工を行う場所で行われる祭りの暦日の背景には、金属に関する認識が存在した可能性が考えられるのではないか。

宮古諸島の旧平良市宮原、増原では、一一月の鞴祭をカツヤーウガン（鍛冶屋御願）と呼び、その暦日は一一月のカニの日と認識されている［沖縄県教育庁文化課編 一九九七：二三六］。金属の日という意味であろう。

鞴祭を一一月七日と八日の二日間行う村落がある（一三例）。沖縄諸島では国頭村奥間［福地 一九八九：五九］、旧勝連町南風原、旧佐敷町津波古、宮古諸島では旧城辺町砂川［琉球大学民俗研究クラブ編 一九七〇：五三］、友利［聞］、多良間島、八重山諸島では石垣市大浜、竹富町玻座間（竹富島）、黒島の宮里、西表島の網取、崎山、波照間島の〈北・南〉、〈前・名石・冨嘉〉［聞］である。

重要なのは、二日間行う事例群の八割半ば（一三例中一一例）が七日から八日にかけて夜通し行われる点である（南風原、津波古、砂川、友利、多良間島、大浜、玻座間、宮里、網取、崎山、北・南）。当該部分を抜粋した代表的な事例を挙げる。

事例　旧勝連町南風原（沖縄本島中部）

フーチヌユーエー（鞴の祝い）といって、一一月七、八日に行った。夜中に、中のユーエー（祝い）といって、農具を真っ赤に焼いて三回たたく、明け方まで歌や踊りを催した。
［沖縄県教育庁文化課編一九九七：二三四］

事例　旧佐敷町津波古（沖縄本島南部）

フイゴ祭りは、一二月七日の深夜一二時に行われた。（中略）一二時すぎた八日にカナカユエーというのを鍛冶屋の現場で行った。
［福地一九八九：一六八］

事例　多良間島（宮古諸島）

旧暦一一月のカカズタカビ（鍛冶祟べ、ふいごまつり）。行事は十一月七日の昼ごろから夜中を通し翌八日の午前中までであった。ニリは焼香のあと真夜中から男たちによってうたわれ、そのあとは三線も入ってにぎやかにうたい踊って夜を明かした。

［多良間村史編集委員会編一九九五：三四七―三四八］

事例　石垣市大浜（八重山諸島）

鞴祭りは、七日の午後七時より夜の一二時まで線香もたき通しで酒宴がはられた。七日はちょうど一二時に月が落ちるので、その瞬間まで祈願をする慣わしであった。
［福地一九八九：二一〇―二一一］

事例　竹富町玻座間（八重山諸島）

一一月七日、鍛冶屋の願い、夜通しふいご祭りを行う。
［亀井一九九〇：三九四］

事例　竹富町宮里（八重山諸島）

一一月七日、ハーザヨイ。鍛冶屋が作る刃物で殺された動物の魂がやってきてうらみをはたすので、鍛冶屋は当夜眠らず三回にわたって祈願する。　［植松　一九七八：二七九］

事例　竹富町網取（八重山諸島）

旧暦の一一月七日にフキヌマナリ（鞴の祭り）がおこなわれた。その夜は若者たちが祭酒を酌み交わしながら夜を明かす。こうして寝ずの番をしないと鞴が化けて出ると言い伝えられていた。　［安渓　二〇〇七：一八一］

事例　竹富町崎山（八重山諸島）

一一月七日はカジャ（鍛冶屋）の鞴の祝いです。午後五時ごろ鍛冶屋から鞴のお供えをして係の人の家に行く。この夜は眠らないでのど自慢です。夜一二時過ぎたら、鶏、田から捕ってきたうなぎ、海からの魚をみんな料理して一夜で食べ終わります。朝七時には鞴を鍛冶屋に送ります。　［川平　一九九〇：一七七］

事例　竹富町〈北・南〉［波照間島］（八重山諸島）

かつて、島には二軒の鍛冶屋があり、毎年一一月七日にはフキ祝い（鞴祝い）という鍛冶屋の安全と職人への感謝を込めた行事が、北・南、名石・前・冨嘉の二つに分かれて行っていた。行事は七日の夜中（午前一二時頃）、誰かの鶏の鳴き真似を合図に終わった。　［聞］

このように、七日の夜から八日にかけて行われていたことが分かる。それは、単なる夜間の祝宴ではなく、午前一二時を意識したり、不眠で夜を明かすなど、明らかに七日と八日の二日間を跨ぐために七日の夜に実施されていた。(13) とくに波照間島の一一月七日の夜中の参加者による鶏の鳴き真似で儀礼を終えた点は象徴的である。鶏の鳴き声は夜が明けたこと、つまり、儀礼が一一月七日から八日の二日間を跨いだことを意味している。

六日から始まる例は二例（国頭村辺野喜［福地 一九八九：五三］、旧平良市［福地 一九八九：一八九］）のみと希少で、とくに夜中から翌日にかけて行う事例はすべて七日の夜から始まるというものであった。

七日と八日に行われることについて、朝岡は、「竹富島では、一一月七日が願日、八日が祝い日となっていた（中略）。沖縄本島においても、一一月七日はフーチノユーエー、八日はカナカノユーエー（金床の祝い）といって、二日にわたる一連の行事であると考えているところがあり、元は両日に跨るものであったことを暗示している。これが後に分離して、それぞれ独自の意義が与えられるようになったのであろう」と指摘している［朝岡 一九九三：五一七―五一八］。七、八日の両日の行うのが鞴祭りの本来の形であったと考察しているが、夜中に実施する事例とその意味については言及していない。筆者も七、八日の二日間行うのが本来の形であったと考えるが、単に二日間行うだけではなく、夜を徹して連続で行う祭事であったと考えられる。両日に行う本来の形が形骸化し、どちらかの日に行うものに変化したと推測される。

以上、暦日を金の日と認識する事例や、七日と八日に事例が集中する点、二日間行う村落の中に七日から八日にかけて夜通し行われる事例から、鞴祭の一一月七、八日という暦日は、十干の中で金属を意味する五行が配された庚と辛の順番が定日化したものであり、鞴祭りは鉄の日を意味する二日間を跨ぐ儀礼であったと考えられる。

三例と少ないが、八月八日（旧平良市狩俣［琉球大学民俗研究クラブ 一九六六b：八二］、島尻［平良市史編纂委員会 一九八七：四二六〕）や一一月一七日（竹富町小浜〔山城 一九七二：一七六〕）という鞴祭の暦日も、七や八という金の日（庚、辛）の順番を意識し設定されたと捉えられる。

四　コト八日と庚申信仰の分析

小野重朗は、期日や目的、方法の共通性から、沖縄のムーチーやシマクサラシ儀礼、奄美大島のカネサル（庚申）、本土のコト八日は同型の防災儀礼であるとした〔小野 一九七九〕。コト八日と庚申信仰の暦日の分析は、ムーチーの暦日の起源を考察する上で不可欠と考える。

①コト八日

沖縄のムーチーと本土のコト八日の間には、魔除けという目的や、一二月八日という期日などの共通点が指摘されてきた〔小野 一九七九〕〔上江洲 一九九一：三一九〕。

コト八日の暦日を分析した結果、沖縄のムーチーや鞴祭のように、七日から八日にかけて行うという事例が確認できた。

曺圭憲は、東日本のコト八日を対象とし、その目的として通説となっている稲作一元論・祖霊一元論に対する再解釈を試みている〔曺 二〇〇七〕。青森県から長野県まで、一六都県の三七八例という膨大なコト八日の事例を、名称、期日、行事内容、神・妖怪、作り物・供物、空間ごとに分類している。

そのほとんどが、二月八日、一二月八日という期日であるが、七日という例や、七日の夜から儀礼が始まっている事例が、数は少ないが一一都県二九例と広範囲にみられる（岩手二、山形二、福島五、茨城四、栃木二、群馬五、埼

玉二、千葉三、東京二、静岡一、長野一）。

野本寛一がコト八日の研究の中で整理した静岡県の三二例のコト八日の事例群の中には、期日自体が二月七日や一二月七日となっている事例が三例みられる［野本 一九九三：一二一、一二四］。他の論考にも同様の例が報告されている（静岡一、長野二）［野本 二〇〇九：三八］。

反対に、一二月八日から一二月九日にかけて、あるいは九日に行われる事例は、茨城一、長野二例と非常に少ない［曺二〇〇七：一八二、二〇六］［野本 二〇〇九：三八］。

コト八日の事例群の中に「コト七日」とも呼べそうな、七日の事例や、七日から八日にかけて行われる事例が、八日から九日にかけて行う例より多いのは、七、八日の二日間かけて行うという意識があったためと考えられる。(14)

②庚申信仰

庚申信仰は、全国各地に広く普及した信仰で、代表的なものに庚申塔や庚申講があり、青面金剛や猿田彦が祭神となっている。庚申講は一般には年六回の庚申の夜に行われるが、本来は徹夜であったという。徹夜をするのは、人間の腹にいる三尸という虫が庚申の夜に体から抜け出し、天帝にその人の罪を告げに行くのを防ぐため、という道教の教えによるものといわれる［福田他編 一九九九：上巻五九五］。

窪徳忠は、庚申信仰の研究の中で、沖縄には庚申信仰があったという痕跡すら見いだせなかったとした。このことから、庚申信仰や三尸説は、沖縄や奄美などの南の島伝いに伝来したと考えるのは極めて困難で、大陸直接及び朝鮮半島経由の二路であったとしている［窪 一九九八：四三六、四三八―四三九、四四三］。

庚申という干支に行われる意味については、コト八日と同様に上弦の月との関係が指摘されている。大島建彦は、庚申待と二十三夜待の両者が併存している村落から、庚申と二十三夜の二つの信仰は、根本において一つのものであったと考察した［大島 一九五六：五九］。申については、一般的には、猿は〝厄を去る〟といって、人の厄をもはらうことになっているという［飯田 一九八九：八三］。

実例の分析に基づいて庚申という干支と月齢の関係を考察した研究は展開されていないと言える。庚申という暦日の起源を考えたい。

まず、十干の中で、金の属性を持つのが、七番目の庚と八番目の辛である。十二支にも五行が配されており、金に属するのが申と酉である。つまり、金の十干と金の十二支の組み合わせは、庚申と辛酉となる。六〇種類の干支の中で、干と支の両方が金に属する金の干支は、庚申と辛酉の二種類だけなのである。これは単なる偶然ではなく、金の十干と金の十二支を強く意識した者によって、庚申と辛酉という干支が暦日として設定されたと考える。

窪徳忠によると、七庚申、七層倍、七庚申参りなど、庚申信仰は「七」との関係が深いという［窪 一九八〇：二六二］。供物についても、「七個を供えるところの比較的多いことは、庚申信仰と七という数字との密接な関係からいって、注目すべきであろう」とした［窪 一九九八：二〇七］。

庚申信仰と七との関係が深いのは、金属を意味する金の五行が配された十干や干支が七番目にあるという認識に基づくものと考えられる。沖縄のムーチーや鞴祭、コト八日の中に七日から始まる事例があることや、『琉球国由来記』のムーチーの由来譚に「七」が頻出することなどと、同じ現象と言える。ちなみに、金の十二支である申と酉も、寅から数えると、七、八番目である。

次に、庚申の祭祀は、講の場合と家ごとの場合とを問わず、夜の行事であったとして大過ないという［窪 一九九八：二八二］。そして、「完全に一睡もせずに徹夜をするのではなく、鶏の鳴くときまで起きていればよいと伝えているところは、他の地方と同じく、意外に多い」という［窪 一九九八：三一二］。

前掲した、沖縄県八重山諸島の波照間島（北・南）の鞴祭でも、一一月七日の夜から始まった鞴祭は、役員による鶏の鳴き真似によって終わった。(15)

つまり、庚申信仰の徹夜における鶏が鳴くまでという習俗は、夜が明けて日にちが変わること、金の干支である庚申から辛酉の二日間かけて儀礼を行ったことを表していたと考えられる。(16) 庚申の前日の己未の晩でも、辛酉の晩でもなく、金の干支である二日間を跨ぐために、庚申の晩に行ったのであろう。それは、琉球諸島において、ムーチーや鞴祭が七日の夜から八日にかけて行われる原理に類するものと考えられる。(17)

本土の庚申信仰（庚申〜辛酉）やコト八日（七〜八日）、沖縄のムーチーや鞴祭（七〜八日）の中に、二日間の金の日を跨ぐという習慣が共通してみられる可能性が、今回の分析で明らかになった。

五 小括

以上、沖縄におけるムーチーの暦日の起源を考察してきた。要点と課題をまとめたい。

①先行研究：八日というムーチーの暦日の起源を考察した研究はほとんどみられないが、期日と内容の類似するコト八日については月齢を根拠とした仮説がある［柳田 一九九〇a：三七六］［柳田 一九九〇c：三二一―三二三］。ただ、その検証や暦日の起源を新たに考察する研究は行われてこなかった。

②ムーチーの暦日：　一八世紀初頭から半ばまでの史料から、かつて、ムーチーは、少なくても士族たちの間では、一二月の庚に関する十干や干支に行われており、一八世紀半ばに八日と固定された。

③十干の定日化：　文献及び事例群の分析の結果、一二月七日や八日というムーチーの暦日は、金という金属を意味する五行が配された、庚と辛という十干の順番が定日化したものと考えられる。根拠として、定日化する以前は庚であったこと、十干による日を数える習慣の存在、一二月七日と八日が多いのに対し、六日は二例のみ、九日は皆無であること、史料におけるムーチーの由来譚に鉄や七が頻出すること、七〜八日にかけて行われるムーチーの事例を挙げた。本節の結論は、八日という暦日の起源について、柳田国男によって提示された月齢に関するものという仮説の検証が行われてこなかった点や、別の可能性が考察されてこなかった点からも意義あるものと考える。

④鞴祭：　沖縄の鞴祭には、ムーチーと同様に七〜八日の二日間かけて行う事例がみられ、同じくその暦日も十干における金の日の順番が定日化したものと考える。

⑤コト八日：　七〜八日の連続性を示す例がみられる。災厄として意識される一つ目小僧が鍛冶の神が衰落したものという谷川健一の考察は、暦日の背景に金属に関する観念があったという筆者の仮説の傍証になると思われる〔谷川　一九八五：八一―八二〕。

⑥庚申信仰：　庚申から辛酉という二日間の金の干支を跨ぐという観念があり、それを重視した結果、鶏の鳴くまでという徹夜の習俗が生まれたと考えられる。二日間の金の日を跨ぐという習俗が、本土の庚申信仰、コト八日、沖縄のムーチーや鞴祭など、全国に広くみられる可能性が明らかになった。

大きな課題として、「ムーチーの分布形態の意味と暦日の新旧」、「一二月の意味」、「金の日の意味」などが挙げられる。とくに、二日間の金の日を跨ぐという習俗の意味については、ムーチーは奄美の防災儀礼であるカネサルのように、「金」による魔物を払う行事であったことが推測されている［上江洲一九九一：三一八―三二〇］［赤嶺一九九八：一一五］。しかし、これまでの琉球諸島における調査で、金の日に魔除けの意味がある、といったような認識は一例も確認できていない。さらなる調査や事例群の分析など、様々な角度から考察を加えていきたいと思う。

註

（1）かつて伊良部では男性たちが防除のため鉦を鳴らしながら村落を回ったが、現在は缶を結んだ車で巡回する［聞］。

（2）黒島からの移住後、往時からの真栄里［聞］の住民は別所に移住し、村落はほとんど黒島の人たちだけになったといわれる。現在も方言は黒島に類似し、隣接する平得［聞］とは異なるという。

（3）宮古島の狩俣と大浦、多良間島の仲筋と塩川だけにアキパライという特異な儀礼名があるが、これら離れた場所での一致は何を意味しているのだろうか。また、沖縄本島周辺離島に点在するカンカー系が示唆することも含め、今後の課題としたい。

（4）本節は、「防災儀礼における人々と来訪神による除災行為の比較――沖縄のシマクサラシ儀礼とパーントゥを事例に――」［宮平二〇一八］を加筆修正したものである。

（5）沖縄本島北部：国頭村与那［琉球大学民俗研究クラブ一九六九b：九六］、東村平良［琉球大学民俗研究クラブ一九六三：五四―五五］、名護市源河［島袋一九二九：九三―九四］、天仁屋［聞］、辺野古［聞］、宜野座村漢那［聞］）。中部：旧勝連町［福田一九六六：二九七］。南部：豊見城市真玉橋［財団法人公共用地補償機構編一九九一：二七、三六］、伊良波［聞］、旧東風平町［知念一九七六：八九〇］、旧知念村久手堅［聞］。

周辺離島：久米島町具志川［聞］、渡嘉敷村安波連［渡嘉敷村史編集委員会 一九八七：二三三］。宮古：旧平良市島尻［聞］、狩俣［聞］、池間［聞］、ムテヤ［聞］、宮積［聞］、瓦原［聞］、旧城辺町長中［聞］、旧伊良部町池間添［聞］、前里添［聞］、伊良部［聞］、仲地［聞］。八重山：石垣市宮良［琉球大学民俗研究クラブ 一九七七：七二］、大浜［聞］、川平［聞］、竹富町崎山［川平 一九九〇：一六三］、網取［聞］、船浮［聞］、古見［聞］、干立［聞］、鳩間［聞］、下地［聞］、小浜［聞］、竹富島（玻座間・仲筋）［辻 一九八六：一四九］。

(6) 実施者の性別については、除災行為は女性一三、男性一一例と、顕著な差はみられない。子供については性別が問われることはなかった。また、女性神役と男性神役は、神役という役職と限定されている点では、家柄や血筋が特定されているとも換言できようが、全体からみると四割に満たず、一般的な村人たちが行う事例が過半数を占めている。以上から、シマクサラシ儀礼の除災行為及びパーントゥに関しては、実施者の性別、血筋や家柄などは、災厄を払う上で注意すべき点ではなかったことを示唆していると考えられる。

(7) 本節は、「沖縄の歳時習俗における八日という暦日の意味と変化――十二月八日の鬼餅を事例に――」［宮平 二〇一六］を加筆修正したものである。

(8) 一七六二年、土佐藩に漂着した琉球から薩摩への楷船の使者である潮平盛成以下に、藩の儒者戸《と》部《べ》良熙《よしひろ》が尋問し、遭難の模様や各人の経歴、琉球の歴史や習慣、首里王府の政治を項目ごとにまとめたものである［沖縄大百科事典刊行事務局編 一九八三：上巻三九五］。

(9) 一九二一年一月、柳田国男による八重山調査でも、「鬼餅の風はなし」と記録されている［柳田 二〇〇九：一一五］。

(10) 本節では地域性を明確にするため、市町村名を往時からの行政区分を踏襲している場合の多い合併特例法以前の旧名のまま扱った。石川市・具志川市・与那城町・勝連町（現うるま市）、大里村・佐敷町・知念村・玉城村（現南城市）、東風平町・具志頭村（現八重瀬町）、平良市・城辺町・上野村・下地町・伊良部町（現宮古島市）。

(11) 南部において一二月七日にムーチーを行う村落が一例のみ確認できた（那覇市泉崎［沖縄県教育委員会編 一九七七：五四］）。その意味は、泉崎という村落の性格や歴史を含めて検討課題とする。

(12) 『琉球国由来記』において、主に周辺離島に鬼餅が記載され、沖縄本島にはほとんど出てこないことをもって、当時、周辺離島にだけムーチーが分布していたとするのは早計と考える。

(13) なぜ一一月七日～八日にかけて鞴祭を行う例が八重山諸島に多い理由は、今後の検討課題である。
(14) 二月八日や一二月八日というコト八日と同じ期日に、吹く強い風雪を八日吹きという［福田他編 二〇〇〇：下巻 七六九］。それは七日の夜から八日にかけて吹雪くと伝えられる地域もある［佐久間 一九八九：五五］。コト八日が七～八日という両日を意識していた例証とも考えられる。
(15) 波照間では儀礼に鶏が要されたというが、それが庚申から辛酉といった干支に関係するものなのか、今後、鞴祭に使われる動物の種類の分析も進めていきたい。
(16) 窪徳忠の調査によると、庚申の神は、多様な属性と利益をもつとされ、調査により五七もの属性が確認できたという［窪 一九九六：三五一―三五二］。滋賀県と三重県のみだが、金物屋の守り神、真鋳の神、銅鉄商の守り神など、鉄に関する祭神がみられる［窪 一九九六：三六〇］。
(17) 奄美のカネサルの事例の中には、「餅を食べた子供たちは鉄・金のように丈夫になる」といった報告がみられる［小野 一九八二：一四五］［山下 一九七四：一四九］。庚申が鉄と関係する暦日であるという意識があったことを示唆している。

終章　総括と展望

琉球諸島全域での悉皆調査で確認できたシマクサラシ儀礼の整理分析によって儀礼の実態を明らかにした上で、先行研究で提示された「シマクサラシ儀礼の供犠性」、「臨時からの定期化説」、「要される動物の意味と変遷」に関する仮説や問題の検証を行ってきた。さらに、分析の過程で展開された問題にも、新たな可能性と見解を実証的に提示してきた。それぞれの要点と課題を整理したい。

第一章では、分布、儀礼名称、目的、祈願という項目に分けて、儀礼の諸相の把握を目指した分析を行った。まず、シマクサラシ儀礼は、二〇〇二～一八年までの悉皆調査の結果、三九市町村五三五村落で確認でき、本儀礼が琉球諸島に広域的かつ高い密度で分布することが分かった。また、非分布地と文献史料を分析から、王都首里一円や王府との関係がとくに深い地域（久高島）に儀礼がみられないこと、史料にみられる王府の意図とシマクサラシ儀礼の実態が対照的であること、そして、本儀礼そのものと思われる儀礼の禁止が指示されている史料から、シマクサラシ儀礼は王府によって規制や禁止指導の対象であったと考えられる。

儀礼の名称は、（一）シマクサラシ系、（二）カンカー系、（三）シマカンカー系、（四）他の儀礼と同名系、（五）目的名称系、（六）その他の六つに分類できる。もっとも多いのが（一）シマクサラシ系で、沖縄本島北部を除いた、琉球諸島のほぼ全域で最多であった。(二) カンカー系の分布は、沖縄諸島に限られ、先島諸島にはみられない。また、沖縄本島でもとくに北部に顕著で、それが北部のシマクサラシ系の少なさの原因となっている。(三) シマカンカー系は、沖縄本島北部から中部の東海岸だけに分布している。以上の三つの名称のいずれかで呼ばれる事例が全体の八割半ば (五二五例中四四八例) を占めることから、これらがシマクサラシ儀礼を代表する名称と言える。

他の儀礼と同名系は、他の年中行事との統合による現象と把握される。その種類が、沖縄本島南部が圧倒的に多いのは、当地域でシマクサラシ儀礼と他の儀礼との統合が多く起こったことの傍証と把握できる。さらに、シマクサラシ儀礼の名称の多様性を表すように、(イ) 儀礼にみられる行動等に関する名称、(ロ) 儀礼の期日に関する名称、(ハ) 他に類をみない特異な名称なども確認できた。

シマクサラシ儀礼の代表的な儀礼名称であるシマクサラシ系とカンカー系の言葉の意味を考察した。事例の分析から、シマクサラシはシマヌクサーラという村落の端を意味する言葉が略された名称であると結論づけた。琉球諸島の北に分布するカンカー系の分布形態と、奄美諸島で鉄にまつわるカネサルという名称の防災儀礼の分布圏の近さは、カンカーという言葉が鉄に関する言葉であることを示唆していると捉えた。シマクサラシのクサラシも鉄に関する言葉であるという、上原孝三 [前嵩西 一九九六:三七] の指摘、そして、沖縄本島北部と旧佐敷町の言語や民俗の共通点などの分析などは今後の課題としたい。

儀礼の主眼は、流行病などの災厄の村落への侵入を防ぐことである (全体の一〇割弱。四八九例中四七四例)。豊作といった目的も確認できたが、そのほとんどが防災も目的としている点から、農耕儀礼や豊作祈願との統合などによって混合、あるいは付加されたと推測される。

意識される災厄の種類を分析した結果、主な災厄は流行病であることと、それ以外に霊的災厄、自然災厄、悪人といった災厄があることが分かった。また、流行病以外の災厄に焦点を当て、複合性や分布形態、他の年中行事との関連性の分析によって、悪霊は二次的に追加された新しい災厄で、それは沖縄本島南部で顕著に起こったという可能性、そして、害虫や火災は、シマクサラシ儀礼が農耕儀礼や防火儀礼と同日に行われた結果、シマクサラシ儀礼に意識されるようになった可能性などが明らかになった。

シマクサラシ儀礼に拝される場所は、①聖地、②村落の入口、③特定の某所の三つに分けられる。事例群を分析した結果、聖地のみ、村落の入口のみ、その両方で祈願が行われることが多いことが分かった。

儀礼に拝される聖地は、御嶽、祭祀場、旧家、湧泉、その他の五つに分けられる。とくに御嶽と旧家には地域的特性がみられる。御嶽を拝する割合は、沖縄本島では二～四割であるのに対し、先島諸島では宮古では八割半ば、八重山で九割半ば（二七例中二六例）と大多数を占めている。旧家を拝む例の大半が沖縄諸島で、先島諸島には僅少であった。

儀礼の祭司は、①公的神女、②神女、③男性神役、④門中の神役、⑤村落の役員、⑥ユタ、⑦旧家の戸主、⑧一般の人々の八つに分けることができ、事例数の多い上位三つは⑤村落の役員、②神女、①公的神女であった。祭司が変化した事例を分析した結果、琉球諸島全域において、変化後の祭司は村落の役員となる例が最多であることが分かった（一〇一例中八一例。全体の八割強）。シマクサラシ儀礼における祭司の変化を整理すると、「①公的神女・②神女・③男性神役→⑥ユタ・⑦旧家の代表者・⑧村落の人々・⑨古老→⑤村落の役員」という流れがあったと把握できる。

拝所によって祭司を分ける事例が一二例確認でき、沖縄本島北部と先島諸島に多い。　公的神女が祭司となり、村落の入口を拝まない点が全例に共通し、全体の七割半ばの事例に、公的神女が御嶽を拝み、他の祭司が村落の入口、畜殺場や共食場などを拝む点が共通していることが分かった。拝所を分別する事例は、公的神女が動物や防災に関する行為への関与を避けたことに起因する現象である可能性が明らかになった。

供物を分析した結果、①肉料理、②生肉、③餅、④料理、⑤米、⑥祈願道具類、⑦その他の七つに分けることができる。琉球諸島全域で過半数を占める供物が、肉料理であった。拝所によって供物を分ける事例の供物、拝所、祭司を分析した結果、公的神女が祭司となり、肉という供物を御嶽に供えないという共通点が分かった。

拝所や供物を分担する事例の分析結果を、シマクサラシ儀礼が王府の禁止や規制の対象であったという可能性［第一章―第一節―二］と照合すると、公的神女が、王府の禁ずるシマクサラシ儀礼の祭司となること、その象徴である肉を、村落の中心的な聖地である御嶽や本人の家（公的神女）に供えることに抵抗を覚えたために、肉を中心とした供物の分別が公的神女の近辺で生まれたと考えられよう。

筆者の仮説通りであれば、シマクサラシ儀礼以外の動物を使う年中行事においても、公的神女の拝所や供物の分担がみられるはずである。その調査分析は、公的神女を中心とした供物の分担が、とくに宮古に多くみられる理由を含めて、今後の課題としたい。

それから、御嶽や公的神女の家に供える供物を確認できた事例のうち、御嶽は全体の八割（九三例中七五例）、公的神女の家は九割弱（二五例中二二例）に肉が供えられており、両所に肉を供えない事例よりはるかに多く、分布圏も広いことが分かった。シマクサラシ儀礼における肉と公的神女の関係を議論する際は、儀礼における肉は普遍的な供物であり、御嶽や公的神女の家には供えないという事例は希少であるという点を踏まえる必要がある。

第二章では、シマクサラシ儀礼の防災方法と畜殺方法と場所の分析、そして、琉球諸島における動物供犠との比較を通して、儀礼の供犠性の有無を検証した。この問題を考える上で重要な、小野重朗によって提示された肉から餅へ変化したという仮説の検証と、肉と餅との関連性についての分析も行った。

まず、シマクサラシ儀礼の主眼である村落レベルの防災のために行われる方法は、①骨肉による防災、②血による防災、③呪具・供物による防災、④祭司による除災行為の四つに分けられる。儀礼の根幹をなす防災方法は骨肉を使った方法（四四九例中三八九例）であることが分かった。しかし、沖縄本島北部と八重山諸島には比較的少ないという地域的特性もみられた。

血を使った防災法及び呪具や供物による防災は八重山諸島に多くみられる。八重山に他地域に顕著な骨肉が少ないことを鑑みると、血あるいは呪具を使った方法がそれを補っていると捉えられる。

災厄を払うため、女性神役や男性、子供などが、唱え言あるいは鳴り物を鳴らしながら、村落内を巡回するという除災行為は、先島諸島の中でもとくに八重山に多くみられた。

防災のために村落入口に懸架されるものは、①骨、②肉、③骨肉、④血、⑤肉料理、⑥ムーチー、⑦枝葉、⑧その他の八つに分けられる。事例群を分析した結果、骨や肉、血が掲げられる事例が過半数を占めることが分かった。

ムーチー、枝葉など、動物の要素を持たないもの（⑥～⑧）が、それのみで吊される事例は全体の一割半ば（九八例中一四例）にとどまり、ほか八割半ば（九八例中八四例）が、骨や肉、血といった動物の一部（①～⑤）と一緒に吊される。

村落の入口に吊るされるものには、［①骨→③骨肉→②肉→⑦枝葉・⑧その他→⑤肉料理］という大きな変化の流れがあったと把握できる。④血と⑥ムーチーに関しては、別のものからこれらに変化した例が未確認であることから、変遷パターンの中での位置づけは課題としたい。

骨肉を吊る意味についての各研究者の見解を整理すると、災厄に対する、①脅威、②食べ物、③証拠の品の三つに分けることができる。吊るされるものと、その変化例を中心に、儀礼にみられる行為や儀礼名称などの分析結果も併せて、吊るされるものの意味を考察した結果、①脅威と②食べ物の反証の多さと、③証拠を支持する傍証から、防災に吊るされる骨肉や血は、災厄へ儀礼が終わったこと、肉を食べたことを示す、③証拠品であった可能性が明らかになった。①脅威や②食べ物は、後に生まれ付加された認識であると捉えられる。今回の分析結果は、小野重朗が提示した、吊るものは儀礼の証拠品であり、供犠性はないという仮説について課題として残されてきた実証的な裏付けになったと思われる。

そして、動物の畜殺の様態を「畜殺方法」、「畜殺場」、「畜殺の実施者」という項目に分けて分析した。

儀礼における畜殺方法は、儀礼的な畜殺か、普通の畜殺かの二つに分けられ、その割合は前者は九割半ば（三三三例中三二〇例）、後者は一割に満たない（三三三例中一三例）。シマクサラシ儀礼において動物が儀礼的な畜殺は希有で、そのほとんどは普段と変わりない方法で畜殺されることが分かった。

畜殺場は、特定の場所（七割半ば）、不特定の場所（一割半ば）、聖地（一割強）の三つに整理でき、特定の場所が最多であった。不特定の場所は、沖縄諸島より先島諸島に多く、沖縄本島の中では北部が比較的多かった。対して、聖地は沖縄本島だけにみられ、とくに中南部に顕著と、二つの畜殺場は相反する分布形態であった。周縁に古い民俗が残り、中心部に新しい民俗がみられるという民俗周圏論の観点から見れば、畜殺場としては不特定の場所が古く、聖地は新しいことを示唆していると捉えられるのではないか。

畜殺の実施者は、①不特定の男性（九八例）、②長（三例）、③係（一例）、⑥旧家の人（一例）の四つに分類でき、全体の九割半ばが不特定の男性で、家筋や役職、組織などが限定される事例はわずか五例であった。沖縄の農村の多く家庭では家畜が養われていることが一般的で、その畜殺や解体は家の男性が行ってきたことを鑑みれば、シマクサラシ儀礼における動物を畜殺する者は、普段の生活が反映されただけと把握できる。

本著では、供犠とは「動物などを儀礼的に屠殺し、これを神霊その他に捧げる行為」［佐々木　一九八七：二二一―二二二］という『文化人類学事典』の定義と、山下欣一が供犠の要素の一つとして提示した、動物の姿態を表した肉の供え方という指摘［山下　一九八二：二四一―二四三］を踏まえ、動物の儀礼的畜殺（要素①）、動物の様体を表す供え方（要素②）、動物本体の供進（要素③）、動物が人間の身代わりである観念（要素④）、儀礼に使う動物の飼育（要素⑤）、動物の主要部の放棄（要素⑥）、動物の選定（要素⑦）のいずれかの要素を持つ儀礼を動物供犠と捉えた。

七つの供犠的要素のいずれかを持つ事例は三九例確認できた（沖縄本島北部六、中部一二、南部一〇、周辺離島二、宮古七、八重山二例）。琉球諸島全域に散見されるが、数は少なく、シマクサラシ儀礼全体の一割に満たない（五三五例中三九例）。そして、沖縄本島中南部に事例が集中し、全体の五割半ばが当域の事例であった（三九例中二二例）。供犠的要素を持つ事例群における供犠の目的と対象、供犠が行われる場所の分析を行った。その結果、シマクサラシ儀礼にみられる供犠は防災を目的とし、災厄や神霊へ表示するために、様々な場所で行われることが分かった。

しかし、一方で、多くの疑問点が浮き彫りとなった。具体的には、供犠の目的と祭祀対象が多くの事例で不明である点、供犠の対象の中には災厄のほか、旧家の神や湧泉の神といった事例がある点、そして、供犠が行われる場所は、聖地でも村落の入口でもない、特定の広場が最多であった点などである。

また、シマクサラシ儀礼の非供犠性について、吊るすもの、吊るすものの意味、畜殺方法と場所の分析結果を踏まえて考察した。整理すると、ムーチーや呪具といった供犠性を持たないものの多くが、骨や肉と吊るされること、骨肉や血が儀礼の証拠品である可能性が高いことなどは、シマクサラシ儀礼が供犠儀礼ではない傍証と捉えられる。

さらに、「動物などを儀礼的に畜殺し」という供犠の定義［佐々木 一九八七：二二一―二二二］を鑑みても、供犠における畜殺は重要な場面であったことが分かる。シマクサラシ儀礼が動物供犠であれば、同じように畜殺に重点が置かれたと考えられる。しかし、ほとんどのシマクサラシ儀礼における動物の畜殺は、普段と同じ人が、同じ方法で、便利な場所で行われた。畜殺の方法（九割半ば）にも、場所（九割弱）にも、畜殺の実施者（九割半ば）にも、ほとんどの事例に供犠性を示唆するような重要性はみられなかった。これもシマクサラシ儀礼が供犠ではないことの傍証と捉えられる。

そして、琉球諸島における一般的な動物供犠の分布形態、その目的と祭祀対象などを分析した。

これまでの調査で確認できた三三例の動物供犠は、その目的から以下の七種類に分類できる。大怪我や重病などにより、個人の生存が危ぶまれる状態のときに、それを回避するために行われる儀礼（A型）、海上での遭難などにより、九死に一生を得た者のために行われる儀礼（B型）、非業の死を遂げた者の供養（C型）、雨乞い（D型）、神役の就任儀礼（E型）、大漁祈願（F型）、その他（G型）である。

沖縄諸島は北部と周辺離島に多い。また、沖縄本島の事例の過半数が最北端の国頭村に集中していた（七例中四例）。琉球諸島全体の約半数（一五例）が先島諸島にみられ、村落数を考慮すると沖縄諸島に比べ、先島諸島に動物供犠が多いと言える。

次に、供犠的要素を持つシマクサラシ儀礼と動物供犠の供犠性、供犠的要素の複合性、祭祀対象と場所を比較し、シマクサラシ儀礼にみられる供犠性の意味について考察した。

まず、供犠的要素が複数みられる事例の割合は、シマクサラシ儀礼は二割（三九例中八例）で、一般的な動物供犠は六割半ば（三三例中二二例）であった。動物供犠に比べ、シマクサラシ儀礼は三分の一以下と低いことは、本儀礼の供犠的要素が、新たに付加された要素であることを示していると考えられる。儀礼的畜殺の複合性に関しても、動物供犠のように複合してみられたものが簡略化し、現在の形になったのではなく、元から一つであったと思われる。ほとんどのシマクサラシ儀礼と同じように、普段と変わりなく行われていた畜殺方法が、儀礼的畜殺へと変化したと推測される。

祭祀対象については、動物供犠は九割で確認できたのに対し、シマクサラシ儀礼は過半数に満たないこと、そして、供犠の対象も、動物供犠はそれぞれの目的通りに、浜辺や御嶽などで行われるのに対し、シマクサラシ儀礼は聖地でも村落の入口でもない、重要性がみられない広場などで行われることが分かった。これは、本来、認識されていた対象が忘却され、場所の重要性も消失したのではなく、シマクサラシ儀礼が有していなかった供犠的要素が、その目的や祭祀対象が不明のまま、後から追加されたためと考えられる。

また、供犠的要素を持つシマクサラシ儀礼が、全体の一割に満たず（五三五例中三九例）、その事例及び供犠的要素の種類が多く確認できた地域は、沖縄本島北部や周辺離島、先島諸島などの周縁地域ではなく、沖縄本島中部や南部であった。これらは、供犠的要素を持たないシマクサラシ儀礼が本来の形で、供犠的要素は新しいもので、主に沖縄本島中南部で付加されていったことを示唆していると捉えられる。シマクサラシ儀礼の畜殺方法や村入口の懸架物に関する分析でも、非供犠性を示す事例が大半を占めたことも大きな傍証の一つに数えられよう［第二章―第三節―一―（二）］。

小野重朗は、シマクサラシ儀礼を含めた奄美や沖縄の動物を使う防災儀礼は、供犠化する傾向をもちながらも、本来は動物の肉を供物にし共食するだけの儀礼であるとした［小野 一九七〇：三九］。ただ、シマクサラシ儀礼における具体的な供犠的要素の指摘は行っていない。今回、シマクサラシ儀礼の実例の分析に基づき、供犠的要素が新しいものであることを実証できたと考える。

第四節では、シマクサラシ儀礼における肉と餅の関係の分析し、その結果を踏まえ、小野重朗の「肉から餅」説を検証した。

供物、吊るものでの分析を踏まえ、シマクサラシ儀礼における肉と餅の関係性を分析した結果、シマクサラシ儀礼の肉と餅は、供物として並べて供えられ、防災のために並べて懸架されることが多いことから、両者は同質のものと捉えられていたことが分かる。ただ、「肉から餅」という変化の前提条件は整っているものの、変化の実例はみられず、並置されるにとどまっている。

また、シマクサラシ儀礼に供物となる餅の八割弱（三五例中二七例）、村入口に吊される餅の全例（二〇例）は、一二月に家庭レベルで行われるムーチー儀礼に用いられる月桃の葉で包んだ餅であった。つまり、シマクサラシ儀礼における餅はムーチー儀礼との関連性が強いことが分かった。

シマクサラシ儀礼とムーチー儀礼との関連性の分析を試みた。まず、その災厄は、ムーチー儀礼は鬼という災厄を払うことを主眼としているが、それと同日に行われるシマクサラシ儀礼のうち、鬼を防災の対象とするのは一割に満たない（七二例中六例）。これは、鬼は家庭レベルで行われるムーチー儀礼に意識される災厄であって、本来は、村落レベルのシマクサラシ儀礼の災厄ではなかったことを意味している。

つまり、シマクサラシ儀礼とムーチー儀礼は、ものを吊るし、災厄を払うという点は類似するものの、変化した関係にあるものではなく、全く別の儀礼であったと考える。小野重朗は、シマクサラシとムーチーを期日が一致する事例があることから、両儀礼を同系の防災儀礼とした〔小野 一九七〇：三三二〕。しかし、両儀礼の関連性や変遷を考える場合は、類似性だけではなく、内容の類する異なる儀礼であるという観点からの分析も不可欠であろう。

もし、シマクサラシ儀礼にみられる餅が、小野重朗の指摘するような、生業や食物の価値観念の変化によるものならば、ムーチー儀礼と同日ではないシマクサラシ儀礼の中にも、餅が供えられ、村の入口に懸架されたはずである。シマクサラシ儀礼における餅は、生業の変化や食物の価値変化によって出現したものではなく、ムーチーという餅を供物とする儀礼と同日に行われたことによって、供物や防災方法に新たに追加されたものと結論づけた。

次に、先行研究を踏まえ、シマクサラシ儀礼において動物を食べる意味を分析した。その結果、肉を食べると、疫病を払い除ける力を身に付けることができるという認識があることが明らかになった。そして、特定の動物を使う理由と、力があるとされる動物の種類の分析の結果、肉の力はすべての動物ではなく、牛だけに付与された力、つまり、牛肉の力であることが明らかになった。

シマクサラシ儀礼における共食から、餅の力を分析し、小野重朗と柳田国男の指摘との比較検証を試みた。ムーチー儀礼の家族や子供の健康を願い、鬼を払うという目的や、主に子供たちが年の数だけ食べるという点、男子のために作られるチカラムーチー（力餅）という餅の名称などから、ムーチーという餅が力のある食べ物であることは明確である。その点は、柳田国男の指摘した通り、ムーチーは力を持った米の餅と言える［柳田 一九九〇b：三二八］。しかし、それはあくまでも一二月の家庭レベルのムーチー儀礼の中の話で、その力がシマクサラシ儀礼の中でも発揮されることはなかった。その傍証として、シマクサラシ儀礼においてムーチーを村レベルで共食する事例が少ないこと（七二例中一六例）、そのムーチーに力があるという認識は皆無であることなどが挙げられる。

小野重朗は、力を持つ食べ物は、狩猟民から畑作民、稲作民という生活の変化によって、「牛の肉→穀物の団子→米の餅」へと変化したという［小野 一九八二b：四五五―四五六］。シマクサラシ儀礼の餅を共食する事例は一六例と非常に少なく、うち一三例が肉と一緒に食べられていることから、シマクサラシ儀礼における餅は肉と並置されたが、小野の指摘したように変化することはなかった。そして、餅を共食するシマクサラシ儀礼のほとんどが一二月のムーチー儀礼と同日であることから、シマクサラシ儀礼における餅は生活の変化によって肉から変化したものではなく、餅を供物とするムーチー儀礼との接触によって、新たに追加されたものと捉えられる。今後の課題として、ムーチー儀礼の実態を含め、琉球諸島における餅を要する年中行事や通過儀礼、地域的特性などの調査が挙げられる。その整理分析によって、琉球諸島における餅や肉の意味を熟考したい。

第三章では、シマクサラシ儀礼の期日の実態を明らかにし、従来の報告との比較を行い、その分析結果を踏まえ、小野重朗によって提示された、臨時に行われるシマクサラシ儀礼が古く、後に定期化したという仮説の検証を行った。

第一節では、悉皆調査により確認できた事例群を実施月、年間実施回数、複数年周期、暦日、臨時に行う事例という項目ごとに分析した上で、従来の報告の検証を行った。まず、実施月は、沖縄本島では、北部では一二月、中部と南部は二月と八月と、集中する月に地域的特色がみられる。周辺離島は一、三、四、九、一一月など、他地域に例の少ない月に儀礼がみられる点が特徴であった。宮古諸島で事例が多いのは六月、八重山諸島では一〇月に多い。同じ先島諸島でも、集中する月が宮古と八重山で異なり、その集中度も八重山の方が高い。あと、月によって数の多少はあるものの、全ての月に事例がみられることが明らかになった。琉球諸島において、これほど実施月にバリエーションのある、村落レベルの年中行事は類を見ない。

年間実施回数は、年に一～四回と、特定年数に一回の五つに分けることができる。数の多い順に並べると、一回（三八七例）、二回（六一例）、三回（一九例）、特定年数に一回（六例）、四回（一例）となる。琉球諸島全域において圧倒的に多いのが年一回であった。次に多いのが二回で、沖縄本島中部と八重山に比較的多くみられる。二年、三年、六年といった周期に一回行う事例は五例と少なく、すべて沖縄本島の事例であった。

シマクサラシ儀礼の暦日は、吉日、定日、上旬、十干、十二支、干支、六曜、二十四節気の八つに整理できる。とくに、十干、干支の分析結果と、地域的特徴が注目できる。十干に行う事例は、沖縄本島中南部、先島諸島にみられ、沖縄本島北部と周辺離島にはみられない。十干よりも、その元素となる五行への意識が強いことを示唆する事例がみられた。

干支に行う例は、先島諸島のみにみられ、沖縄諸島には皆無であった。奄美諸島のカネサルは、旧暦一〇月頃の庚申の日に行われ、動物を用いる防災方法はシマクサラシ儀礼に類似している。しかし、シマクサラシ儀礼に庚申の例は皆無で、暦日の上での関連性は見出せなかった。

特定の十干や干支に行われる意味を考察した。十干の分析で、カネの日である庚が最多であることは、奄美のカネサルが庚申の日に行われること、沖縄のムーチーが庚の日に行われていたことから、カネの日（庚）には災厄を払う力があるという指摘の例証になると考えられる［上江洲 一九九一：三一八—三二〇］［赤嶺 一九九八：一一五］。

しかし、十干全体を占める割合は四割に満たず、カネの日への執着が特段に多いわけではない。地域別にみると、カネの日が最多なのは八重山諸島だけで、他地域ではツチやヒの日の方が多い。干支の分析でも、カネの日（庚・辛）を含む干支は二村落（八重山）で、ミズの日（壬・癸）やヒの日（丙・丁）の方が多かった。このことから、シマクサラシ儀礼においては、カネの日（庚・辛）に防災の認識があるとは断言できない。広域的かつ多くの村落の年中行事や、各十干・十二支・干支への認識を示す事例の収集が今後の課題となる。

疫病が当村落や他地域で流行した際に臨時に行われるシマクサラシ儀礼は、三七例確認できた。定期的な事例（四七八例）に比べると非常に少ない。沖縄諸島の周辺離島に顕著で、その数は全体の四割を占める。シマクサラシ儀礼が確認できた村落数自体が六地域で最少であることを鑑みると、当地域の臨時の事例の多さが、より浮き彫りとなる。また、シマクサラシ儀礼の主眼は防災であり、流行病や火、害虫、悪霊などが意識されるが、臨時のシマクサラシ儀礼に意識される災厄はすべて流行病であることが分かった。

儀礼の実施月は、主に二月に行われ、その他の月もあると報告されてきたが、それは沖縄本島中南部の特徴で、しかも事例数がほぼ同じである八月を欠いた説明となる。主に二月に行われるという説明に、沖縄本島北部、周辺離島、宮古諸島、八重山諸島は含まれていない。中南部の特徴の一部をもって、沖縄におけるシマクサラシ儀礼の実施月とは言えないであろう。本儀礼の実施月を言及する際には、具体的な地域的特性を示す必要があると考える。

シマクサラシ儀礼は偶数月が多いのは、年に六回、特定の干支に合わせて行われていたものが、略された結果であるという小野重朗の仮説の検証を行った［小野一九七九：一六］。事例群を偶数月と奇数月に分類した結果、全体の二割を占める奇数月の数は留意する必要があるが、小野の指摘通り、琉球諸島のほぼ全域で、偶数月が多いことが分かった。

年間回数は最多で四回（一例）で、年六回という事例は未確認である。回数の変化例はいずれも減少したという例で、そのうち、実施月が確認できた四例中三例は、複数の偶数月からの減少であった。数は限られているが、複数の偶数月から略化し、減少したという小野重朗の仮説の例証と捉えられる。

そして、小野重朗は特定の干支と偶数月を関連付けたが、庚申を含めた特定の干支が偶数月に当たるとは限らないことが分かった。その点で、小野の仮説には問題があると言えることから、シマクサラシ儀礼の実施月には偶数月が多いものの、それが干支との関連性に起因しているとは現時点では考えにくい。今後、四月や六月などの農繁期が略されたという仮説の検証を含め、偶数月と干支の関連性を慎重に考察する必要がある。

第二節では、臨時に行われるシマクサラシ儀礼に焦点を当て、先行研究で提示された、臨時なものが古く、後に定期化したという仮説の検証を試みた。

まず、臨時に行われるシマクサラシ儀礼は、沖縄本島とは海を隔てた周辺離島、架橋に本島と陸続きとなった離島、そして、沖縄本島では最北端の国頭村に事例が多くみられることが分かった。これを民俗周圏論［小野一九九六：一七］の観点から見た場合、時代とともに周縁に残ったと推測される臨時のシマクサラシ儀礼が、定期の儀礼より古いと考えられる。ここで初めて、臨時の防災儀礼が定期化したという仮説が成り立つ前提となる根拠が揃ったと言えよう。

臨時から定期化したという小野の仮説の実例は二例確認できた。また、月ではなく、流行病の蔓延しそうな時期を実施の基準とした事例は、儀礼が臨時から定期化した後の名残とも捉えられる。さらに、シマクサラシ儀礼は一〜一二月の全ての月にみられるという分析結果［第三章—第一節］は、琉球諸島の他の村落レベルの年中行事には類をみない特質と言える。この実施月の多様なバリエーションそのものが、かつて、臨時に行われていたシマクサラシ儀礼が、村落によって様々な月に定期化したことの重要な傍証と把握できる。

しかし、同じ村落で臨時と定期のシマクサラシ儀礼が併行されるという事例（八例）から、別の可能性が浮かび上がってきた。事例群を分析した結果、定期と臨時のシマクサラシ儀礼が併存していること、その過半数（八例中六例）で両儀礼の共通点より相違点の方が圧倒的に多いことから、これら定期のシマクサラシ儀礼は、臨時から変化したのではなく、臨時とは別に現れ、行われるようになったと考えられる。シマクサラシ儀礼を臨時に行っていた後に、定期的にも行うようになり、その後、両儀礼の間の名称、動物、災厄の種類、防災方法、意識などが、分化していった可能性も留意し、定期と臨時のシマクサラシ儀礼の問題を考察していきたい。

第四章では、シマクサラシ儀礼における動物の種類、動物の変遷の分析結果を踏まえ、要される動物の変遷と意味について考察を行った。

第一節では、儀礼に使われる動物の種類を分析した。シマクサラシ儀礼全体の九割強（五三五例中四九三例）において、共食、防災、供物のために動物が使われることが分かった。その割合は全地域で過半数を超え、動物はシマクサラシ儀礼の根幹をなす要素と言える。

村落によって、牛、馬、豚、山羊、鶏などの家畜が使われ、地域的特性があること分かった。とくに、沖縄本島では、北部から南部に行くにつれて牛の割合が高くなり、逆に、南部から北部につれて豚の割合が高くなる。

同じ島でありながら、北部と南部では牛と豚の割合が二倍近く異なる。先島諸島では、宮古では一〇割弱が豚であるのに対し、八重山は、唯一、馬がみられるなど、特定の動物への集中度が琉球諸島で最も低く、動物のバリエーションが豊富であった。

シマクサラシ儀礼に用いられる動物が変化した事例群を分析した結果、牛が最も古く、豚や山羊、そして鶏へという変化の流れがあったことが明らかになった［牛→豚・山羊→鶏］。小野重朗の提示した［牛→豚→山羊→鶏］とは、牛が最も古く、鶏が最も新しい動物である点は合致している。小野は豚が山羊より古いと捉えているが、その新旧を明らかにできなかった部分は、今後の課題としたい。

第二節では、シマクサラシ儀礼において動物が変遷した理由を考察した。儀礼における動物が変化した理由や年代、『羽地仕置』にみる牛の畜殺禁止の効果、沖縄本島における牛の割合などの分析から、シマクサラシ儀礼における動物の変化は、原田信男が指摘したような王府などの外部からの圧力によってではなく［原田二〇一二a：一四六―一四七］、村落内部の経済的理由より近年に生じたと推測される。

今後の課題として、馬や猪、魚などの希少な事例を、［牛→豚・山羊→鶏］の中のどこに位置づけられるかという問題が挙げられる。とくに馬は変化例がなく、数も少ない上に分布圏は石垣島だけに限られているが、馬の歴史や人々との関係を考える上でも明らかにしなければならない。

第三節では、小野重朗の提示した、牛は聖獣であるために防災儀礼に要されたという仮説の検証を中心に、特定の動物が要される意味について考察した。

まず、シマクサラシ儀礼において使う意味が確認できた動物、容姿が規定されている動物、執着心が強くみられる動物のいずれも牛が最多であることは、本来、シマクサラシ儀礼に使われる意味が存在した動物は牛だけであったことを示していると考えられる。シマクサラシ儀礼の由来譚における言葉を喋る牛という話型の多さと、牛以外の動物が主人公となる話型がないことは、牛の聖性を示す傍証と把握できる。

特定の動物を使う理由は七つに整理できるが、その中で根幹となるのが、動物の容姿や性格が防災につながるため、という認識であったと思う。それを土台にしなければ、肉の匂いや、肉を食べることにより得られる効能は生まれ得ないと考えられる。

そして、動物の容姿や性格が理由とされる動物が、すべてが牛であることは重要と考える。これは、シマクサラシ儀礼に使われる動物の中では、牛だけに神秘的な力があると捉えられていたことの傍証である。実際の事例分析に基づき、小野の仮説の実証的な裏付けを確認することができた。

小野重朗は、牛が聖なる動物と考えられるようになった理由は言及していないが、牛の容姿や性格に起因した可能性が今回の分析で明らかになった。牛の容姿や性格に神秘的な力を感じ、その肉を食べ、防災方法に使うと、災厄を払い除けることができるという認識があったと考えられる。

それから、小野は、牛以外の動物を単なる代用と捉えたが、分析の結果、山羊だけは特別な代用であった可能性が明らかになった。その根拠として、動物を使う意味を確認できた動物は、山羊が比較的多いこと（牛一三、豚五、山羊三）、肉の匂いや、効能に関する意味付けと、容姿に関する規定が確認できた動物は、牛以外の動物は山羊だけであったことが挙げられる。このことから、山羊は、その容姿や性格の類似点から、牛の持つ神秘的な性質を補え得る唯一の動物であり、山羊にみられる容姿や肉の性質に関する意味付けは、牛から移ったものと結論づけた。

第五章では、これまで琉球諸島におけるシマクサラシ儀礼の悉皆調査から展開された、大きく四つの問題に事例分析に基づいた考察を試みてきた。

第一節では、カンカーという儀礼名称の分布形態と事例分析から、当該名称が鉄を意味する言葉であることと、一四、五世紀頃の沖縄への鉄の流入と本儀礼の伝播に密接な関連性があった可能性を提示した。第二節では、名称の地域的特性から、シマクサラシ儀礼には大きく二つの同内容の異なる儀礼が存在すること、両儀礼が伝播する過程で緩衝、融合が起こった可能性を明らかにした。第三節では、宮古島島尻にみられるパーントゥという仮面神と、シマクサラシ儀礼にみられる除災行為の構成要素を比較し、パーントゥは島尻のシマクサラシ儀礼の中で祭司により執り行われていたものが変化した形であるという結論に至った。第四節では、日本全国レベルの習俗における八日という暦日の起源を、沖縄諸島の鬼餅の分析を中心に、当日が鉄の日を意味する庚と辛からの変化であることを証明し、二日間の金の日を跨ぐという習俗が暦日の類する琉球諸島の鞴祭り、日本本土のコトヨウカや庚申信仰と、日本全国に広くみられることを明らかにした。

広域的な実地調査から地域的特性の意味を考察するという周圏論を視座とした調査方法は、日本民俗学の基礎的な研究手法であったが、その実証的な検証は課題として残され続けてきた。本書は具体的な民俗事象を事例に周圏論（民俗周圏論）の検証を実施し、事例群の整理分析を通して多くの問題が展開され、新たな見解を提示できたことなど、民俗学の研究手法が持つ現代的な可能性を提示した点は研究手法の再検討という意味においても、日本及び沖縄の民俗研究のみならず、関連分野の研究の発展にも少なからず貢献できたと考える。

今後、各章に残された課題をシマクサラシ儀礼のほか、村落・門中・家庭レベルにおける動物を要する儀礼の悉皆調査と分析、そして、県内外における農業や家畜、歴史に関する分析からもアプローチし解明していきたい。

参考文献

赤嶺政信 一九九八『シマの見る夢』ボーダーインク
朝岡康二 一九九三『日本の鉄器文化』慶友社
安里和子 一九七九「『もの言う牛』試論」沖縄民話の会編集委員会編『沖縄民話の会会報』第六号
新垣平八、諸見清吉共編 一九五六『伊平屋村誌』伊平屋村役所
安良城盛昭 一九八〇『新・沖縄史論』沖縄タイムス社
安渓遊地 二〇〇七『西表島の農耕文化』法政大学出版局
飯田道夫 一九八九『庚申信仰 庶民宗教の実像』人文書院
伊江村史編集委員会編 一九八〇『伊江村史』上巻 伊江村
池間栄三 一九五七『与那国島誌』琉球新報社
石垣市総務部市史編集室 一九九七『村むら探訪――安良の歴史・生活・自然――』石垣市史巡検 vol.五 石垣市
糸数字誌編集委員会編 二〇一二『糸数字誌』糸数公民館
糸満市史編集委員会編 二〇一一『糸満市史――村落資料：旧兼城村編――』糸満市役所
稲福盛輝 一九九五『沖縄疾病史』第一書房
伊波普猷 一九二七「朝鮮人の漂流記に現れた一五世紀末の南島」『史学雑誌』三八―一二
伊良部村史編纂委員会編 一九七八『伊良部村史』伊良部村役場
上江洲均 一九九一「ムーチー（鬼餅）」沖縄タイムス社編『おきなわの祭り』沖縄タイムス社

上江洲均二〇〇八『沖縄の祭りと年中行事』榕樹書林
植松明石一九七八「八重山の年中儀礼」法政大学沖縄文化研究所編『沖縄文化研究』五
W・P・リーブラ（崎原貢、崎原正子訳）一九七四「沖縄の宗教と社会構造」弘文堂
浦添市史編集委員会一九八三『浦添市史』第四巻資料編三（浦添の民俗）
浦添市史編集委員会一九八九『浦添市史』第一巻通史編 浦添のあゆみ 浦添市教育委員会
遠藤庄治編二〇〇五『本部町の民話』下巻・伝説編本部町教育委員会発行
大城學一九八八「宮古のパーントゥ」沖縄県教育委員会文化課編『沖縄県教育委員会文化課紀要』第五号 沖縄県教育委員会
大城學二〇〇三『沖縄の祭祀と民俗芸能の研究』砂子屋書房
岡本恵昭二〇一一『宮古島の信仰と祭祀』第一書房
沖縄県宜野湾市教育委員会文化課編一九九四『真志喜森川原遺跡』宜野湾市教育委員会
沖縄県教育委員会編一九七七『沖縄県民俗分布図』沖縄県教育委員会
沖縄県教育委員会編一九八一「羽地仕置」「法式」『沖縄県史料』前近代一
沖縄県教育庁文化課一九九七『沖縄県の祭り・行事――沖縄県祭り・行事調査報告書――』沖縄県文化財調査報告書第一二七集 沖縄県
沖縄県教育庁文化財課史料編集班編二〇一八『沖縄の民俗資料（上巻・下巻）』沖縄県史研究叢書一八 沖縄県教育委員会
沖縄県立芸術大学附属研究所編二〇〇六『鎌倉芳太郎資料編（ノート偏）』第二巻（民俗・宗教） 沖縄県立芸術大学附属研究所
沖縄県土地調査事務局編一九七六『沖縄県市町村別大字・小字名集』
沖縄国際大学総合文化学部社会文化学科アジア文化ゼミ二〇〇四『みんぞく』第一六号
沖縄国際大学南島文化研究所一九八一『沖永良部島調査報告書――地域研究シリーズNo.2――』

沖縄市立郷土博物館 二〇〇五『池原の伝承をたずねて』沖縄市文化財調査報告書第三一集
沖縄大百科事典刊行事務局編 一九八三『沖縄大百科事典』沖縄タイムス社
沖縄民話の会編集委員会 一九七九『沖縄の民話資料――子どものための民話――』第二集
小野重朗 一九七〇「肉と餅との連続――供犠儀礼について――」日本民俗学会編『日本民俗学』第七一号
小野重朗 一九七七『神々の原郷――南島の基層文化――』法政大学出版局
小野重朗 一九七九「コトとその周圏」日本民俗学会編『日本民俗学』第一二〇号
小野重朗 一九八一「ドンガ・トモチ考」沖縄文化協会編『沖縄文化』五五
小野重朗 一九八二a「加計呂麻島の神祭り」『奄美民俗文化の研究』法政大学出版局
小野重朗 一九八二b「牛――ツクリモノ・精霊・供犠」『奄美民俗文化の研究』法政大学出版局
小野重朗 一九八二c「奄美のカネサル――庚申信仰・山の神・祖霊」『奄美民俗文化の研究』法政大学出版局
小野重朗 一九八二d「南島浜下りの諸伝承」『奄美民俗文化の研究』法政大学出版局
小野重朗 一九九四「民俗の周圏構造――南九州にて（日本民俗学の回顧と展望）」日本民俗学会編『日本民俗学』二〇〇号 日本民俗学会
小野重朗 一九九六「民俗研究の方法」『増補農耕儀礼の研究』第一書房
大島建彦 一九五六「庚申と二十三夜」『日本民俗学』一一
大島建彦編 一九八九『コト八日』岩崎美術社
賀数基栄 一九七八「我如古部落民俗調査報告」沖縄民俗学会編『沖縄民俗研究』創刊号
嘉手納宗徳編訳 一九七八『球陽外巻 遺老説伝』沖縄文化史料集成六 角川書店
嘉手納町史編纂委員会 一九九〇『嘉手納町史』資料編二民俗資料
角川日本地名大辞典編纂委員会編 一九八三『角川日本地名大辞典――四六 鹿児島県――』角川書店
角川日本地名大辞典編纂委員会編 一九八六『角川日本地名大辞典――四七 沖縄県――』角川書店
川平永美述・安渓遊地・安渓貴子編 一九九〇『崎山節のふるさと――西表島の歌と昔話』ひるぎ社

亀井秀一 一九九〇『竹富島の歴史と民俗』角川書店
喜舎場永珣 一九七七『八重山民俗誌』上巻・民俗篇
宜野湾市史編集委員会 一九八五『宜野湾市史』第五巻 資料編四 民俗 宜野湾市
宜保栄治郎 一九八三「パーントゥ」沖縄大百科事典刊行事務局編『沖縄大百科事典』沖縄タイムス社
球陽研究会、鄭秉哲原編 一九七四『球陽』角川書店
球陽研究会編 二〇一一『球陽』角川学芸出版
窪徳忠 一九七四『増補新訂沖縄の習俗と信仰――中国との比較研究――』窪徳忠著作集四 第一書房
窪徳忠 一九八〇『庚申信仰の研究』下巻 第一書房
窪徳忠 一九九六『新訂 庚申信仰の研究』上巻 第一書房
窪徳忠 一九九八『新訂 庚申信仰の研究』島嶼篇 第一書房
久米島西銘誌編集委員会 二〇〇三『久米島西銘誌』久米島町
桑江克英［訳註］一九七一『球陽』三一書房
小花波平六 一九八八「庚申信仰研究のあゆみと展望」小花波平六編『庚申信仰』雄山閣出版
蔡鐸（原田禹雄訳注）一九九八『蔡鐸本中山世譜』（現代語訳）琉球弧叢書四 榕樹書林
財団法人公共用地補償機構編 一九九一『真玉橋の聖地と祭祀』公共用地補償機構
崎原恒新 一九七五「沖縄県の時習俗」崎原恒新、山下欣一共著『沖縄・奄美の時習俗』明玄書房
佐喜真興英 一九八二『女人政治考・霊の島々』新泉社
崎山誌編集委員会 一九八九『崎山誌』
佐久間惇一 一九八九「師走八日とオッカナの晩」大島建彦編『コト八日――二月八日と十二月八日――』岩崎美術社
櫻井徳太郎 二〇〇〇「八重山における近代化と民俗宗教の変容」『沖縄八重山の研究』法政大学沖縄文化研究所
佐々木宏幹 一九八七「供犠」石川栄吉［他］編『文化人類学事典』弘文堂
佐敷町史編集委員会編 一九八四『佐敷町史』二巻民俗編 佐敷町役場

佐敷町文化財保護委員会 一九八六『佐敷町の文化財』佐敷町文化財III
佐藤純子 二〇一三「来訪する神の再解釈――沖縄県宮古島市島尻の仮面祭祀「パーントゥ」を事例として（民族藝術学の諸相）」民族芸術学会編『民族芸術』二九 民族藝術学会
佐藤善五郎 一九八一「粟国島のマースヤーとウフジャーター」『沖縄芸能史研究』五 沖縄芸能史研究会
島尻勝太郎 一九八九「宮古の名子について」沖縄文化編集所編『沖縄文化――沖縄文化協会創設四〇周年記念誌――』
島袋源七 一九二九『山原の土俗』郷土研究社
島袋全發 一九四一「琉球の年中行事」式場隆三郎編『琉球の文化』昭和書房
首里王府編著（諸見友重訳注）二〇一一『訳注中山世鑑』琉球弧叢書二四 榕樹書林
城間武松編 一九九一「鉄と琉球」谷川健一編『金属の文化誌』三一書房
曺圭憲 二〇〇七『「コト八日」の祭祀論的研究』早稲田大学大学院 人間科学研究科 博士（人間科学）学位論文
平良勝保 一九八四「近世末期宮古における名子の増大をめぐる問題」地域と文化編集委員会編『地域と文化』第二八号
高嶺亨 二〇〇八『沖縄におけるアブシバレー儀礼の研究』沖縄国際大学大学院修士論文（未公刊）
高良倉吉 一九八九「解題（産物方日記）」琉球王国評定所文書編集委員会編『琉球王国評定所文書』二
沢岻字誌編集委員会 一九九六『字誌たくし』
谷川健一 一九八三「鉄文化の南下をめぐって」大林太良他編『沖縄の古代文化』小学館
谷川健一 一九八五「青銅の神の足跡」『谷川健一著作集』五 三一書房
玉木順彦 一九九六「宮古島北部村落にみる祭祀の変遷――ウヤガン祭を中心に――」『近世先島の生活習俗』ひるぎ社
知念善栄編 一九七六『東風平村史』東風平村
辻弘 一九八六『竹富島いまむかし』辻理容所
竹富町史編集委員会編 二〇一一『竹富町史』第三巻 小浜島竹富町役場
竹富公民館編 二〇一一『竹富公民館祭事・行事表（平成二三年度）』（未公刊）

田里友哲 一九八三『論集　沖縄の集落研究』離宇宙社
田代安定 一九四五『沖縄結縄考』至言社
多良間村史編集委員会編 一九九三『多良間村史』第四巻 資料編三（民俗）多良間村
多良間村史編集委員会編 一九九五『多良間村史』第六巻資料編五（多良間の系図家譜並に謹書・古文書・御嶽・古謡）多良間村
多和田真淳 一九七二「民間行事と呪術的療法」琉球政府『沖縄県史』第二三巻各論編一〇 民俗一
津波古字誌編集委員会編 二〇一二『津波古字誌』字津波古自治会
渡嘉敷村史編集委員会 一九八七『渡嘉敷村史』資料編
知念村教育委員会 一九八五『知念村の年中行事』知念村教育委員会
津波高志［他］著 一九八二『沖縄国頭の村落』下巻
渡嘉敷村史編集委員会 一九八七『渡嘉敷村史』資料編 渡嘉敷村
渡名喜村編 一九八三『渡名喜村史』下巻渡名喜村
中城村教育委員会 二〇〇三『中城村の拝所』中城村の文化財第五集
中鉢良護 一九九三「王府の暦をめぐる諸問題」『沖縄文化』第二八巻一号（第七七号）
仲程正吉 一九七〇『国頭村の今昔』沖縄風土記刊行会
仲松弥秀 一九九〇『神と村』梟社
中村生雄 一九九九「供犠」福田アジオ他編『日本民俗大辞典』上巻 吉川弘文館
中本正智 一九八一『図説琉球語辞典』金鶏社
名護市史編纂室 二〇〇三『名護市史――民俗Ⅲ民俗地図――』本編九
那覇市企画部市史編集室 一九七九『那覇市史』資料篇第二巻中の七 那覇の民俗
西原町史編纂委員会 一九八四「中山家文書――内間東江御殿御祭之次第――」『西原町史』第二巻資料編一 西原町役場

西原町史編纂委員会 一九八九『西原町史』第四巻 資料編三 西原の民俗　西原町役場
根間玄幸 二〇〇〇「大神島」谷川健一編『日本の神々――神社と聖地』第一三巻
野本寛一 一九九三「コト八日」『言霊の民俗』人文書院
野本寛一 二〇〇九「コト八日の民俗世界」柳田國男記念伊那民俗学研究所編『伊那民俗研究』一七
南風原町史編集委員会 二〇〇二『南風原町史』第五巻 考古編
南風原町誌編集委員会編 二〇〇三『南風原シマの民俗』南風原町史第六巻 民俗資料編
萩原左人 二〇〇九「肉食の民俗誌」古家信平・小熊誠・萩原左人共著『日本の民俗 一二　南島の暮らし』吉川弘文館
萩原左人 二〇一三「宮古島友利のスマフサラ儀礼」『沖縄民俗研究』三一　沖縄民俗学会
浜田泰子 一九九二「南島の動物供犠――境界祭祀シマクサラシを中心に」赤坂憲雄編『供犠の深層へ』新曜社
原田禹雄訳註 一九九五『陳侃　使琉球録』榕樹社
原田信男 二〇一二a「招福儀礼としてのハマエーグトゥ」原田信男・前城直子・宮平盛晃共著『捧げられる生命――沖縄の動物供犠――』お茶の水書房
原田信男 二〇一二b「沖縄における動物供犠」原田信男・前城直子・宮平盛晃共著『捧げられる生命――沖縄の動物供犠――』お茶の水書房
比嘉春潮 一九五九「沖縄　年中行事」大間知篤三他編『日本民俗学大系』第一二巻　平凡社
比嘉春潮 一九七一「座談会沖縄」『比嘉春潮全集』第三巻文化・民俗篇　沖縄タイムス社
比嘉政夫 一九七三「年中行事」琉球政府編『沖縄県史』第二三巻 各論編一一 民俗二　沖縄県教育委員会
比嘉実 一九九一『古琉球の思想』沖縄タイムス
比嘉康雄 一九九〇『神々の古層――来訪する鬼〔パーントゥ・宮古島〕――』四　ニライ社
平良市教育委員会編 一九八五『島尻のパーントゥ調査報告書――国選択無形民俗文化財記録作成――』平良市教育委員会
平良市史編纂委員会編 一九八七『平良市史』第七巻資料編五　民俗・歌謡　平良市教育委員会

平良市史編纂委員会編 一九九四『平良市史』第九巻資料編七（御嶽編）平良市教育委員会
福田アジオ［他］編 一九九九（上巻）・二〇〇〇（下巻）『日本民俗大辞典』吉川弘文館
福田恒禎 一九六六『勝連村誌』勝連村
福地曠昭 一九八九『沖縄の鍛冶屋』海風社
夫馬進編 一九九九『増訂 使琉球録解題及び研究』榕樹書林
平安座自治会編 一九八五『平安座自治会館新築記念故きを温ねて』
外間守善・波照間永吉編 一九九七『定本琉球国由来記』角川書店
外間守善、・波照間永吉編著二〇〇二『定本おもろさうし』角川書店
前嵩西一馬 一九九六『沖縄における豚の儀礼的意味についての民族誌的考察――沖縄県与那城町屋慶名の事例を通して――』早稲田大学大学院 人間科学研究科 生命科学専攻修士論文（未公刊）
牧野清 一九六八『八重山の明和大津波』牧野清
牧港字誌編集委員会 一九九五『牧港字誌』浦添市牧港自治会
水野修二〇〇二『徳之島むんがたり集』一 潮風出版
源武雄 一九七二「沖縄の風土・歴史と民俗」琉球政府編『沖縄県史』第二三巻 各論編一〇 民俗一
宮城真治 一九二六『山原――その村と家と人』名護市役所
宮城真治 一九九四「神の島、古宇利」今帰仁村歴史文化センター準備室編『なきじん研究』四
宮里正光編 一九七九『具志川部落史』久米島新聞社
宮古島市教育委員会文化振興課編 二〇一〇『与世山親方宮古島規模帳』
宮平盛晃二〇〇四「沖縄における《シマクサラシ儀礼》の民俗学的研究」奄美沖縄民間文芸学会編『奄美沖縄民間文芸学』四
宮平盛晃二〇〇六「沖縄における家畜の供犠――《シマクサラシ儀礼》をめぐって――」『東北学――特集〈家畜とペット〉――』第九巻 東北芸術工科大学東北文化研究センター

参考文献

宮平盛晃 二〇〇八a「史料にみるシマクサラシ儀礼――仲尾次政隆関係資料、『琉球国由来記』から――」沖縄民俗学会編『沖縄民俗研究』二六
宮平盛晃 二〇〇八b「沖縄における《シマクサラシ儀礼》の名称に関する一考察――シマクサラーとカンカーという言葉の意味について――」アジア民族文化学会編『アジア民族文化研究』七
宮平盛晃 二〇一二a「除厄儀礼としてのシマクサラシ」原田信男・前城直子・宮平盛晃共著『捧げられる生命――沖縄の動物供犠――』お茶の水書房
宮平盛晃 二〇一二b「シマクサラシの分布と現況」原田信男・前城直子・宮平盛晃共著『捧げられる生命――沖縄の動物供犠――』お茶の水書房
宮平盛晃 二〇一三「琉球諸島における動物・防災儀礼《シマクサラシ儀礼》の名称に関する研究――悉皆調査による新たな展開と問題――」『日本民俗学』二七六号日本民俗学会
宮平盛晃 二〇一五a「琉球諸島における《シマクサラシ儀礼》の期日に関する研究――事例群の分析と先行研究との比較検証を中心に――」沖縄国際大学総合学術学会『沖縄国際大学総合学術研究紀要』一八巻一号（通巻二四号）
宮平盛晃 二〇一五b「琉球諸島における《シマクサラシ儀礼》の定期仮説の検証」琉球大学国際沖縄研究所『国際琉球沖縄論集』第四号
宮平盛晃 二〇一六「沖縄の歳時習俗における八日という暦日の意味と変化――十二月八日の鬼餅を事例に――」日本民俗学会編『日本民俗学』第二八六号
宮平盛晃 二〇一七「琉球諸島における《シマクサラシ儀礼》の暦日に関する研究――他の年中行事との比較と実在しない干支の意味――」沖縄文化編集所編『沖縄文化』五〇号巻二（一二〇）
宮平盛晃 二〇一八「防災儀礼における人々と来訪神による除災行為の比較――沖縄のシマクサラシ儀礼とパーントゥを事例に――」沖縄文化編集所編『沖縄文化』一二二号沖縄県立芸術大学附属研究所
六車由実 一九九六「柳田民俗学における「自己」と「他者」――「米」と「肉」の対照性をめぐって」日本思想史学会編『日本思想史学』二八

六車由実二〇〇三『神、人を喰う――人身御供の民俗学――』新曜社
本永清二〇〇〇「宮古島」谷川健一編『日本の神々――神社と聖地』第一三巻
本林靖久二〇〇一「来訪神祭祀の世界観――宮古島・島尻のパーントゥの事例から」『宗教民俗研究』一一日本宗教民俗学研究会
森栗茂一一九八四「伝播技術独占の結果としての伝承――沖縄の奥間鍛治屋伝承と鞴祭」『日本民俗学』一五四号
柳田国男一九八九a「掛神の信仰について」『柳田国男全集』第五巻　ちくま文庫
柳田国男一九八九b「一目小僧その他」『柳田国男全集』第六巻　ちくま文庫
柳田国男一九八九c「海南小記」『柳田國男全集』第一巻　筑摩書房
柳田国男一九八九d「鼠の浄土」『柳田國男全集』第一巻　筑摩書房
柳田国男一九九〇a「民間暦小考」『柳田國男全集』第一六巻　筑摩書房
柳田国男一九九〇b「食物と心臓」『柳田國男全集』第一七巻　筑摩書房
柳田国男一九九〇c「日本の祭」『柳田國男全集』第一三巻　筑摩書房
柳田国男一九九〇d「二十三夜塔」『柳田國男全集』第一六巻　筑摩書房
柳田国男二〇〇九『南島旅行見聞記』酒井卯作編森和社
八木康幸二〇〇〇「道切り」福田アジオ［他］編『日本民俗大辞典』下巻　吉川弘文館
山下欣一一九六九「南島における動物供犠――心覚えとして――」南島研究会編『南島研究』第一〇号
山下欣一・湧上元雄一九七四『沖縄・奄美の民間信仰』明玄書房
山下欣一一九八二「南島の動物供犠について――文化人類学的視点から――」國學院大學編『國學院雑誌』八三―一一
山下欣一一九九八『南島説話生成の研究――ユタ・英雄・祭儀――』第一書房
山城浩編一九七二『小浜島誌』小浜島郷友会
山城正夫二〇〇六『シマの民俗――石川市山城――』中巻コロニー印刷
ヨーゼフクライナー一九七七「南西諸島の神観念と他界観」『南西諸島の神観念』未来社

参考文献

吉成直樹 一九九五『マレビトの文化史』第一書房
読谷村史編集委員会編 一九九五『読谷村史』第四巻資料編三（読谷の民俗上）
琉球王国評定所文書編集委員会編 二〇〇〇『琉球王国評定所文書』一五 浦添市教育委員会
琉球史料研究会編 一九五八『大島筆記』上巻 琉球史料研究会
琉球政府文化財保護委員会編 一九七〇『沖縄の民俗資料』第一集 琉球政府文化財保護委員会
琉球政府文化財保護委員会編 一九七二『沖縄文化史辞典』東京堂出版
琉球大学民俗研究クラブ 一九六一『沖縄民俗』四号 第一書房
琉球大学民俗研究クラブ 一九六二『沖縄民俗』五号 第一書房
琉球大学民俗研究クラブ 一九六三『沖縄民俗』六号 第一書房
琉球大学民俗研究クラブ 一九六六a『沖縄民俗』一一号 第一書房
琉球大学民俗研究クラブ 一九六六b『沖縄民俗』一二号 第一書房
琉球大学民俗研究クラブ 一九六七『沖縄民俗』一四号 第一書房
琉球大学民俗研究クラブ 一九六八『沖縄民俗』一五号 第一書房
琉球大学民俗研究クラブ 一九六九a『沖縄民俗』一六号 第一書房
琉球大学民俗研究クラブ 一九六九b『沖縄民俗』一七号 第一書房
琉球大学民俗研究クラブ 一九七〇『沖縄民俗』一八号 第一書房
琉球大学民俗研究クラブ 一九七二『沖縄民俗』一九号 第一書房
琉球大学民俗研究クラブ 一九七五『沖縄民俗』二一号 第一書房
琉球大学民俗研究クラブ 一九七六『沖縄民俗』二二号 第一書房
琉球大学民俗研究クラブ 一九七七『沖縄民俗』二三号 第一書房
渡辺欣雄 一九七七「供犠・饗宴をめぐる力学」東京都立大学社会人類学会編『社会人類学年報』Vol.三 弘文堂
渡邊欣雄［他］編 二〇〇八『沖縄民俗辞典』吉川弘文館

話者一覧（調査年・頭文字・年齢・性別（M＝男性、W＝女性））

※紙数の都合上、本著で扱った具体的事例に限り掲載

[沖縄本島北部]

国頭村宇嘉：二〇〇三・四・八・九年。U（七W）、O（七M）、O（七W）、M（九W）、Y（八M）

国頭村佐手：二〇〇三・五・八・九・一四・一七年。七W、S（六M）、M（五W）、M（五W）、K（六M）、M（八M）、S（八M）、A（九W）、S（八W）、M（八W）、S（八M）、M（七W）

国頭村奥間：二〇〇三・八・九年。Z（九W）、Z（八W）、O（八M）、K（五M）、Y（五W）、M（八M）、O（八M）

国頭村与那：二〇〇三・八・九年。O（六M）、M（八W）、O（九W）、Y（七W）、O（九M）

国頭村奥：二〇〇三・九年。M（八W）、H（八W）、M（八M）、M（九M）、M（九W）、Y（九W）、H（九W）

国頭村安田：二〇〇三・八・九年。H（八M）、H（九W）、T（九W）、H（八M）、K（九W）、五M、T（八W）、H（八W）、Y（五W）、T（九M）

大宜味村城：二〇〇七・八年。O（八W）、O（六W）、O（八W）、八W、六M、T（七M）、六M、T（八M）、T（八M）、M（八M）

大宜味村饒波：二〇〇三・五・八・九年。H（八W）、S（六M）、七W、N（八W）、H（九W）

大宜味村根謝銘：二〇〇六・七年。N（八W）、O（五W）、六M

大宜味村根路銘：二〇〇三・五・九年。T（六M）、O（八W）、O（六W）、T（七M）、A（九W）、M（九M）、七W

名護市安和：二〇〇三〜五・七・八・一三年。七M、七W、H（六M）、K（五M）、M（五W）

名護市嘉陽：二〇〇三・五・九年。七W、A（八W）、H（六M）、N（八M）、O（九W）、O（八W）、G（八M）

名護市喜瀬：二〇〇三・七〜九年。H（五W）、K（五M）、（五W）、O（八M）、O（八W）、H（九M）、M（七M）、O（九W）、S（八W）、五W、H（九W）

名護市久志：二〇〇四・八・九年。S（五W）、H（八M）、S（九W）

名護市幸喜：二〇〇三・八・九年。M（五M）、K（五W）、T（五M）、M（九W）、M（九W）、O（九W）、A（五M）

名護市数久田：二〇〇三・五・八〜一〇・一六年。T（四W）、T（八W）、T（九M）、T（八W）、五M、五W、S（八W）、S（五W）、K（五W）、H（六M）、T（七W）、七W、六M、T（九W）、H（九M）

名護市天仁屋：二〇〇三・九年。C（八M）、七M、H（七W）、H（九W）、O（八W）、H（九W）、O（八M）、O（八W）、五M、五W、G（八M）、G（八W）、H（九W）

名護市辺野古：二〇〇七年。N（六M）、N（五W）、S（五W）、S（六W）、M（八W）、七W、七W、六W

名護市真喜屋：二〇〇六・八・九年。T（六M）、七W、S（九M）、M（九W）、T（九W）

名護市宮里：二〇〇三・八・一二年。K（六M）、O（六W）、H（五W）、M（五M）、K（九M）

名護市屋部：二〇〇三・七〜九・一六・一七年。K（五M）、H（五W）、H（八M）、H（八W）、H（七M）、K（六W）、O（六M）、H（六M）

名護市世冨慶：二〇〇三・八・九年。五W、S（五W）、N（五M）、K（八M）

名護市山入端：二〇〇三・八・九・一二・一六年。H（五M）、G（八W）、O（八W）、H（五W）、H（八W）、H（八W）、H（六W）、H（六M）、H（八M）、七M、七M、K（九M）

今帰仁村天底：二〇〇三・八・一六年。八W、A（八M）、A（八W）、T（九W）、T（六M）、K（八M）

今帰仁村古宇利：二〇〇四・五年。T（五W）、K（八M）、五W、八W、八W、七W

今帰仁村謝名：二〇〇三・九・一六年。M（五M）、O（七W）、S（七W）、K（九W）、七W、S（八W）、O（九

W）、N（九W）、T（九M）
今帰仁村崎山：二〇〇三・八・一四年。七M、七W、O（七M）、K（八M）、K（八W）、Y（九M）、U（五W）
今帰仁村諸志：二〇〇三・八・九・一六年。K（七W）、S（五M）、M（八W）、S（八M）、S（八W）、S（九W）
本部町備瀬：二〇〇二〜四・八・九・一二・一三年。N（五W）、N（八W）、六M、K（九M）、K（五M）、K（五M）、T（九W）、A（七W）、N（七W）、A（七M）、T（六M）、A（八W）、K（六W）、A（八W）、T（六M）、六M
本部町伊豆味：二〇〇三・六・七年。I（七M）、六M、六W
本部町健堅：二〇〇三・五・六・八年。M（五M）、八W、K（七W）、T（六M）、六M、七M、五M、U（六M）、七W、七M、T（九W）
宜野座村漢那：二〇〇五・九年。A（五W）、Y（八W）、八M、N（九M）、N（八M）、I（八W）、I（八W）
宜野座村惣慶：二〇〇五・六・九年。N（六M）、S（七M）、五M、六M、七W、七W、八W、Y（八W）
恩納村名嘉真：二〇〇五・八・一〇年。八W、N（五M）、H（八W）、N（八M）、N（八W）、N（九W）、N（九M）、T（七M）、A（九W）、A（九M）
恩納村恩納：二〇〇四・八・一〇年。五M、K（七M）、S（七M）、T（九M）、I（八M）、I（八W）、I（九W）、T（九W）、S（九W）
金武町伊芸：二〇〇二・八・一二・一八年。五M、Z（九M）、A（九W）、S（八W）、Y（四W）、四M、I（六W）
金武町金武：二〇〇二・一三・一八年。I（六M）、五W、G（六W）、N（六W）
金武町中川：二〇一四年。G（五M）
金武町並里：二〇〇二・四・一三・一四年。五M、K（五M）、七W、I（六M）
金武町屋嘉：二〇〇四・一四年。H（七W）、K（八W）、I（五M）、K（五M）

［沖縄本島中部］

旧石川市石川：二〇〇五・六年。I（六M）、M（六M）、N（七W）、M（六M）、六M、六M、五M、四M

旧石川市伊波：二〇〇五・七・一二・一六・一七年。I（六M）、I（八M）、K（八M）、I（六M）、N（六M）、N（六W）、K（八W）

旧石川市嘉手苅：二〇〇七・八・一二年。六M、I（八M）、I（八W）、五W、Y（五M）

読谷村喜名：二〇〇三・四・七年。六M、M（六M）、M（五M）

旧具志川市赤道：二〇一四年。五W

旧具志川市宇堅：二〇〇三・五・八・一四年。K（五M）、六W、七W、九W、A（九W）、A（八W）

旧具志川市栄野比：二〇〇三・八〜一〇・一七年。N（五W）、I（六M）、O（八M）、I（九W）、Y（九W）、I（五M）、六W、六M、H（八W）

旧具志川市志林川：二〇一四年。W（五M）

旧具志川市天願：二〇〇三・〇五・一四年。A（五W）、N（六M）、九W、八W、六M、八W

旧具志川市宮里：二〇〇三・五・一四年。K（五M）、Y（八W）、S（七W）、T（五W）

旧与那城町伊計：二〇〇三〜五・一七年。G（六M）、U（四M）、Y（六M）、五W、T（九W）、七W、A（五W）、T（六M）

旧与那城町宮城：二〇〇二・三・五・一七年。U（七M）、O（八W）、七W、八W、八W、七W、T（五W）、T（六M）

旧与那城町照間（東照間、西照間）：二〇〇三・八・一四年。T（六M）、H（八W）、H（六W）、G（八M）、T（七W）、七W、H（七M）、N（五W）、K（六M）、H（九W）、八W

旧与那城町桃原：二〇〇三・五・一二年。五M、五W、U（六M）

旧勝連町津堅：二〇〇二・五・六・一四年。（五M）、M（五W）、N（八W）、T（五M）、N（六M）

旧勝連町平敷屋：二〇〇三・八・一二年。N（六M）、T（六M）、四W

旧勝連町比嘉：二〇〇三・八年。H（五W）、A（九M）、T（八W）、九W、七M
沖縄市与儀：二〇〇四・五年。I（五W）、M（五W）、S（八M）、S（七M）
北中城村喜舎場：二〇〇四・八年。I（五W）、A（九W）、八W、八M、八M、H（九W）
北中城村安谷屋：二〇〇三・八年。Y（五W）、七W、七W、K（九W）、M（八M）、K（九W）
西原町小那覇：二〇〇三・五・七・一八年。T（七W）、T（五W）、八W、A（八M）、T（五W）
宜野湾市アガリグミ：二〇〇九年。N（八M）
宜野湾市嘉数：二〇〇六～八・一二年。I（八M）、T（八M）、I（八M）、I（八M）、N（八M）、M（六M）、T（九M）、I（八M）、I（八W）、N（八W）、T（八W）、M（八W）、五W、Y（五W）、I（五M）
宜野湾市真志喜：二〇〇六・七・九年。六W、七M、N（八M）、七M、五M、M（九W）、M（九W）
浦添市牧港：二〇〇二・七年。六M、七M、T（八W）

［沖縄本島南部］

那覇市宇栄原：二〇〇四・八年。O（五M）、A（八M）
豊見城市伊良波：二〇〇三・七年。六M、八W、O（六M）、O（八W）、O（八M）、A（八W）、O（五W）、O（六M）、六M
豊見城市平良：二〇〇三・五・七・八年。N（六M）、T（六M）、U（五M）、O（六W）、O（八W）、O（六M）、O（八W）、K（九M）、O（五M）
南風原町喜屋武：二〇〇五・七・一四年。A（五M）、七W、A（五M）
旧大里村大城：二〇〇三・六年。S（五M）、T（五M）、五M、六M
旧佐敷町新里：二〇〇二・三・八年。N（五W）、S（八M）、N（七M）、J（八M）、J（八W）
旧知念村安座真：二〇〇三・八・九年。G（五M）、A（九M）、Y（八M）、八M、Y（九M）、七W、N（九M）、N（八W）

旧知念村久手堅：二〇〇三・六・九年。G（六M）、G（八M）、A（八W）、S（八W）、H（九M）
旧知念村知念：二〇〇三・四・八年。八W、N（八W）、八M、M（五M）、M（六M）、六M、七M、N（九W）、七M、I（九M）
旧知念村具志堅：二〇〇三・五・八年。K（六M）、七M、A（八M）、H（九W）
旧知念村久高：二〇一四・一八年。N（五W）、U（五W）、U（七W）、六W、G（七W）、N（九M）
旧知念村山口：二〇〇三・五・八年。六W、M（四M）、O（八W）、八W、M（九W）
旧知念村仲里：二〇〇八年。H（九W）、O（九M）
旧知念村上志喜屋：二〇〇七年。N（八M）
旧知念村下志喜屋：二〇〇三・五〜七年。N（六M）、O（八W）、G（五M）、N（五M）、O（五W）、O（五M）、O（九W）、O（八M）
旧玉城村糸数：二〇〇三・六年。T（五W）、T（六M）、七M、七M、六M
旧玉城村船越：二〇〇三・七・八年。W（八M）、七W、T（九W）、七W、七M、七M、七W、T（八M）、I（九M）
旧玉城村屋嘉部：二〇〇三・九年。M（五M）、H（四W）、O（八W）、H（八W）、T（五M）、T（八M）
旧東風平町志多伯：二〇〇四〜六年。K（四W）、K（七W）、K（八M）、K（六M）、K（八M）
旧具志頭村安里：二〇〇三・五・七〜九年。T（九W）、T（六M）、S（九M）、M（九M）、六M、五M、G（六M）、K（六M）
旧具志頭村具志頭：二〇〇三・五・七・九・一二年。Y（六M）、七W、八M、I（八M）、N（八W）、O（九W）、N（九M）、T（八M）、K（五W）
旧具志頭村仲座：二〇〇七年。K（七M）、八W、八W、八W
旧具志頭村与座：二〇〇五・七・八・一〇・一七年。A（八W）、I（六M）、M（六M）、K（七M）、A（六M）
糸満市阿波根：二〇〇三・五・八年。K（五M）、O（六M）、K（九M）、K（九W）、S（九W）、六W

糸満市大度：二〇〇三・七・九年。T（六M）、T（八W）、T（八W）、八W、八W
糸満市米須：二〇〇三・一〇年。T（七M）、五M、五W
糸満市潮平：二〇〇三・八年。K（五W）、K（七M）、八W、七M、七W、六M
糸満市摩文仁：二〇〇三・五・六・八・一〇・一七年。M（八W）、六M、H（五M）、六M、H（六M）、T（八W）、N（八M）、N（八M）、G（八M）、H（六M）、H（六W）、四M、五M
糸満市山城：二〇〇三・八年。N（六M）、N（八M）、N（八W）

［周辺離島］
伊江村川平：二〇〇八年。A（九W）、U（九W）、S（四W）、八W
伊平屋村我喜屋：二〇〇八・一七年。七W、N（七M）、M（九W）、N（八W）、Y（六M）
渡嘉敷村渡嘉敷：二〇〇五・六・一四年。Y（四W）、八W、八W、八W、N（九W）、N（八W）、A（九W）、Y（九M）
座間味村慶留間：二〇〇三・八年。N（五M）、N（七M）、N（九W）
粟国村東：二〇〇六・一四年。A（五M）、八W、N（五M）、A（八M）、A（八M）、S（九W）
粟国村西：二〇〇六、一四年。A（六M）、N（六M）、U（八M）、T（八W）、T（八M）
粟国村浜：二〇〇六、一四年。I（七W）、S（七W）、S（九M）、S（八W）、S（八W）
久米島町具志川：二〇〇六年。M（八M）、八W

［宮古諸島］
旧平良市池間：二〇一二年。M（五M）
旧平良市狩俣：二〇〇八・一三年。I（六M）、四M、O（七W）
旧平良市瓦原：二〇〇五・一三年。七M、七W、T（九M）、七W

旧平良市島尻：二〇〇五・一三・一四・一五年。I（六M）、H（六M）、K（七W）、T（八M）、K（八M）、M（六M）
旧平良市宮積：二〇一三年。七M、I（七W）、O（八M）、O（八W）、七W、O（八W）
旧平良市ムテヤ：二〇一三年。I（七W）、七W、I（八W）、六W
旧城辺町友利：二〇〇五・一三年。T（五M）、S（八M）、八W、六W
旧城辺町長中：二〇〇六年。八W、S（八M）、八W
旧城辺町保良：二〇〇六・一三・一七年。七M、S（九W）、N（七W）、N（七M）、六W、S（六W）、六M
旧上野村ソバル：二〇一三・一四・一七年。N（七M）、S（七W）、S（七W）、N（七W）
旧伊良部町池間添：二〇〇六・一三年。N（六M）、N（八M）、N（六W）、七W
旧伊良部町前里添：二〇〇六・一三年。Y（六M）、N（八W）
旧伊良部町伊良部：二〇〇六、一二～一四・一七年。S（六M）、N（六M）、N（八M）、七W、S（八W）、G（八W）、七W、K（六W）、K（六M）、Y（六M）
旧伊良部町仲地：二〇〇六・一二・一三・一七年。U（六M）、六M、九W、六M、S（九W）、Y（六M）、六M、K（六W）、K（六M）
多良間村仲筋：二〇〇六・一三・一四年。K（六W）、M（八M）、M（八W）、K（六M）、T（七M）、K（六M）、六M、六M、H（六M）
多良間村塩川：二〇〇六・一三・一四年。K（六M）、K（六M）、T（七M）、S（七W）、六M、S（七M）、S（八M）、M（九W）、六M、六M、六M

［八重山諸島］
石垣市伊原間：二〇〇五・一〇・一三年。七W、M（七W）、S（八W）、M（八M）
石垣市大浜：二〇〇五・一三年。S（六M）、I（七W）、H（八M）、H（八W）、七W、H（八M）、M（八W）

石垣市川平：二〇〇五・一〇・一三年。七M、T（六W）、I（七W）、O（六M）、I（六M）、N（八M）、I（九W）、六W、N（九W）

石垣市白保：二〇〇五・一三・一五年。A（六M）、七W、七W、七W、S（六M）、N（六M）、七W、四W、七W、八W、九M、O（九M）、S（五W）、N（七W）、M（六M）

石垣市平得：二〇〇五・一〇・一八年。T（八M）、S（九M）、七W

石垣市平久保：二〇〇五・一〇年。O（六M）、S（八W）、M（七W）、U（七W）、O（七M）

石垣市真栄里：二〇〇五・一〇・一八年。S（五M）、Y（八M）、T（八M）、T（八W）

石垣市宮良：二〇〇五・一〇・一三年。七W、七M、T（五M）、A（七M）、七W、A（八W）、S（八M）、S（八W）、M（八M）

竹富町東筋：二〇〇五・六・一〇年。K（五M）、M（七M）、六W、H（八M）、M（六W）

竹富町網取：二〇一〇・一三年。N（七W）、I（八M）

竹富町北：二〇一〇・一三年。U（八M）、S（七W）、O（八M）、S（八M）、六M

竹富町小浜：二〇〇五・一三・一四年。M（九W）、六W、六W、七W、H（八M）、七W、D（八M）、N（八W）、M（六M）、N（八M）、N（八M）、K（八M）

竹富町古見：二〇〇五・一〇年。N（八M）、N（七W）

竹富町下地：二〇一〇・一三年。N（八M）、N（七W）、N（九M）、四M

竹富町名石：二〇一〇・一三年。H（九W）、U（八M）、H（九M）、O（八M）

竹富町玻座間：二〇〇五・一二・一三年。七W、八M、七W、五W、U（四W）、A（九M）、H（九W）、M（七W）、M（八M）、T（九W）、S（九W）、U（八W）、U（八W）

竹富町鳩間：二〇一〇・一三・一七年。Y（七W）、Y（八W）、N（七W）、N（七M）、T（六M）

竹富町冨嘉：二〇一〇・一三年。O（八W）、H（九W）、N（七W）、U（八M）

竹富町船浮：二〇〇五・一〇・一三年。I（七W）、K（七W）、I（六M）、T（八M）

竹富町干立：二〇〇五・一〇・一四年。Ａ（五Ｍ）、Ｉ（九Ｍ）、六Ｗ、七Ｗ、Ｕ（八Ｍ）、Ｉ（六Ｍ）、五Ｗ、三Ｍ

竹富町前：二〇一〇・一三年。Ｋ（九Ｗ）、Ｏ（八Ｗ）、Ｓ（八Ｍ）、Ｏ（八Ｍ）、Ｏ（八Ｗ）

竹富町南：二〇一〇・一三年。Ｎ（七Ｗ）、Ｕ（八Ｍ）、Ｋ（九Ｍ）、Ｎ（八Ｗ）、Ｓ（八Ｍ）

本研究は、ＪＳＰＳ科研費ＪＰ18ＨＰ５１１９の助成を受けたものです。

著者略歴

宮平盛晃（みやひら・もりあき）

1978年　沖縄県生まれ
2002年　沖縄国際大学卒業
2004年　沖縄国際大学大学院博士前期課程修了
2009年　沖縄国際大学総合文化学部非常勤講師
2016年　琉球大学大学院博士後期課程修了
2017年　琉球大学島嶼地域科学研究所ポスドク研究員

専攻：南島民俗学

著書・論文
『捧げられる生命―沖縄の動物供犠から』（原田信男・前城直子・宮平盛晃共著、2012年、御茶の水書房）
「沖縄の神々」（担当執筆）『神の文化史事典』（松村一男・平藤喜久子・山田仁史編、2013年、白水社）
「沖縄本島北部の牛焼き儀礼に関する一考察―供犠性及び稲作儀礼との関連性の検討を中心に―」（『沖縄民俗研究』第35号、2018年、沖縄民俗学会）
ほか論文多数

琉球諸島《りゅうきゅうしょとう》の動物儀礼《どうぶつぎれい》
シマクサラシ儀礼の民俗学的研究
（平成三十年度日本学術振興会科学研究費補助金「研究成果公開促進費」助成出版）

著者　宮平盛晃
発行者　池嶋洋次
発行所　勉誠出版㈱
〒101-0051 東京都千代田区神田神保町三―一〇―二
電話　〇三―五二一五―九〇二一㈹

二〇一九年二月二〇日　初版発行

印刷 製本　中央精版印刷

ISBN978-4-585-23068-7　C3039

琉球　交叉する歴史と文化

中国と日本の境界領域に広がり、東南アジアや朝鮮との通交もあった「琉球」。歴史学、文学・芸能等の文化学の諸分野からその形成と展開を探る。

島村幸一 編・本体八〇〇〇円（＋税）

沖縄　島人の歴史

神話の時代から終戦まで、揺れ動くOKINAWAを見つめる。「国際琉球学」の最高峰に位置づけられる名著、待望の初訳！

ジョージ・H・カー 著／山口栄鉄 訳・本体七〇〇〇円（＋税）

東アジア世界の民俗　変容する社会・生活・文化

都市化の拡大や、民俗・民族文化の継承、発展、人と人のつながりの変化など、諸地域の社会と生活、文化を取り上げ、グローバル化が拡大する東アジアの現在を見つめなおす。

松尾恒一 編・本体二八〇〇円（＋税）

火葬と両墓制の仏教民俗学　サンマイのフィールドから

遺体の埋葬地と、遺族が参拝する石塔墓地が分かれた両墓制の起源と歴史的展開を実際のフィールドから探り、仏教と深く結びついてきた実態を明かす。

岩田重則 著・本体六〇〇〇円（＋税）